高等教育管理科学与工程类专业系列教材

GAODENG JIAOYU GUANLI KEXUE
YU GONGCHENG LEI ZHUANYE

系列教材

U0670693

工程项目融资

GONGCHENG XIANGMU RONGZI

主编 / 陈德强

主审 / 陈汉文

COST

重庆大学出版社

内容提要

本书是根据项目融资的基本要求,结合本科教育改革实践经验,并融入工程项目特点编写而成,包括工程项目融资的投资结构、资金结构、融资模式、信用保证结构等内容。

本书适用于本科和高等职业教育的工程造价、工程管理、财务管理等专业的投融资和财务管理类课程的教学用书,或作为课程设计和实训的辅导资料,也可作为企业、政府和事业单位等项目管理工作人员的学习用书。

图书在版编目(CIP)数据

工程项目融资／陈德强主编. －－重庆：重庆大学
出版社,2023.6
高等教育管理科学与工程类专业系列教材
ISBN 978-7-5689-2931-8

Ⅰ.①工… Ⅱ.①陈… Ⅲ.①基本建设项目—融资—
高等学校—教材 Ⅳ.①F830.55

中国版本图书馆 CIP 数据核字(2021)第 191491 号

高等教育管理科学与工程类专业系列教材

工程项目融资

主编 陈德强
主审 陈汉文
策划编辑:林青山 王 婷

责任编辑:夏 宇 版式设计:王 婷
责任校对:邹 忌 责任印制:赵 晟

*

重庆大学出版社出版发行
出版人:饶帮华
社址:重庆市沙坪坝区大学城西路 21 号
邮编:401331
电话:(023) 88617190 88617185(中小学)
传真:(023) 88617186 88617166
网址:http://www.cqup.com.cn
邮箱:fxk@ cqup.com.cn(营销中心)
全国新华书店经销
重庆市国丰印务有限责任公司印刷

*

开本:787mm×1092mm 1/16 印张:16 字数:400 千
2023 年 6 月第 1 版 2023 年 6 月第 1 次印刷
印数:1—3 000
ISBN 978-7-5689-2931-8 定价:43.00 元

我国经济发展进入新常态,经济由高速增长转为中高速增长。2022年10月16日,中国共产党第二十次全国代表大会的报告要求,"加快转变超大特大城市发展方式,实施城市更新行动,加快城市基础设施建设,打造宜居、韧性、智慧城市"。2020年4月20日,国家发展和改革委员会(以下简称"国家发改委")月度例行新闻发布会上界定了"新基建"的范围,包括信息基础设施、融合基础设施、创新基础设施三个方面。为了能更好地解决基础设施建设资金短缺和管理效率低下等问题,2013年11月,十八届三中全会《中共中央关于全面深化改革若干重大问题的决定》指出,要健全多层次资本市场体系,推进股票发行注册制改革,多渠道推动股权融资,发展并规范债券市场,提高直接融资比重。财政部于2013年就展开了推广政府和社会资本合作(public-private-partership,PPP)工作的全面部署。2015年4月,国家发改委、财政部等六部委发布《基础设施和公用事业特许经营管理办法》。国家发改委在2015年5月推出了多项鼓励社会资本参与建设公用事业营运的示范项目。2019年6月,国家发改委发布《关于依法依规加强PPP项目投资和建设管理的通知》。

项目融资始于20世纪30年代美国油田开发项目,后来逐渐扩大范围,广泛应用于石油、天然气、煤炭、铜、铝等矿产资源的开发。而工程项目融资是以工程项目为载体,为特定的工程项目提供融资,与企业融资有所区别。目前,项目融资已经广泛应用于大型工程项目,尤其是基础设施项目和资源开发类项目,作为一种创新性、专业性的资金筹集手段,在国内外已有很多成功的实践范例。

本书为高等教育工程管理和工程造价专业系列教材之一,具有以下特点:第一,专业性。按照工程造价专业系列教材进行整体布局,以工程为背景,以工程项目为载体来进行教材的结构安排。第二,新颖性。融合应用新兴、先进的融资技术、方法和理论,将新兴先进的融资技术、方法和理论应用于工程项目融资。第三,实用性。工程项目融资是一门实务性很强的课程,为提高学生的实际操作能力,更好地了解、领会和把握全书各章节的主要思想和知识点,每章就本章内容介绍了国内外成功或失败的项目融资案例,并附有案例供专题研讨,还为授课老师配有思考练习题答案、授课的PPT和讨论研讨案例的使用方法等(扫码书中二维码获取)。

本书由重庆大学管理科学与房地产学院陈德强主编并编写全部章节,厦门大学陈汉文(会计学二级教授)主审。由于水平所限,书中难免存在不足或不妥之处,恳请读者批评指正。

编 者
2023年1月

目 录

第1章

GONGCHENG XIANGMU
RONGZI TEDIAN
YU JIEGOU TIXI

工程项目融资特点与结构体系

【本章导读】

★从项目融资定义分析工程项目融资与传统融资方式的区别,掌握工程项目融资的特点和结构体系。

【本章重点】

★项目融资定义;
★工程项目融资的特点;
★工程项目融资的结构体系。

项目建设的首要问题就是解决建设资金的筹集。在长期的投资建设实践中,为筹集资金所进行的种种努力形成了资金筹集模式和途径的多样性。工程项目融资的早期形式可以追溯到20世纪50年代,美国一些银行利用产品贷款的方式为石油、天然气项目所安排的融资活动,经过半个多世纪的发展,已成为一种融资手段,其运用领域和融资模式不断拓宽。工程项目融资在我国自20世纪80年代起从试点逐渐走向推广,从基础设施项目扩展到更多行业,经历了由外商投资企业在境外融资外币发展到内资企业在境内融资人民币的历程,范围和影响力不断扩大,推动了许多大型工程项目的实施。

1.1 工程项目融资概述

1.1.1 工程项目融资的定义

1)项目融资的定义

项目融资(Project Financing)在一些国家虽然已有多年的实践,但作为学术用语,迄今为止还没有一个公认的定义。

（1）项目融资的定义

内维特所著的《项目融资》（1996 年第 6 版）中的定义为：项目融资是指在向一个经济实体提供贷款时，贷款方查看该经济实体的现金流和收益，将其视为偿还债务的资金来源，并将该经济实体的资产视为这笔贷款的担保物，若对这两点感到满意，则贷款方同意贷款。

国际著名法律公司 Clifford Chance（总部设在英国伦敦）编著的《项目融资》一书中的定义是：项目融资用于代表广泛的但具有一个共同特征的融资方式，该共同特征是融资并不主要依赖项目发起人的信用或所涉及的有形资产。在项目融资中，提供优先债务的参与方的收益在相当大的程度上依赖于项目本身的效益，因此他们将其自身利益与项目的可行性以及潜在的不利因素对项目影响的敏感性紧密联系起来。

财务会计准则委员会（Financial Accounting Standards Board，FASB）的定义为：项目融资是指对需要大规模资金的项目所采取的金融活动。借款人原则上将项目本身拥有的资金及其收益作为还款资金来源，而且将其项目资产作为抵押条件来处理。该项目事业主体的一般性信用能力通常不作为重要因素来考虑。这是因为其项目主体要么是不具备其他资产的企业，要么对项目主体的所有者（母体企业）不能直接追究责任，两者必居其一。

美国进出口银行对项目融资的定义是：项目融资是通过项目现金流偿还借款的融资方式，是由项目内部的合同关系所决定的。从本质上讲，这类项目是靠大量统一协调的合同安排才能成功建设和运营的。

《西方经济学大辞典》（胡代光和高鸿业主编）对项目融资的定义为：为耗资巨大的大型工程项目在国际上融资的重要途径。贷款者所看重的是项目的资产及其未来收益在清偿债务上的能力。这种融资手段有别于传统的资金融通，其主要特点是：项目为独立法人，资本的绝大部分靠贷款，风险大，需要第三方担保，但风险可通过多种途径转移，融资的发起者所担负的风险有限，其本身的资产负债状况所受的影响较小。

中国国家计划委员会（现国家发改委）与外汇管理局共同发布的《境外进行项目融资管理办法》中对项目融资的定义是：项目融资是指以境内建设项目的名义在境外筹措外汇资金，并仅以项目自身预期收入和资产对外承担债务偿还责任的融资方式。其应具有以下性质：①债权人对建设项目以外的资产和收入没有追索权；②境内机构不以建设项目以外的资产、权益和收入进行抵押、质押或偿债；③境内机构不提供任何形式的融资担保。

中国银行（网站）对项目融资的定义为：项目的发起人（即股东）为经营项目成立一家项目公司，以该项目公司作为借款人筹借贷款，以项目公司本身的现金流量和全部收益作为还款来源，并以项目公司的资产作为贷款的担保物。该融资方式一般应用于发电设施、高等级公路、桥梁、隧道、铁路、机场、城市供水以及污水处理厂等大型基础建设项目，以及其他投资规模大、具有长期稳定预期收入的建设项目。

（2）项目融资定义的评述

上述定义虽然表述不同，但并无实质性的差别，都包含了以下基本内容：其一，工程项目融资是以项目为主体安排的融资，工程项目的导向决定了项目融资最基本的方法。其二，项目融资中的贷款偿还来源仅限于融资项目本身，即工程项目未来用于偿还贷款的现金流量和工程项目本身的资产价值。换言之，融资项目能否获得贷款完全取决于项目的经济强度。项目的经济强度可从两个方面来测度：一是项目未来可用于偿还贷款的净现金流量；二是项目本身的资产。

上述定义中,有的是从学术角度定义的,有的是从政府管理角度定义的。对工程项目融资的观点主要有两种:一种是只将具有无追索或有限追索形式的融资活动当作工程项目融资,称为狭义的工程项目融资;另一种是把一切针对具体项目所安排的融资,为了建设一个新项目或者收购一个现有项目以及对已有项目进行债务重组所进行的融资,均可称为项目融资,包括传统的融资方式,如公司融资或国家债务融资,称为广义的工程项目融资。两种观点的共同特征是项目融资不是主要依赖项目发起人的信用或所涉及的有形资产。

目前所使用的项目的概念已经超出建设项目的狭义空间,可以对许多行为以项目来称呼。但是,工程项目融资以项目为主体,项目是资金的载体,融资和投资都围绕着项目而进行。之所以称为工程项目融资,是因为对项目这个概念的理解有歧义。许多人习惯于把具有一个特定内容的工作也称为项目,认为项目是要在一定时间、在预算规定范围内,达到预定质量水平的一项一次性任务,如扶贫项目、科技攻关项目等。本书中所提及的项目,均特指工程建设项目。

融资就是融通资金,包括通过各种渠道获得的资金,无论是债务性资金还是资本性资金,都属于融资的问题。而且,一般只有超大项目、重大项目、基础设施项目、能源供应项目才有采用复杂工程项目融资方式的必要。

本书所确定的工程项目融资范畴应归于"广义的工程项目融资"观点,即把一切以项目为主体所安排的融资活动都纳入工程项目融资的范畴。从项目融资的实务角度对其定义为:项目融资是指项目发起人为项目的筹资和经营而专门成立项目公司,由项目公司承担融资责任,并以项目的未来现金流量为首要还款来源的一种融资方式。是否采用工程项目融资方式融资取决于项目公司的能力,通常是一个项目单独成立的项目公司可以采用工程项目融资方式融资。

2)工程项目融资的适用范围

从项目融资产生到发展的进程看,无论是发达国家还是发展中国家,采用项目融资方式都比较谨慎,尽管它具有筹资能力大、风险分散等优点,但毕竟风险较大,融资成本高。从各国应用项目融资方式的种类看,主要有四大类:资源开发项目、基础设施项目、工业项目和公共服务项目。

(1)资源开发项目

资源开发项目一般可分为两大类:一类是能源开发类项目,如石油、天然气、煤炭和铀等;另一类是金属矿产资源开发类项目,如铁、铜、铅和矾土等。一般来说,资源开发项目具有两大特点:一是开发投资数额巨大;二是一旦项目运作成功,投资收益丰厚。

(2)基础设施项目

从世界范围看,无论是发达国家还是发展中国家,项目融资应用最多的是在基础设施项目上。此类项目可分为三大类:第一类是公共设施项目,如电力、电信、自来水和排污等;第二类是公共工程,包括铁路、公路、海底隧道和大坝等;第三类是其他交通工程,包括港口、机场和城市地铁等。

在上述三大类项目中,国际上已经成功运作的项目大都集中在电力、公路和海底隧道等项目。例如,电力项目有美国霍普威尔火力电站项目、巴基斯坦赫布河燃油发电厂项目、菲律宾大马尼拉汽轮机发电厂项目等；公路项目有马来西亚南北高速公路项目、泰国曼谷二期高速公路项目等；海底隧道项目有英法合作的英吉利海峡隧道项目、澳大利亚悉尼海底隧道项目和土耳其的博斯普鲁斯海底隧道项目等。

中国从 20 世纪 80 年代初开始尝试用项目融资方式。按照中国政府目前的有关规定，项目融资主要适用于投资规模大、贷款偿还能力强、有长期稳定预期收入的部分基础设施和少数基础产业建设项目，具体包括发电设施、高等级公路、桥梁、隧道、城市供水厂及污水处理厂等基础设施项目以及其他投资规模大且有长期稳定预期收入的建设项目。从早期已经运作的项目看，基本集中在电力、公路和铁路等领域。如电力项目有深圳沙角 B 电厂、广西来宾电厂 B 厂、山东中华发电项目、山东日照电厂、合肥二电厂、福州湄洲湾电厂等；公路项目有广州至深圳高速公路、海南东线高速公路、北京京通高速公路等；地铁项目有重庆地铁、深圳地铁等。

一些国家的项目融资方式应用相对集中于基础设施领域的主要原因是：一方面，这类项目规模大，资金投入多，完全由政府出资建设确有困难；另一方面，这类项目大都可以商业化经营，通过获取项目建成后的收益收回投资。正因为如此，许多发达国家的基础设施项目采用了项目融资方式并取得了成功。

（3）工业项目

随着项目融资适用范围的扩大，近年来，项目融资在工业领域也有所运用，但与运用到资源开发项目、基础设施建设项目的数量相比，工业项目显然很少。不过，在这方面也有成功的典型，如澳大利亚波特兰铝厂项目、加拿大塞尔加纸浆厂项目和中国四川水泥厂项目等。项目融资还可应用于大型制造业项目，如轮船和飞机等。

（4）公共服务项目

政府和社会资本合作模式（PPP）广泛应用于医疗、旅游、教育培训、社会福利、研究开发、安全保障等项目。

1.1.2　工程项目融资的发展与实践

1) 国际上工程项目融资的发展与实践

项目融资虽然是近年来兴起的新型融资方式，但究其历史却很久远。早在 17 世纪，英国的私人业主建造灯塔的投资方式与项目融资中的 BOT(Build-Operate-Transfer，即建设—经营—转让)形式就极为相似。当时，私人业主建造灯塔的过程是：私人业主首先向政府提出建造和经营灯塔的申请，在申请获得批准后，私人业主向政府租用土地建造灯塔，在特许期内管理灯塔并向过往船只收取过路费，特许期后由政府收回灯塔并移交给领港公会管理和继续收费。只不过由于种种原因，这种投资建设方式一直没有引起人们的重视。

当然，这还不是真正意义上的项目融资，从世界范围看，项目融资的早期形式可以追溯到 20 世纪 50 年代，如美国的一些银行利用产品贷款的方式为石油天然气项目融资。然而，项目融资开始受到人们重视是在 60 年代中期，其标志是英国北海油田开发中使用的有限追索项目贷款。到了 70 年代，第一次石油危机之后出现了能源工业的繁荣时期，项目融资得到了较快的发展，成为当时大型能源项目融资的一种主要手段。

20 世纪 80 年代初，由于世界性经济危机，使项目融资的发展进入低潮期。据统计，

1981—1986 年,西方国家在能源、原材料领域投资的新项目比前期减少60%,投资总额减少了33%。80 年代中后期,随着世界经济的复苏和若干具有代表性项目融资模式的完成,项目融资又进入一个新的发展时期。

随着世界各国经济的发展,无论是发达国家还是发展中国家,先后都出现了大规模的基础设施建设与资金短缺的矛盾。为此,人们不断地寻求一种新的融资方式。土耳其总理奥热扎尔在 1984 年讨论土耳其公共项目的私营问题时,提出了 BOT 的概念,随后用此种方式建设了土耳其火力发电厂、机场和博斯普鲁斯第二大桥。此后,BOT 融资方式作为基础设施项目建设的一种有效融资方式逐渐流行起来,并得到长足的发展。迄今为止,许多发达国家和地区越来越多地采用 BOT 融资方式进行大型基础设施建设,比较成功的 BOT 项目有英法合作的英吉利海底隧道工程、澳大利亚的悉尼海底隧道工程、中国香港的海底隧道工程和英国曼彻斯特市的轻轨项目等。近几十年来,一些发展中国家(如土耳其、菲律宾、泰国、马来西亚、中国等)也相继采用 BOT 融资方式进行基础设施建设。就在一些国家应用 BOT 融资方式进行基础设施建设的同时,一种新的融资方式,即政府和社会资本合作模式(PPP)则在欧美等国家和地区兴起。

工程项目融资从 20 世纪 80 年代中期开始迅速发展,已经在一些发达国家及亚太和拉美地区的一些发展中国家和地区取得了相当大的成功。这种模式突破了长期以来国家的主要公共基础设施建设传统上都是由国家出资、政府主办的专有范围和框架。由于各个国家国民经济的发展,以及公共基础设施建设项目的大量上马,为了减少国家的直接投入和政府借贷形成的国债,各国不得不重新寻找出路,转向致力于将某些公共基础设施项目特许给民营或私营部门。工程项目融资正是在这种形势下迅速发展起来的。

工程项目融资大多应用在基础设施建设或公用事业建设项目上,目前,在新兴发展中国家和地区更是得到了广泛应用。中国香港从第一条海底隧道项目开始到东港海底隧道直至西港海底隧道建设,利用工程项目融资模式为开发和实施项目提供了有效的资金保障。菲律宾为了解决全国电力不足的问题,从 1991 年起,仅用了三年时间轰轰烈烈地推行工程项目融资方式,并且由私营部门负责筹资建设需要的发电能力(配电公司已主要由私营部门经营)。不仅项目建设时间短,而且造价明显降低 25%～30%,困扰国家的电力短缺问题已经消失。马来西亚、泰国、印度尼西亚等国家采用工程项目融资,承建、经营或正在实施一批国家高速公路、供水和污水处理项目,在农村通信项目和大型电站工程等方面也取得了不少成功的经验。智利、阿根廷、秘鲁、墨西哥等拉美国家推行工程项目融资的主要做法是在电信、航空和电力以及一些港口、供水和污水处理等部门向私人特许商出卖股权或转让经营权,用以改善现有设施的技术性能和管理水平。这与亚太地区国家采用完整的工程项目融资用以建设新项目,开发新能源、新电力的做法有着明显的不同。

从目前工程项目融资的实践中可见,融资模式不是一成不变的。在各国政府、国际金融机构和组织(如世界银行、亚洲开发银行以及大型私人财团等)的共同努力下,项目的操作模式和框架正在日趋系统化、多样化和规范化。国际工程界和金融界把工程项目融资的发展视为一种全球性倾向,认为它的推行为国际私人财团、私营部门参与各个国家重大基础设施项目的建设和运营开创了新纪元,提供了史无前例的开拓全球性业务的机遇;为各国大型承包商打入国际市场创造了新机会;为各国著名咨询公司、大型跨国公司和财团开发了接受东道国的委托担当项目发起人和主办人的新业务;也为建立和发展国际经济合作关系提供了新的模式。一些新的工程理论和学科正在形成和开发,如项目融资技术(Project Financing Techniques)、融资工程学(Financial Engineering)、项目风险管理(Risk Management of Projects)等。

随着工程项目融资的广泛开展,各种新型机构也应运而生。例如,美国成立了多家融资担保机构,新加坡、印度尼西亚等国也成立了类似的担保公司,专门从事各国政府不愿担保的国际融资担保业务。世界银行、亚洲开发银行等为了适应和促进此类业务的发展,也在成立新机构的基础上发挥集团作用,扩大职能和服务范围。如世界银行正在利用多边投资担保机构(MIGA),解决投资争端国际中心(ICSID),配合原来的国际复兴开发银行(IBRD)、国际开发协会(IDA)和国际金融公司(IFC)等成员机构,积极发挥集团作用。

2015 年,由我国发起并建立的亚洲基础设施投资银行(AIIB)正式成立,运用一系列支持方式为亚洲各国的基础设施项目提供融资支持。许多大型跨国工程集团公司也从战略上在体制和业务开发计划方面进行调整,工程项目融资方式正在步入全球性的扩展和推广之中。

2)我国工程项目融资的发展与实践

在我国,运用工程项目融资加快基础设施建设,既是我国经济发展的客观需要,也是顺应经济体制和投融资体制改革,有效利用外资的一项重要举措。

在我国,由于工程项目融资与传统直接投资方式相比较具有诸多优势,已受到有关部门和境外投资者的青睐和重视。20 世纪 80 年代初深圳沙角 B 电厂采用了类似 BOT 的建设方式,标志着中国利用项目融资方式进行建设的开始。我国政府在制定"八五"计划(1991—1995)时,国家计划委员会(以下简称"国家计委",现国家发展和改革委员会)首次提出了运用 BOT 方式加快基础工业发展和基础设施建设方面的新思路。由于工程项目融资是一种高级、复杂的融资方式,国内相应的政策、法律以及市场发育等方面都存在着一些待发展和完善的地方,因此,许多项目在实施中遇到不少困难和障碍,制约了其在我国的充分发展。

为使我国项目融资尽快走上正轨并按国际惯例进行运作,从 1993 年开始,国家开始研究规范引进外商投资方式,并于 1995 年 8 月由国家计委、电力部(现已撤销)、交通部(现交通运输部)联合发布了《关于试办外商投资特许权项目审批管理有关问题的通知》。随后,国家计委和国家外汇管理局又联合签发了《在境外进行工程项目融资的管理暂行办法》,对实施包括在国内的工程项目融资的适用领域、审批程序、审批内容、主要投资者资格、履约担保、利益冲突、产品定价原则、外汇管理等进行了一些具体规定,这为我国规范和发展投融资方式铺平了道路。对外经济贸易合作部于 1994 年发布了《关于以 BOT 方式吸引外商投资有关问题的通知》和《关于试办外商投资特许权项目审批管理有关问题的通知》,国家计委于 1997 年 4 月发布了《境外进行项目融资管理暂行办法》,建设部(现住建部)发布的《市政公用事业特许经营管理办法》也于 2004 年 5 月 1 日起开始施行。2004 年 9 月,建设部发布了《城市供水特许经营协议示范文本》《城市管道燃气特许经营协议示范文本》《城市生活垃圾处理特许经营协议示范文本》,2006 年又发布了《城市污水处理特许经营协议示范文本》。在此之前,国务院于 2002 年发布国务院令第 346 号《指导外商投资方向规定》。2005 年 2 月 19 日发布了《关于鼓励支持和引导个体私营等非公有制经济发展的若干意见》,该意见明确提出,国家将进一步开放电力、电信、铁路、民航、石油等行业和领域,支持非公有资本积极参与城市供水、供气、供热、公共交通、污水垃圾处理等市政公用事业和基础设施的投资、建设与经营。国务院于 2007 年修订了《外商投资产业指导目录》。在这些文件精神指导下,各级地方政府也陆续出台了相应法规,如北京市政府于 2006 年 3 月 1 日起正式实施《北京市城市基础设施特许经营条例》,上海市政府于 2007 年 10 月发布了《上海市城市基础设施特许经营管理办法(草案)》,连同以前公布的《指导外商投资方向暂行规定》和《外商投资产业指导目录》一起,基本构成了中国项目融资的法律框架。

在这些政策的指导下,我国陆续出现了一些类似 BOT 方式进行建设的项目。1995 年,广西来宾市城市开发投资有限责任公司成功地操作了我国第一个经政府批准正式实施的融资项目——广西来宾 B 电厂;1996 年 11 月 18 日竣工的福建泉州刺桐大桥开创了我国民营企业投资交通基础设施建设的先河。此外,上海黄浦江延安东路隧道复线工程、广州至深圳高速公路、上海市大场自来水处理厂、海南东线高速公路、三亚凤凰国际机场、重庆地铁、深圳地铁、北京京通快速公路等,这些项目虽然相继采用 BOT 模式进行建设,但只有重庆地铁、深圳地铁、北京京通快速公路等项目被国家正式认定为采用 BOT 模式的基础设施项目。广西来宾 B 电厂 BOT 项目是经国家批准的第一个 BOT 试点项目,经过各方多年的努力,该项目已取得了全面成功,被国际上很有影响力的金融杂志评为最佳项目融资案例,在国内更被誉为"来宾模式"。进入 21 世纪以来,国内以项目融资方式建设的大项目越来越多。例如,2007 年 6 月 26 日,世界第三长的桥梁——杭州湾跨海大桥采用 BOT 方式建成;2011 年 6 月 30 日,世界最长的跨海大桥——青岛胶州湾大桥也采用 BOT 方式建成;2008 年 3 月,采用 PPP 模式建设的国家体育场鸟巢正式竣工。

从 20 世纪 80 年代以来 BT、BOT 等形式的应用,它们的核心在于解决政府市场融资问题,可以说是 PPP(政府和社会资本合作)的初级阶段。从 2014 年开始,按照党中央、国务院的部署,财政部统筹推进新一轮 PPP 改革,PPP 被赋予新内涵,已成为一种市场化供给公共产品和服务的新渠道,不仅具有融资功能,而且更强调从建设到运营服务全生命周期的整体优化功能。

近年来,项目融资在我国又有了新的发展。2014 年,国务院常务会议提出,要大力创新融资方式,积极推广政府与社会资本合作模式(PPP),使社会投资和政府投资相辅相成。国家发改委依据国务院常务会议精神,发布了《关于政府和社会资本合作的指导意见》,明确指出,开展政府和社会资本合作,有利于创新投融资机制,拓宽社会资本投资渠道,增强经济增长内生动力;有利于推动各类资本相互融合、优势互补,促进投资主体多元化,发展混合所有制经济;有利于理顺政府与市场的关系,加快政府职能转变,充分发挥市场配置资源的决定性作用。从政策到操作层面,国家各部委均发布了一系列文件,如《关于在公共服务领域推广政府和社会资本合作模式的指导意见》《政府和社会资本合作模式操作指南》《政府和社会资本合作项目财政承受能力论证指引》《PPP 项目合同指南》。从实践来看,财政部在 2014—2016 年每年推出一批示范项目。第一批 30 个示范项目总投资约 1 800 亿元,覆盖 15 个省,涉及交通、市政工程、环境保护、医疗和体育 5 个领域;第二批 206 个示范项目基本覆盖所有省市,行业分布从 2014 年的 5 个拓展到片区开发、体育、养老、保障性安居工程等 13 个行业,社会类基础设施项目比重达到 12%。两批示范项目中,交通类项目所占比例最高,其中城市轨道交通项目最多,第二是市政工程项目,第三是环境保护项目,第四是综合片区开发项目。随着地方融资平台转型,如何找到新的老城改造、新城开发的模式非常迫切,在法治框架下,在政府的引导下,应鼓励社会资本参与城市的建设、维护和运营。第三批示范项目包括北京市首都地区环线高速公路(通州—大兴段)等516个项目,计划总投资金额11 708亿元。2015年是PPP模式推广之年,PPP项目拓展成果初显。2016年PPP项目迎来发展大潮,PPP项目进展加速。截至2022年11月10日,财政部政府和社会资本合作中心入库项目(已通过物有所值评价和财政承受能力认证的项目)10 290个,总投资16.62万亿元。今后,政府和社会资本合作模式(PPP)将应用得更加广泛。

随着我国经济的不断发展,新的投资领域和投资机会出现,为工程项目融资的大发展提供了有利时机。尤其是在加快城市化进程的过程中,各地都加大了对城市基础设施建设的投资。巨大的投入完全依靠政府的公共财政是不可能解决的,必须广开融资渠道,在这方面工程项目融资可大有作为。工程项目融资模式正广泛应用于城市轨道交通、城市供水及污水处理、城市垃圾处理等项目。应该说,我国的建设需要工程项目融资,工程项目融资在我国的发展空间很大。

1.2　工程项目融资的特点

1.2.1　工程项目融资与传统融资方式的区别

通过融资为项目筹集资金的方式有多种,其中,投资者自筹和银行贷款一直是工程项目融资的主要方式。但是,经济发展的实践对资金的多样化需求已经远远超出自筹和银行信贷资金的供给能力,单一渠道的资金供应方式正在逐渐多样化。

1)工程项目融资与传统贷款方式的区别

(1)传统贷款的对象以贷款单位为主

在传统贷款方式下,贷款银行注重项目投资者(借款人)本身的信用,将资金贷给项目投资者并要求其提供担保。因此,项目投资者除了以项目收益偿还贷款外,有时还必须以其他经营收入或资产来偿还贷款本息,但贷款银行一般不参与借款人的日常经营管理。

(2)工程项目融资的对象以工程项目为主

在工程项目融资方式下,通常是项目投资者以股东身份组建项目公司,银行直接贷款给项目公司,偿还贷款本息的责任由项目公司而非项目投资者承担。项目的投融资风险由项目的参与各方(包括贷款银行)共同承担,项目投资者的风险仅限于其在项目中的投资额。因此,贷款银行以参与者的身份可以派自己的项目管理专家参加项目公司的日常管理工作,协助控制和管理项目风险,并通过专设的保管账户监控现金流量的进出,以实现稳定的现金流量和收入。项目的贷款银行参与项目管理工作,直到其贷款本息基本偿还为止。

2)工程项目融资与传统企业融资的区别

①融资的出发点不同。工程项目融资以融资建设一个具体的项目或收购一个已有的项目为出发点,以项目为导向;企业融资则以一个企业的投资和资金运转需要为出发点,可以是一个项目,也可以是一个经营事项。

②资金使用的关注点不同。在工程项目融资中,项目债务资金提供者主要关心项目本身的经济强度、效益前景、战略地位等,因为工程项目融资中的项目债务资金的偿还保证依赖于项目本身的资产价值和项目预期净现金流量;而在企业融资中,项目债务资金提供者主要关心企业资信、偿债能力、获利能力和企业管理当局的经营管理能力。

③工程项目融资比一般企业融资需要更大、更集中的资金量以及更长的占用周期,在资金使用过程中也会面临着更多的不确定因素。

从表1.1中可以看出,与传统融资方式相比,工程项目融资方式更为复杂,这种复杂形式可以达到传统融资方式实现不了的某种目标。特别是有限追索条款的安排,保证了项目投资者在项目失败时,不至于危及投资者其他财产的安全。另外,在政府的建设项目中,对各方"看好"的大型建设项目,政府可以通过灵活多样的融资方式来处理债务;对跨国公司进行海外投资的项目,在没有经营控制权的公司或投资于风险较大的国家或地区,可以有效地将公司其他业务与项目本身的风险隔离开来,从而限制项目风险波及的范围。

表1.1 工程项目融资与传统企业融资的区别

主要内容	工程项目融资	传统企业融资
融资主体	项目公司	项目发起人
融资基础	项目产生的现金流	发起人或担保人的信誉
追索情况	有限追索或无追索	全额追索或有限追索
承担风险	项目参加各方分担	项目发起人
会计处理	发起人资产负债表外融资	进入发起人的资产负债表
技术处理程序	相对复杂,期限长、成本高	相对简单,期限短、成本较低
债务融资比例	一般负债比率较高	自有资金的比例较高

1.2.2 工程项目融资的基本特点

与传统融资方式相比较,工程项目融资的基本特点可以归纳为以下几个方面:

1)以项目为导向

工程项目融资是以项目为主体安排的融资。一个工程项目主要依赖项目的现金流量和资产,而不是依赖于项目的投资者或发起人的资信来安排融资。贷款银行在工程项目融资中的注意力主要放在项目在贷款期间能够产生多少现金流量用于还款,贷款的数量、融资成本的高低以及融资结构的设计都是与项目的预期现金流量和资产价值直接联系在一起的(图1.1)。

由于以项目为导向,有些对于投资者来说很难借到的资金,可以利用项目来安排;有些投资者很难得到的担保条件,可以通过组织工程项目融资来实现。因而,与传统融资方式相比较,采用工程项目融资一般可以获得较高的贷款比例,根据项目经济强度的状况,通常可以为项目提供60%~75%的资本需求量,在某些项目中甚至可以达到100%的融资。进一步来看,由于项目导向,工程项目融资的贷款期限可以根据项目的具体需要和项目的经济生命周期来安排设计,可以做到比一般商业贷款期限长,有的项目贷款期限甚至可以长达20年。

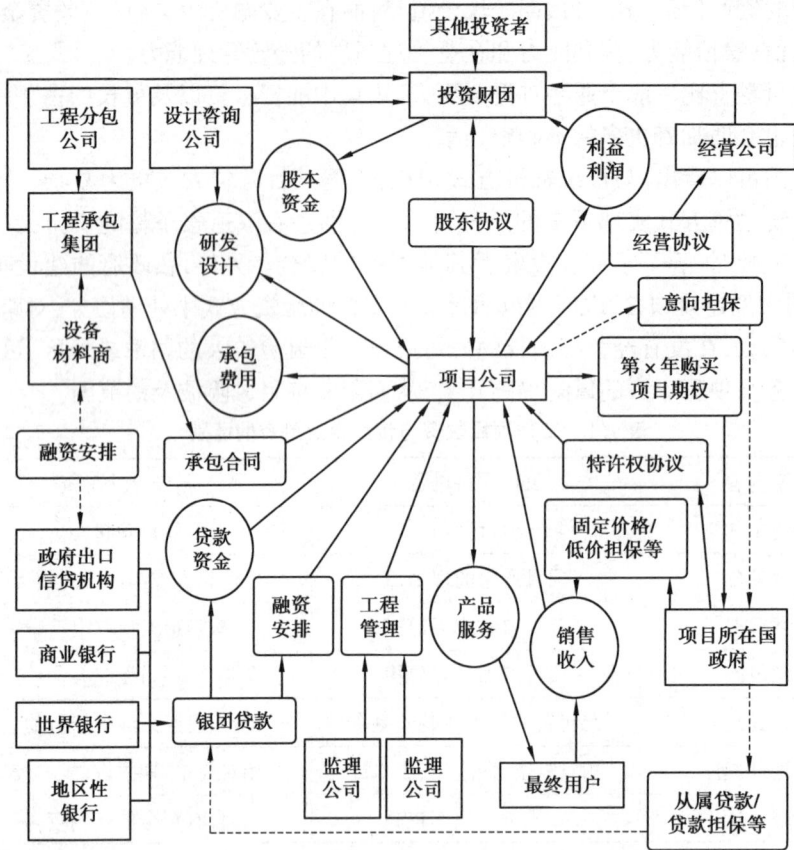

图 1.1 以项目为导向的工程项目融资模式

项目的经济强度是项目融资的基础。项目能否获得贷款完全取决于项目的经济强度,即贷款人在贷款决策时,主要考虑项目在贷款时期内能产生多少现金流量用于还款,贷款的数量、利率和融资结构的安排完全取决于项目本身的经济效益,这完全有别于传统融资主要依赖于投资者或发起人的资信。项目融资的这些特征使得缺乏资金而又难以筹措资金的投资者,可以依靠项目的经济强度,通过项目融资方式实现融资。同时,由于贷款人关注的是项目本身的经济实力,因此,他必然要密切关注项目的建设和运营状况,对项目的谈判、建设、运营进行全过程的监控。从这个意义上讲,采用项目融资方式有利于项目的成功。

2) 有限追索

追索是指在借款人未按期偿还债务时贷款人要求借款人用以除抵押资产之外的其他资产偿还债务的权利。贷款人对项目借款人的追索形式和程度是区分融资是属于工程项目融资还是属于传统形式融资的一个主要标志。传统的公司融资方式属于完全追索。所谓完全追索,是指借款人必须以本身的资产作抵押,贷款人更主要依赖借款人自身的资信情况,而不是项目的经济强度。如果违约时该项目不足以还本付息,贷款方则有权把借款方的其他资产也作为抵押品收走或拍卖,直到贷款本金及利息偿清为止。工程项目融资作为有限追索的融资,贷款人可以在贷款的某个特定阶段(例如项目的建设期和试生产期)对项目借款人实行追索,或者在一个规定的范围内(这种规定的范围包括金额和形式的限制)对项目借款人实行追索,除此之外,无论项目出现任何问题,贷款人均不能追索到项目借款人除该项目资产、现金流量以及所承担的义务之外的任何形式的财产。

有限追索融资的特例是"无追索"融资,即融资百分之百地依赖于项目的经济强度,在融资的任何阶段,贷款人均不能追索到项目借款人除项目之外的资产。然而,在实际工作中是很难获得这样的融资结构的。

有限追索融资的实质是由于项目本身的经济强度还不足以支撑一个"无追索"的结构,因而还需要项目的借款人在项目的特定阶段提供一定形式的信用支持。追索的程度则是根据项目的性质,现金流量的强度和可预测性,项目借款人在这个产业部门中的经验、信誉以及管理能力,借贷双方对未来风险的分担方式等多方面的综合因素,通过谈判确定的。就一个具体项目而言,由于在不同阶段项目风险程度及表现形式会发生变化,因而贷款人对"追索"的要求也会随之相应调整。例如,贷款人通常会要求项目借款人承担项目建设期的全部或大部分风险,而在项目进入正常生产阶段之后,则可以同意只将追索局限于项目资产及项目的现金流量。

是完全追索、有限追索还是无追索,这是项目融资与传统的公司融资的最主要区别。由于项目融资具有有限追索或无追索的特征,这使得投资者的其他资产得到有效的保护,也就调动了大批具有资金实力的投资者参与开发与建设的积极性。

3) 风险分担原则

任何项目的开发与建设都必然存在着各种风险。为了实现工程项目融资的有限追索,对与项目有关的各种风险要素,需要以某种形式在项目投资者(借款人)和与项目实施有直接或间接利益关系的其他参与者及贷款人之间进行分担。一个成功的工程项目融资结构,应该是在项目中没有任何一方单独承担全部项目债务的风险责任。在组织工程项目融资的过程中,项目借款人应该学会如何识别和分析项目的各种风险因素,确定自己、贷款人以及其他参与者所能承受风险的最大能力及可能性,充分利用与项目有关的一切可以利用的优势,最后设计出对投资者具有最低追索的融资结构。一旦融资结构建立起来,任何一方都要准备承担任何未能预料到的风险。

项目融资与传统的公司融资方式比较,在风险分担方面有三点显著不同:其一,通过项目融资的项目都是大型项目,具有投资数额巨大、建设期长的特点,因而与传统的融资项目相比,投资风险大。其二,项目融资大多是利用外资形式,因此,项目融资的风险种类多于传统融资的风险,例如政治风险和法律风险等。其三,传统融资的项目风险往往集中于投资者、贷款者或担保者,风险相对集中,难以分担;而项目融资的参与方有项目发起人、项目公司、贷款银行、工程承建商、项目设备和原材料供应商、项目产品的购买者和使用者、保险公司和政府机构等多家,通过严格的法律合同可以依据各方的利益将责任和风险进行合理分担,从而保证项目融资顺利实施。

4) 非公司负债型融资

工程项目融资通过对其投资结构和融资结构的设计,可以帮助投资者(借款人)将贷款安排成为一种非公司负债型融资。

公司的资产负债表是反映一个公司在特定日期财务状况的会计报表，所提供的主要财务信息包括公司所掌握的资源、所承担的债务、偿债能力、股东在公司里所持有的权益以及公司未来的财务状况变化趋向。非公司负债型融资，也称资产负债表之外的融资，是指项目的债务不表现在项目投资者(即实际借款人)的公司资产负债表负债栏中的一种融资形式。这种债务最多以某种说明的形式反映在公司资产负债表的注释中。

根据工程项目融资风险分担原则，贷款人对项目的债务追索权主要被限制在项目公司的资产和现金流量中，项目投资者(借款人)所承担的是有限责任，因而有条件使融资被安排成为一种不需要进入项目投资者(借款人)资产负债表的贷款形式。

项目融资也称非公司负债型融资，是资产负债表外的融资(Off-balance Finance)，这是与传统的公司融资在会计处理上的不同之处。资产负债表外融资是指项目的债务不出现在项目投资者的资产负债表上的融资，这样的会计处理是通过对投资结构和融资结构的设计来实现的。

在实际融资的过程中，对于投资者来说，因为大型工程项目的建设周期和投资回收期都很长，如果把这种项目的贷款反映在投资者的资产负债表上，很有可能造成投资者(公司)的资产负债比例失衡，超出银行通常所能接受的安全警戒线，并且短期无法根本改变，这就势必影响投资者筹措新的资金，从而影响其投资其他项目的能力。如果采取非公司负债型融资，则可避免上述问题。

非公司负债型融资对项目投资者的价值在于使这些公司有可能以有限的财力从事更多的投资，同时将投资的风险分散和限制在更多的项目之中。而在传统公司融资方式下，项目债务是投资者债务的一部分，它必定出现在投资者的资产负债表上，这样一来，投资者的项目投资和其他投资之间会产生相互制约的现象。一个公司在从事超过自身资产规模的项目投资，或者同时进行几个较大的项目开发时，这种融资方式的价值就会充分体现出来。过去工程项目融资这一特点的重要性并没有被我国企业完全理解和接受。但是，随着国内市场逐渐与国际市场接轨，对国内公司，特别是以国际资金市场融资作为主要资金来源的公司，这一特点将变得越来越重要和有价值。具有比较好的资产负债比例的企业，在筹集资金和企业资信等级评定方面会有更强的竞争力。

5)信用结构多样化

在工程项目融资中，用于支持贷款的信用结构的安排是灵活和多样化的，一个成功的工程项目融资，可以将贷款的信用支持分配到与项目有关的各个关键方面。工程项目融资涉及的有关经济关系如图1.2所示。典型的信用结构做法包括：

①在市场方面，可以要求对项目产品感兴趣的购买者提供一种长期购买合同作为融资的信用支持(这种信用支持所能起到的作用取决于合同的形式和购买者的资信)。资源性项目的开发受国际市场的需求、价格变动的影响很大，能否获得一个稳定的、合乎贷款银行要求的项目产品长期销售合同，往往成为项目融资的关键。

②在工程建设方面，为了减少风险，可以要求工程承包公司提供固定价格、固定工期的合同或"交钥匙"工程合同，可以要求项目设计者提供工程技术保证等。

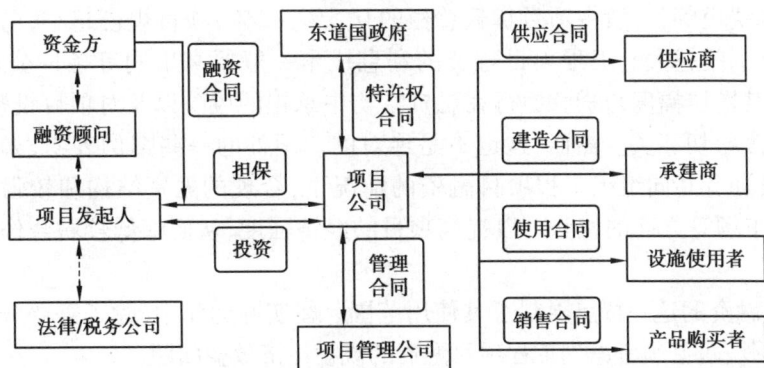

图1.2 工程项目融资涉及的主要经济关系

③在原材料和能源供应方面,可以要求供应方在保证供应的同时,在定价上根据项目产品的价格变化设计一定的浮动价格公式,保证项目的最低收益。这些做法都可以成为工程项目融资强有力的信用支持,提高项目的债务承受能力。

例如,占世界钻石产量1/3的澳大利亚阿盖尔钻石矿在开发初期,其中的一个投资者澳大利亚阿施敦矿业公司,准备采用工程项目融资的方式筹集所需要的建设资金。由于参与融资的银团对钻石的市场价格和销路没有把握,筹资工作迟迟难以完成。但是,当该矿与总部设在伦敦的历史悠久的中央钻石销售组织签订了长期包销协定之后,该组织的世界一流的销售能力和信誉加强了阿施敦矿业公司在与银行谈判中的地位,很快就顺利完成了工程项目融资工作。

6)融资的负债率较高

在传统的公司融资方式下,一般要求项目投资者的出资比例至少要达到30% ~40%以上才能融资,其余的不足部分由债务资金解决。而项目融资是有限追索融资,通过这种融资形式可以筹集到高于投资者本身资产几十倍甚至上百倍的资金,而对投资者的股权出资所占的比例要求不高。一般而言,股权出资占项目总投资的30%即可,其余由贷款、租赁、出口信贷等方式解决。可以说,项目融资是一种负债率较高的融资。

7)融资成本较高

与传统的融资方式比较,工程项目融资存在的一个主要问题是相对筹资成本较高,组织融资所需要的时间较长。工程项目融资涉及面广、结构复杂,需要做好大量有关风险分担、税收结构、资产抵押等一系列技术性工作,筹资文件比一般公司融资往往要多出几倍,需要几十个甚至上百个法律文件才能解决问题。这就必然造成两方面的后果:

第一,组织工程项目融资花费的时间要长一些,通常从开始准备到完成整个融资计划需要3~6个月的时间(贷款金额大小和融资结构复杂程度是决定安排融资时间长短的重要因素),有些大型工程项目融资甚至可以拖上几年。这就要求所有参加这一工作的各个方面都有足够的耐心和合作精神。

第二,工程项目融资的大量前期工作和有限追索性质,导致融资成本比传统融资方式高。融资成本主要包括融资的前期费用和利息成本两个部分。

融资的前期费用与项目的规模有直接关系,包括融资顾问费、成本费、贷款的建立费、承诺费及法律费用等,一般占项目贷款总额的 0.5% ~ 2% ;项目规模越小,前期费用所占融资总额的比例就越大。工程项目融资的利息成本一般要高出同等条件公司贷款的 0.3% ~ 1.5% ,其增加幅度与贷款银行在融资结构中承担的风险以及对项目投资者(即借款人)的追索程度密切相关。然而,这也不是绝对的。国外的一些案例表明,如果在一个项目中有几个投资者共同组织工程项目融资的情况下,合理的融资结构和较强合作伙伴在管理、技术或市场等方面的优势可以提高项目的经济强度,从而降低较弱合作伙伴的相对融资成本。

工程项目融资的这一特点限制了其使用范围。在实际运作中,除了需要分析工程项目融资的优势之外,也必须考虑到工程项目融资的规模经济效益问题。

8)可以利用税务优势

追求充分利用税务优势降低融资成本,提高项目的综合收益率和偿债能力,是工程项目融资的一个重要特点。这一问题贯穿于工程项目融资的各个阶段、各个组成部分的设计之中。所谓充分利用税务优势,是指在项目所在国法律允许的范围内,通过精心设计的投资结构、融资模式,将所在国政府对投资的税务鼓励政策在项目参与各方中最大限度地加以分配和利用,以此降低筹资成本、提高项目的偿债能力。这些税务政策随国家、地区的不同而变化,通常包括加速折旧、利息成本、投资优惠以及其他费用的抵税法规等。

1.3 工程项目融资的优点与缺点

1.3.1 工程项目融资的优点

工程项目融资与传统的公司融资相比具备很多优点,无论是政府、项目发起人还是贷款银行,他们都会从中得到相应的好处。

1)项目融资对政府的好处

①拓宽政府用于基础设施建设的资金来源渠道,减轻政府的财政支出和债务负担。从理论上讲,基础设施属于公共产品或准公共产品,它应该由政府财政预算安排投资进行建设。但我国基础设施建设任务繁重,采用项目融资方式进行基础设施建设,可大大缓解政府的财政负担和债务负担。

②有利于引进外资和民间资本,提高基础设施的运行效率,更好地为公众服务。多年的基础设施建设实践证明,用项目融资方式进行建设,便于引进外资和民间资本,引入竞争机制。引进外资不仅弥补了国内建设资金不足,而且引进了先进的管理经验和技术;引进民间资本既解决了国内资金闲置的问题,也充分地发挥了民营经济的优越性,这些都有利于提高基础设施的运行效率。

2) 项目融资对项目发起人的好处

(1) 使项目发起人承担的风险变小

项目融资与传统融资相比,投资风险种类既多又大,参与融资的任何一方都难以单独承担其全部风险,对项目发起人也是如此。但项目融资是一种有限追索的融资,它能使项目发起人(投资者)的财产得到有效保护,尤其是项目发起人与项目的各参与方签订一系列合同、协议和要求有关方提供担保等,使项目发起人承担的风险变小。

(2) 能解决大型项目融资问题

项目融资应用最多的是基础设施项目。基础设施项目一般都是大项目,其总投资往往会超过项目发起人本身的资产净值。如果采用传统方式举债,项目发起人难以获得银行的贷款,而采用项目融资方式,则可解决融资问题。

(3) 使项目发起人有可靠的投资收益

在项目融资中,为确保其运作成功,各有关方要签订一系列合约,其中,对项目建成后的产品销售或使用,要求相应的购买方或服务方要与项目公司签订必付合约,这使项目公司获取利润有了保证,因项目发起人是项目公司的股东,自然项目发起人的投资收益也有了保证。

3) 项目融资对贷款银行的好处

(1) 化解贷款风险

对于贷款银行而言,任何一笔贷款都会有一定的风险,贷款数量越大,风险也越大。项目融资时,贷款银行之所以愿意给项目公司贷款,一方面是出于贷款收益的考虑;另一方面贷款项目稳定的现金流是偿还贷款的可靠来源,再加上多样化的信用结构,从这个意义上说,银行贷款的风险已被化解。

(2) 可获得较高的贷款利息

按照商业银行运作的惯例,给基础设施类的大项目贷款的利率要高于一般商业贷款利率,贷款银行可获得较高的贷款利息。

(3) 有利于银行开展多种相关业务

采用项目融资方式建设的项目,无论是项目的筹建期、建设期还是投资回收期,有关参与方均需要到银行办理相关业务,如存贷款、国内外汇款、本外币兑换、信用卡业务,乃至抵押文件保管等,这就为银行提供了开展多种业务的机会。

1.3.2 工程项目融资的缺点

从项目融资的基本特征和其给政府、项目发起人、贷款银行带来的好处看,与传统的公司融资相比,工程项目融资也有许多缺点。具体而言,其一,政府要承担政治、法律和外汇等方面的风险;其二,组织项目融资的时间长,既费时又费力,成本费用高;其三,风险在各参与方之间分配比较复杂,涉及相当多的法律合同,各参与方的权责很难一目了然。

1.4　工程项目融资的结构体系

1.4.1　工程项目融资的结构框架

工程项目融资由四个基本模块组成:项目投资结构、项目资金结构、项目融资结构和项目信用保证结构(图1.3)。工程项目融资的四个模块不是孤立的,它们之间相互联系、相互影响。在进行工程项目融资的设计时,应综合考虑这四个模块。

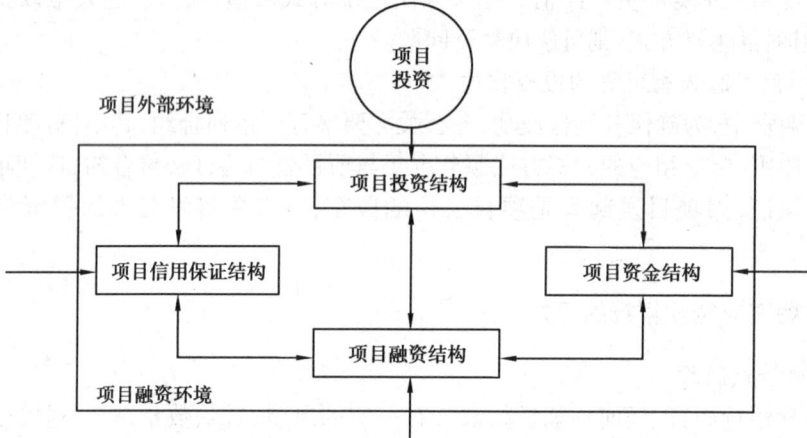

图1.3　工程项目融资的结构框架

项目投资结构确定了项目投资者对项目资产及其之间的法律关系,合理的投资结构设计能够比较好地满足不同投资者的要求,为项目平稳运作提供组织保证。项目资金结构是指权益资本与债务资本的比例关系及其来源渠道。项目融资结构主要是指工程项目融资模式的选择,是工程项目融资结构设计中的核心。通常工程项目融资中发起人的投入只占总投资的一小部分,其余需要通过可能的融资渠道进行融资,而不同渠道的资金成本、风险及期限都是不一样的,因此需要对融资渠道有很好的认识,而资金结构的确定可能会对融资及项目未来的运作产生影响。由于工程项目融资的有限追索特性,除了项目本身的经济强度之外,项目信用保证结构有助于降低相关投资者的风险,进而增强项目的吸引力。

1.4.2　工程项目投资结构

项目投资结构即项目资产所有权结构,是指项目的投资者对项目资产权益的法律拥有形式,以及项目投资者之间(如果项目有一个以上的投资者)的法律合作关系。项目投资中,由于投资者之间的合作形式有多种,这就形成了不同种类的投资结构。各种不同的投资结构中的投资者对其资产的拥有形式,对项目产品、项目现金流量的控制程度,以及对所承担的债务责任和所涉及的税务结构是不同的。这些差异直接影响项目融资整体结构的设计。

在投资决策分析中,确定投资结构需要考虑的因素包括项目的产权责任、产品分配形式、决策程序、债务责任、现金流量、税务结构和会计处理等。为了满足投资者对项目投资和融资的具体要求,第一步工作就需要在项目所在国法律、法规许可的范围内设计安排符合这种投资和融资要求的目标投资结构。

项目投资结构的设计是多种多样的。通常要求投资者依据项目的特点和合资各方的发展战略及利益追求、融资方式、资金来源等条件来综合考虑。目前,国际上工程项目融资通常采用的投资结构有:

①单一项目子公司。

②非限制性子公司。

③代理公司。

④公司型合资结构。

⑤合伙制和有限合伙制结构。

⑥信托基金结构。

⑦非公司型合资结构。

具体采用哪种投资结构,完全取决于该项目本身的融资要求和融资数额。可以根据项目的具体情况、投资者投资愿望的迫切程度及对控制权的要求程度予以协商确认。

1.4.3 工程项目资金结构

项目资金结构决定了项目中股本资金、准股本资金和债务资金的形式、相互之间的比例关系以及相应的来源(图1.4)。资金结构是由投资结构和融资结构决定的,但反过来又会影响整体工程项目融资结构的设计。

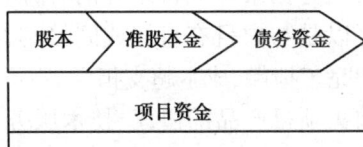

图1.4 工程项目融资的资金构成

项目资金结构主要包括债务资金与权益资金的比例、资金的期限结构、资金的货币结构和债务资金的利率结构等方面。针对不同的工程项目,要设计出最佳的资金结构以满足项目建设各方的需要。

在项目融资中,如果能灵活巧妙地安排项目的资金构成比例,选择适当的资金形式,可以达到既减少投资者自有资金的直接投入,又提高项目的经济效益的目的。换言之,针对同一个项目,选择不同的资金结构,最终的效果会有很大的差别。在项目的资金结构中,通常把解决债务资金问题作为融资安排的重点,但也必须要有适当数量的股本资金和准股本资金作为融资的信用支持。

工程项目融资可以采取灵活多样的资金结构,确定资金结构的基本原则是不因为借债过多而损害项目经济强度的前提下,尽可能地降低项目的资金成本。只要融资成功,不影响项目的经济强度,选择什么样的资金结构都是被允许的。这样,选择科学合理的资金结构,既能满足投资者对资金的需求,保证项目的顺利实施,又能保证项目的现金流量,使项目取得预期的经济效益就显得非常重要。

1.4.4　工程项目融资结构

融资结构是工程项目融资的核心部分。融资结构的设计是为了实现项目投资者在融资方面的目标要求。一旦项目的投资者在投资结构和资金结构上达成一致意见,接下来的重要工作就是设计和选择合适的融资结构,以实现投资者在融资方面的目标要求。因为对于一个通过工程项目融资方式设立的工程项目而言,其建设资金主要就是通过融资方式获取的,只有少量资金依靠项目资本金来解决。

设计项目的融资结构是一项很复杂的工作,通常是由投资者所聘请的融资顾问(通常是投资银行)来担任。所谓融资结构的设计,是融资顾问按照投资者的要求,对几种融资模式进行组合、取舍、拼装,通过时间配比、风险配比、成本配比以实现预期目标。国际上常用的项目融资的基本模式有直接融资、项目公司融资、杠杆租赁融资、设施使用协议融资、生产支付融资、BOT 项目融资、ABS 项目融资、PFI 项目融资和 PPP 项目融资等模式。

1.4.5　工程项目信用保证结构

工程项目融资的根本特征体现在项目风险的分担方面,而项目担保正是实现这种风险分担的一个关键所在。由于工程项目融资方式的长期性,风险的合理分配和严格管理是项目成功的关键,也是项目各参与方谈判的核心问题,他们都试图寻找更多的信用保证方式以化解或规避风险。对于银行和其他债权人而言,工程项目融资的安全性来自两个方面:一方面来自项目本身的经济强度;另一方面来自项目之外的各种直接或间接担保。这些担保可以是项目的投资者提供的,也可以是与项目有直接或间接利益关系的其他方提供的。这些担保可以是直接的财务保证,如完工担保、成本超支担保、不可预见费用担保;也可以是间接的或非财务性的担保,如长期购买项目产品的协议、技术服务协议、以某种定价公式为基础的长期供货协议等。所有这一切担保形式的组合就构成了项目的信用保证结构。项目本身的经济强度与信用保证结构相辅相成。项目的经济强度高,信用保证结构就相对简单,条件就相对宽松;反之,就要相对复杂和严格。

在工程项目融资中,充当项目担保的担保人主要有项目发起人、与项目利益有关的第三方和商业担保人三类。对于提供资金而又不愿意较深介入项目的发起人而言,提供项目担保是一种较普遍的形式。通常作为第三方担保人的有工程承包公司、供应商、产品购买者或用户、世界银行、地区开发银行、多边担保机构等国际性金融机构。他们大多不愿意在工程项目融资中承担直接的无条件担保责任,所以提供的担保多为有限责任的间接担保。商业担保人以提供担保为一种盈利手段,承担项目的风险并收取担保服务费用,他们通过分散化经营来降低自己的风险。商业银行、保险公司和其他一些专业商业担保机构是主要的商业担保人。

1.4.6　工程项目融资结构的设计

项目融资框架结构虽然由上述四个模块构成,但就项目融资的整体结构而言,却不能理解为四个模块的简单拼装与组合。实际的过程是项目融资的各参与方之间经过反复谈判,才能完成融资模块的设计和确定模块之间的组合关系。实际过程是通过投资者之间,投资者与贷款银行之间,投资者和贷款银行与项目产品的下游消费者、生产设备的供应商、能源、原材料供应商,以及有时与政府有关部门、税务机构等多方之间的反复谈判,完成融资的模块设计和确定模块相互之间的组合关系。这个过程需要经过多次反复,通过对不同方案的比较、选择、调整,最后产生一个最佳方案。

对其中任何一个模块做设计上的调整,都有可能影响到其他模块的结构设计以及相互之间的组合关系。因此,每一个完成的工程项目融资结构都可以说是一件由其组织者精心设计的艺术品,在原则框架的基础上,每一个融资结构都带有自己的创造性。

【案例】

深圳沙角B电厂项目

深圳沙角B电厂是我国第一个BOT基础设施项目,于1984年由香港合和实业公司和中国发展投资公司等作为发起人在深圳建设。当时BOT项目在我国刚刚出现,从中央到地方对该项目的评论较多,焦点是项目公司回报率是不是太高了。经过十余年的运作,该项目取得了成功,其工期只用了22个月,比计划提前1年竣工。1986年该项目获得了英联邦土建大奖,更为重要的是沙角B电厂的供电成本低于广东省国营电网。广东省经委曾组织人力对承包商的回报率进行调查,得出的结论是该项目的高回报率是合理的:①沙角B电厂管理水平和效率较高;②承包商承担了一定风险,如项目工期延长一年回报率将会变得很低;③发起人的回报率低于多数发展中国家的收益水平。沙角B电厂的项目模式基本得到了各级政府的认可,而且我国政府于1992年和1994年两次超出合同规定的要求上调沙角B电厂电价。

深圳沙角B电厂是在我国改革开放初期,在法律环境及其他各种投资环境都不健全的情况下出现的,它的运作过程并不规范,合同内容较简单,由于经验不足也造成了一些遗留问题。尽管如此,深圳沙角B电厂仍然被公认为20世纪80年代世界上较成功的BOT项目,因此沙角B电厂的项目经验也经常被世界各国BOT专家引用。

1. 项目背景

深圳沙角B电厂于1984年签署合资协议,1986年完成融资安排并动工兴建,1988年投入使用。该电厂总装机容量70万千瓦,总投资为42亿港元,被认为是我国最早的一个有限追索的项目融资案例,也是我国第一次使用BOT融资概念兴建的基础设施项目。

2. 项目融资结构

(1)投资结构

该项目采用中外合作经营方式兴建。合资中方为深圳特区电力开发公司(A方),合资外方为合和电力有限公司(B方),合作期10年。合作期间,B方负责安排提供项目全部的外汇资金,组织项目建设,并且负责经营电厂10年(合作期)。作为回报,B方获得在扣除项目经营成本、煤炭成本和支付给A方的管理费后百分之百的项目收益。合作期满后,B方将深圳沙角B电厂的资产所有权和控制权无偿转让给A方,退出该项目。图1.5为深圳沙角B电厂的投资结构。

(2)融资模式

深圳沙角B电厂的资金结构包括股本资金、从属性贷款和项目贷款三种形式。

根据合作协议安排,在深圳沙角B电厂项目中,除人民币资金之外的全部外汇资金安排由B方负责,项目合资B方合和电力有限公司利用项目合资A方提供的信用保证,为项目安排出一个有限追索的项目融资结构。图1.6为深圳沙角B电厂的融资结构。

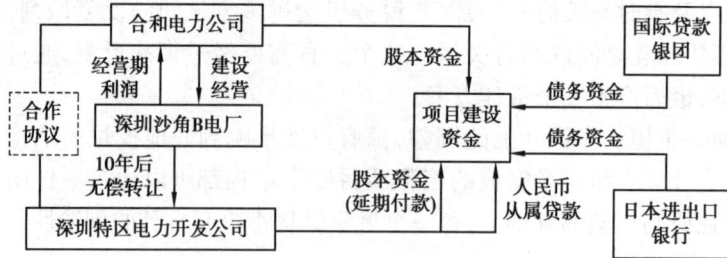

图1.5 深圳沙角B电厂的投资结构

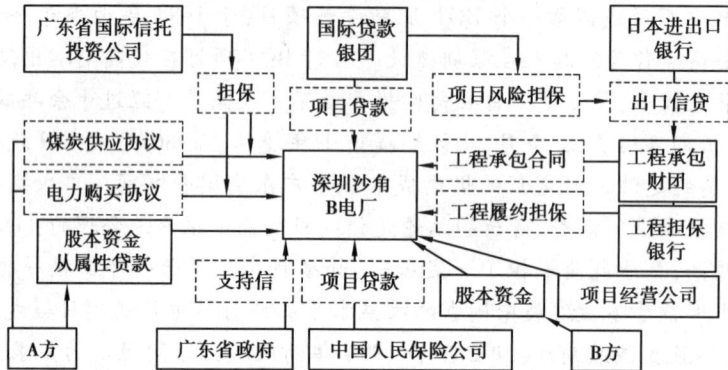

图1.6 深圳沙角B电厂的融资结构

（3）信用保证结构

①A方的电力购买协议。这是一个具有"提货与付款"性质的协议,规定A方在项目生产期间按照事先规定的价格从项目中购买一个确定的最低数量的发电量,从而排除了项目的主要市场风险。

②A方的煤炭供应协议。这是一个具有"供货或付款"性质的合同,规定A方负责按照一个固定的价格提供项目发电所需要的全部煤炭,这个安排实际上排除了项目的能源价格及供应风险以及大部分的生产成本超支风险。

③广东省国际信托投资公司为A方的电力购买协议和煤炭供应协议所提供的担保。

④广东省政府为上述三项安排出具的支持信。虽然支持信并不具备法律的约束力,但可作为一种意向性担保,在项目融资安排中具有相当的分量。

⑤设备供应及工程承包财团所提供的"交钥匙"工程建设合约,以及为其提供担保的银行所安排的履约担保,构成了项目的完工担保,排除了项目融资贷款银团对项目完工风险的顾虑。

⑥中国人民保险公司安排的项目保险。项目保险是电站项目融资中不可缺少的一个组成部分,这种保险通常包括对出现资产损害、机械设备故障以及相应发生的损失的保险,在有些情况下也包括对项目不能按期投产情况的保险。

3.融资结构简评

①作为BOT模式中的建设、经营一方(在我国现阶段有较大一部分为国外投资者),必须是一个有电力工业背景、具备一定资金力量并且能够被金融界接受的公司。

②项目必须要有一个具有法律保障的电力购买合约作为支持。这个协议需要具有"提货与付款"或者"无论提货与否均需付款"的性质,按照事先规定的价格严格从项目购买一个最低数量的发电量,以保证项目可以创造出足够的现金流量来满足项目贷款银行的要求。

③项目必须有一个长期的燃料供应协议。从项目贷款银行的角度看,如果燃料是进口的,通常会要求有关当局对外汇支付作出相应安排;如果燃料是由项目所在地政府部门或商业机构负责供应或安排,则通常会要求政府对燃料供应作出具有"供货或付款"性质的承诺。

④根据提供电力购买协议和燃料供应协议的机构的财务状况和背景,有时项目贷款银行会要求更高一级机构某种形式的财务担保或者意向性担保。

⑤与项目有关的基础设施的安排。包括土地、与土地相连接的公路、燃料传输及储存系统、水资源供应、电网系统的联结等一系列与项目实施密切相关的问题及其责任,必须要在项目文件中做出明确的规定。

⑥与项目有关的政府批准。包括有关外汇资金、外汇利润汇出、汇率风险等问题,必须在动工前得到批准和作出相应的安排,否则很难吸引银行加入项目融资的贷款银团行列。有时,在BOT融资期间贷款银团还可能要求对项目现金流量和外汇资金的直接控制。

(资料来源:刘亚臣,白丽华.工程项目融资[M].北京:机械工业出版社,2011:36-39.)

【本章小结】

本章在对项目融资的含义综述的基础上引出本书所持有的项目融资的观点。以项目为基础,分析了项目融资的四大类项目。在理解项目融资概念和分析国内外项目融资实践的基础上,对比工程项目融资与传统融资和企业融资的区别,从而引出项目融资的特点。最后,对项目融资结构体系的投资结构、资金结构、融资结构和信用保证结构四个模块进行了分析,并对融资结构设计进行了举例说明。

【习题研讨】

1. 简述项目融资的基本含义及你对项目融资的观点。
2. 工程项目融资与传统融资的主要区别是什么?试举例说明。
3. 工程项目融资有哪些特点?
4. 工程项目融资结构的四个基本模块之间有何关系?
5. 研讨:按照业务发展时间顺序对图1.1进行编号。

第 2 章

GONGCHENG XIANGMU
RONGZI DE
JIEDUAN YU ZUZHI

工程项目融资的阶段与组织

【本章导读】

★从项目融资实施的基本阶段去分解工程项目融资的参与者及其关系。

【本章重点】

★工程项目融资的基本实施阶段;
★工程项目融资各阶段的主要参与者;
★特许权与特许权经营。

2.1　工程项目融资实施的基本阶段

工程项目融资可分为五个基本实施阶段,即投资决策分析阶段、融资决策分析阶段、融资结构分析阶段、融资谈判阶段和项目融资执行阶段(图2.1)。

2.1.1　工程项目投资决策分析阶段

对于任何一个投资项目来说,在决策者下定决心之前,都需要经过相当周密的投资决策分析,包括对国家宏观经济形势的判断、项目所处产业部门的发展前景、项目在产业部门中的地位和竞争状况以及项目的可行性研究等内容。

一旦做出投资决策,接下来的一个重要工作就是要确定项目的投资结构。项目投资结构的确定与将要选择的资金结构和融资结构有着密切的关系。同时,在很多情况下,项目投资决策也是与项目能否融资以及如何融资紧密联系在一起的。投资结构的选择将影响到工程项目融资的资金结构和融资结构的选择;反过来,工程项目融资结构的设计在多数情况下也会对投资结构的安排做出调整。

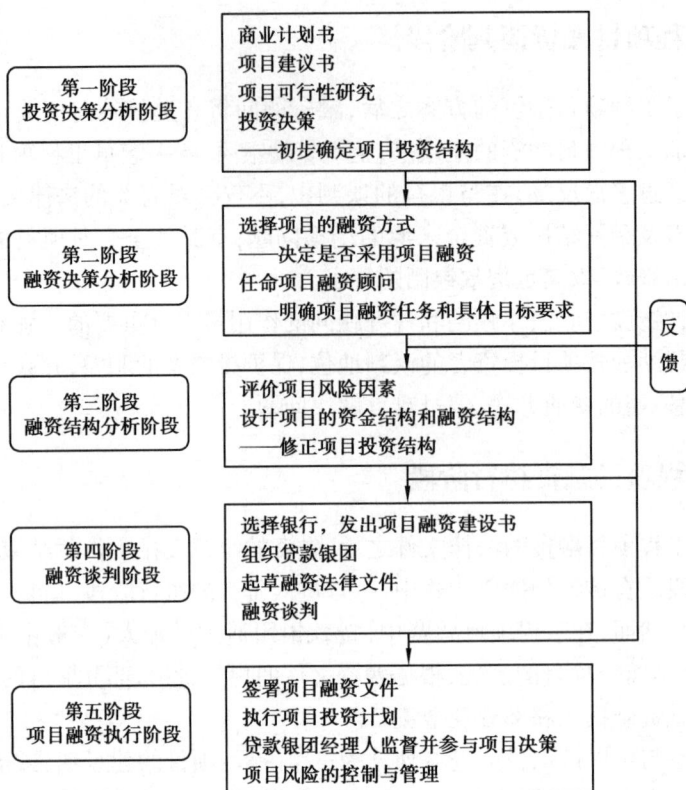

图2.1　工程项目融资基本阶段

2.1.2　工程项目融资决策分析阶段

在这个阶段,项目投资者将决定是否采用项目融资方式为项目筹集资金。是否采用项目融资,取决于投资者对债务责任分担的要求、贷款资金数量及时间要求、融资费用要求以及债务会计处理等方面要求的综合评价。

如果决定选择采用工程项目融资作为筹资手段,投资者就需要选择和任命融资顾问,开始研究和设计项目的融资结构。有时,项目的投资者自己也无法明确判断应采取何种融资方式,在这种情况下,投资者可以聘请融资顾问对项目的融资能力以及可能的融资方案做出分析和比较,再做出项目的融资决策。

2.1.3　工程项目融资结构分析阶段

设计工程项目融资结构的一个重要步骤是完成对项目风险的分析和评估。工程项目融资信用结构的基础是由项目本身的经济强度以及与之有关的各个利益主体与项目的契约关系和信用保证所构成的。因此,能否采用以及如何设计工程项目融资结构的关键点之一,就是要求工程项目融资顾问和项目投资者一起对与项目有关的风险因素进行全面的分析和判断,以确定项目的债务承受能力和风险,设计出切实可行的融资方案。工程项目资金结构以及相应的融资结构的设计和选择,必须全面反映投资者的融资战略要求和考虑。

2.1.4 工程项目融资谈判阶段

在初步确定了工程项目融资的方案之后,融资顾问将有选择地向商业银行或其他一些金融机构发出参加工程项目融资的建议书,组织贷款银团,着手起草工程项目融资的有关文件。这一阶段会经过多次反复,在与银行的谈判中,不仅会对有关的法律文件做出修改,在很多情况下也会涉及融资结构或资金来源的调整问题,有时甚至会对项目的投资结构及相应的法律文件做出修改,以满足贷款银团的要求。

在这一阶段,融资顾问、法律顾问和税务顾问的作用是十分重要的。强有力的融资顾问和法律顾问可以帮助加强项目投资者的谈判地位,保护投资者的利益,并在谈判陷入僵局时及时、灵活地找出适当的变通办法,绕过难点解决问题。

2.1.5 工程项目融资执行阶段

在正式签署工程项目融资的法律文件之后,融资的组织安排工作就结束了,工程项目融资将进入执行阶段。在传统的融资方式中,一旦进入贷款的执行阶段,借贷双方的关系就变得相对简单明了。然而,在工程项目融资中,贷款银团通过经理人(一般由工程项目融资顾问担任)将经常性地监督项目的进展,根据融资文件的规定,参与部分项目的决策程序,管理和控制项目的贷款资金投入和部分现金流量。

贷款银团的参与可以按项目的进展划分为三个阶段:项目的建设期、试生产期和正常运行期。在项目的建设期,贷款银团经理人将经常性地监督项目的建设进展,根据资金预算和建设进度表安排贷款的提取。如果融资协议包括多种货币贷款的选择,为降低利率风险和汇率风险,银团经理人可以为项目投资者提供各种资金安排上的策略性建议。在项目的试生产期,银团经理人将监督项目试生产情况,将实际的项目生产成本数据和技术指标与融资文件规定的各项指标进行比较,确认项目是否达到融资文件规定的商业完工标准。在项目的正常运行期,项目的投资者所提供的完工担保将被解除,贷款的偿还将主要依赖于项目自身的现金流量。银团经理人将按照融资文件的规定管理全部或一部分项目现金流量。例如,在有些项目融资中,贷款银团要求项目公司必须建立以确保贷款偿还为核心的抵押账户系统,在还款期内,项目公司的所有资金必须全部存入抵押代理行开立的抵押账户内,由抵押代理行对账户内的现金流量进行长期、连续的监控,以确保债务的偿还。除此之外,银团经理人也会参与一部分项目生产的经营决策,在项目的重大决策问题(如新增资本支出、减产、停产和资产处理等)上有一定的发言权。

由于工程项目融资的债务偿还与项目的金融环境和市场环境密切相关,所以,帮助项目投资者加强对项目风险的控制和管理也成为银团经理人在项目正常运行阶段的一项重要工作。

2.2 工程项目融资的参与者

任何一个工程项目,一般都要涉及产、供、销环节上的多个参与者。而以工程项目融资的方式筹资的项目,特别是国际融资项目,由于资金数额大、涉及面广,而且要有完善的合同体系和担保体系来分担项目风险,因此这类项目的参与者就更多。概括起来,工程项目融资的参与者主要包括:项目发起人、项目公司、项目贷款银行、项目建设的工程公司/承包公司、项目设备/能源/原材料供应者、融资顾问、法律和税务顾问、有关政府机构等。工程项目融资主要参与者及相互之间的合同关系如图2.2所示。

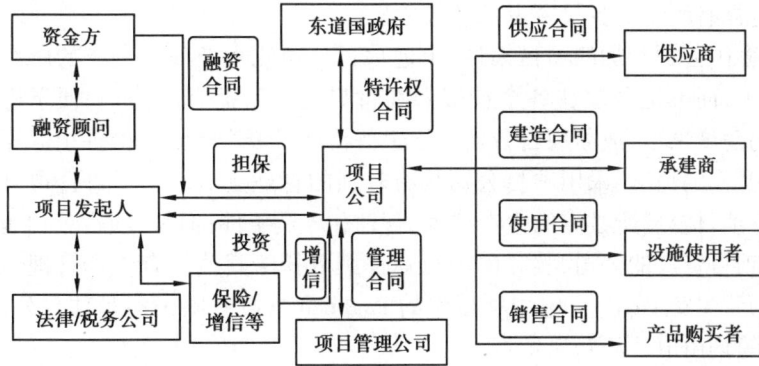

图2.2 工程项目融资主要参与者

2.2.1 项目发起人

项目发起人也称项目的实际投资者,是项目的股东。项目发起人通过项目的投资活动和经营活动,收回项目投资,进而获取投资利润和其他利益;通过组织工程项目融资,实现项目投资的目标。

在工程项目融资结构中,项目发起人除了拥有公司全部股权或部分股权,提供一部分股本资金外,还需要以直接担保或间接担保的形式为项目公司提供一定的信用支持。因此,项目发起人是工程项目融资中的真正借款人。项目发起人在融资中需要承担的责任和义务,需要提供的担保性质、金额和时间要求,主要取决于项目的经济强度和贷款银行的要求,是由借贷双方通过谈判决定的。

项目发起人可以是单独一家公司,也可以是由多家公司组成的投资财团。例如,由承包商、供应商、项目产品的购买方或使用方以及政府部门等多方构成的联合体;项目投资者可以是私人公司,也可以是政府授权的机构,或者是两者的混合体。项目发起人通常仅限于发起项目,但不负责项目的建设和运营。

2.2.2 项目公司

项目公司也称项目的直接主办人,是项目发起人为项目建设而设立的公司或合营企业。它是直接参与项目投资和项目管理,直接承担项目债务责任和项目风险的法律实体。在法律层面,项目公司是一个独立的法律实体,具有独立的法律资格。它一般由投资方组建,负责从建设项目的策划、筹资、设计、建设实施、运营生产到后期的偿还债务并承担投资风险。项目公司是项目的综合中心,是包括人力资源、财物资源和其他资源的综合集成体。一个建设项目有众多利益相关者参与,项目的成败取决于项目公司在整个项目中的组织与协调。只有通过项目公司的有效集成,项目才能顺利实施。项目的投资方仅以投入项目公司中的

股份为限对项目进行控制,并承担有限偿债责任。设立项目公司的好处如下:

①将工程项目融资的债务风险和经营风险大部分限制在项目公司中,项目公司对偿还贷款承担直接责任,是实现融资责任对项目投资者有限追索的一种重要手段。

②根据一些国家的会计制度,成立项目公司进行融资,可以避免将有限追索的工程项目融资安排作为债务列入项目实际投资者自身的资产负债表中,实现非公司负债型融资安排,即表外融资,这样有利于减少投资者的债务危机。

③对于有多国公司参加的项目来说,组建项目公司便于把项目资产的所有权集中在项目公司一家身上,而不是分散在各个投资者在世界各地所拥有的公司,便于进行管理。同时,从贷款人的角度来看,成立项目公司便于银行在项目资产上设定抵押担保等权益。

④从实际操作的角度,采用项目公司具有较强的管理灵活性。项目公司可以是一个实体,即实际拥有项目管理所必需的生产技术、管理和人员条件;但是,项目公司也可以只是一个法律上拥有项目资产的公司,实际的项目运作则委托给其他富有生产管理经验的管理公司负责。例如,菲律宾 Pagbilao 电力项目中的 Pagbilao 发电有限公司是项目公司,但是电厂的运营和售电等均由电厂经营者负责。

2.2.3　贷款人

贷款人在工程项目融资中主要以债权人和担保人的身份出现,为项目提供债务资金的支持或者为项目提供信用支持。一般来说,商业银行、非银行金融机构(如租赁公司、财务公司、某种类型的投资基金等)和一些国家政府的出口信贷机构,都可作为项目的融资债务资金来源的贷款人,但多数贷款人往往是银行或银团。承担工程项目融资贷款责任的银行可以是单一的一两家商业银行,也可以是由多家组成的国际银团。银行参与数目主要是根据贷款的规模和项目的风险(特别是项目所在国的国家风险)两个因素决定的。例如,根据一般的经验,贷款额超过 3 亿美元以上的项目,基本上需要至少三家以上的银行组成银团来提供资金。但是,对于一些被认为是高风险的国家来说,即使是几百万美元的项目贷款,也常常需要由多家银行组成的国际银团提供。

贷款银团通常分为安排行、管理行、代理行和工程银行等。这些银行都提供贷款,但又各自承担不同的责任。安排行负责安排融资和银团贷款,通常在贷款条件和担保文件的谈判中起主导作用。但是,相关文件将包含一段明确的声明,表示在银团贷款中的每一贷款人都是按照自己的判断来参加银团的,不会企图要求安排行为参与银行可能的损失负责。管理行负责贷款项目的文件管理。管理行的身份反映了对项目相当程度的参与,但管理行通常不对借款人或贷款人承担任何特殊的责任。代理行的责任是协调用款,帮助各方交流融资文件、送达通知和传递信息。代理行同样不对贷款人的贷款决定负任何责任。工程银行的责任是监控技术实施和项目的进程,并负责项目工程师和独立的工程师之间的联络。工程银行可能是代理行或安排行的分支机构。

银行希望通过组织银团贷款的方式减少和分散每一家银行在项目中的风险。从借款人的角度来看,通过银团融资可以提供机会与更多的银行及金融机构建立联系,增进相互了解。然而,如果参加银团的银行过多,则会为贷款管理带来很多困难。例如,如果借款人在贷款期间希望对融资协议的某些主要条款做出修改,按照常规,这样的修改要取得超过 2/3 多数的参与银行的同意,而贷款银行可能分散在若干国家,要完成这样的修改就会十分费时费事。

选择项目贷款银行是十分重要的工作,选择的标准包括以下几个方面的内容:

①选择对我国了解和友好的银行。经验证明,对于我国来说,作为项目的投资者和借款人,在组织国际银团贷款时,如果选择愿意与我国保持和发展友好经济往来关系,对我国政治经济发展、债务偿还能力及信誉充满信心的外国银行作为融资工程项目的主要贷款银行,可以获得较多的贷款优惠和较少的限制条件。在项目进行中的某一个阶段,当项目投资者提出要求修改某些不合理或限制过严的贷款条件和规定时,也容易获得银行的理解和支持,不会从中阻挠。

②选择与项目规模适合的银行。工程项目融资贷款规模可以从几百万美元一直到几十亿美元。选择与项目规模相适应的银行参与,既有足够的能力承担任何一个重要部分的贷款,又避免参与银行过多过杂、减少谈判以至管理方面的成本。

③选择对被融资的项目及所属产业部门比较熟悉的银行。如果银行对项目比较熟悉,将会对项目的风险有比较清楚的判断,从而对项目给予更多的支持。银行对项目的支持表现在工程项目融资谈判过程中的灵活方式、合作态度以及项目出现暂时性资金困难时对工程项目的帮助。工程项目融资结构的复杂性必然造成融资文件也非常复杂,其中包括各种担保、抵押、契约以及一系列债务比例限制等许多内容。在谈判阶段,虽然贷款银行总是千方百计地保护自身利益,要求获得尽可能多的信用保证,但是如果采取合作的态度,就可以通过多种变通的方式来处理难题,加快融资的谈判进程,解决实际问题;在经营阶段,如果项目遇到暂时性的资金困难,采取合作态度的银行可以和项目投资者一起试图解决存在的问题,而不至于使项目陷入僵局。

2.2.4　项目承建商

项目承建商是项目建设中最为关键的主要参与者之一。通常项目公司不会采取自行建设项目的形式,而是采用招标投标的形式,通过市场竞争机制选取合适的承建商,并与承建商签订工程项目的承建合同,将项目的建设委托给承建商。承建商根据合同规定,在规定的时间、成本和质量要求下交付项目,并对项目承担保修责任。

承建商的资金和设备情况、工程技术能力以及以往的施工历史记录,可以在很大程度上影响工程项目融资的贷款人对项目建设期风险的判断。承建商在传统观念下,与项目公司之间是典型的委托代理关系。相比项目公司,承建商掌握着工程建设施工的详细内容和建设工程的实际成本,从而形成了信息的不对称分布,容易造成承建商在委托代理关系中发生"道德风险"及其"逆向选择"的行为。一般来说,如果有信用卓著的工程公司作为承建商,有较为有利的合同安排,可以帮助项目发起人减少在项目建设期间所承担的义务和责任。项目承建商可以通过与项目公司签订固定价格的一揽子承包合同,从而成为项目融资的重要信用保证者。同时,由于承建商在同贷款人、项目发起人以及各级政府机构打交道方面十分有经验,可以在如何进行工程项目融资方面向业主提供十分宝贵的建议,从而成为工程项目融资中的重要参与者之一。

2.2.5　项目设备供应商与能源和原材料供应商

供应商主要包括设备供应商与能源和原材料供应商两类,它们生产专有化的产品,为项目建设与运营提供产品。

项目设备供应商通过延期付款或者低息优惠出口信贷的安排,可以构成项目资金的一个重要来源。这种做法被许多国家在鼓励本国设备出口时采用。较为典型的是将设备供应与出口信贷捆绑在一起。这样做一方面贷款方可以为本国企业开辟国外市场,另一方面借款方可以获得出口信贷等优惠贷款,双方都可以获得好处。

项目能源和原材料供应商为了寻求长期稳定的市场,在一定的条件下愿意以长期的优惠价格条件为项目提供能源和原材料。这种安排有助于减少项目初期以至项目经营期间的许多不确定性因素,为项目投资者安排工程项目融资提供便利条件。

2.2.6 项目产品购买者

项目产品购买者可以在工程项目融资中发挥相当重要的作用,是构成融资信用保证的关键部分之一。项目产品购买者通过与项目公司签订长期购买合同(特别是具有"无论提货与否均需付款"和"提货与付款"性质的合同),保证了项目的市场和现金流量,为投资者对项目的贷款提供了信用保证。项目产品购买者作为工程项目融资的参与者,可以直接参加工程项目融资谈判,确定项目产品的最小承购数量和价格公式。

工程项目融资中的产品购买者这一角色,一般是由项目发起人本身、对项目产品或设施有兴趣的第三方或有关政府机构(多数在交通运输、电力等基础设施项目中)承担。例如,在我国第一个 BOT 基础设施融资项目深圳沙角 B 电厂的融资协议中规定:①中方深圳特区电力开发公司(项目发起人)必须在项目生产期间按照事先规定的价格,从项目中购买一个确定的最低数量的发电量,从而排除项目的主要市场风险。②中方负责按照一个固定的价格提供项目发电所需要的全部煤炭。这个安排实际上排除了项目的能源价格、供应风险以及大部分的生产成本超支风险。③广东省国际信托投资公司为中方的电力购买协议和煤炭供应协议提供担保。④广东省政府需要为上述三项安排出具支持信。

2.2.7 融资顾问

工程项目融资的组织安排工作需要由具有专门技能的人来完成。绝大多数的项目投资者缺乏这方面的经验和资源,所以需要聘请专业融资顾问。

融资顾问在工程项目融资中扮演着极为重要的角色,在某种程度上可以说是决定工程项目融资能否成功的关键。融资顾问通常聘请投资银行、财务公司或者商业银行中的工程项目融资部门来担任。担任融资顾问的条件包括:能够准确地了解项目投资者的目标和具体要求;熟悉项目所在国的政治经济结构、投资环境、法律和税务;对项目本身以及项目所属产业部门的技术发展趋势、成本结构、投资费用有清楚的认识和分析;掌握当前金融市场的变化动向和各种新的融资手段;与主要银行和金融机构建立了良好的关系;具有丰富的谈判经验和沟通技巧等。在工程项目融资的谈判过程中,融资顾问周旋于各个有关利益主体之间,通过对融资方案的反复设计、分析、比较和谈判,最终形成一个既能在最大限度上保护项目投资者利益,又能为贷款银行所接受的融资方案。

工程项目融资顾问分为两类:一类是只担任项目投资者的顾问,为其安排融资结构和贷款,而自己不参加贷款的机构;另一类是在担任融资顾问的同时也参与贷款,作为贷款银团的成员和经理人。国际上对这两类顾问的利弊看法有争议。一种看法认为，单纯作为投资者的融资顾问，立场独立，可以更好地代表投资者的利益；如果同时作为贷款银团的一员，则会更多地站在银行的立场，照顾贷款银团的利益。但是，另一种看法认为，融资顾问参与贷款，可以起到一种带头作用，有利于组织银团，特别是对难度较大的工程项目融资，如果融资顾问不准备承担一定的风险，就很难说服其他银行加入贷款的行列。

融资顾问对项目管理权的控制程度也是一个需要注意的问题。在工程项目融资中，贷款银行对项目管理的发言权要比传统的融资大得多。在许多情况下，工程项目融资安排完成后，融资顾问也加入贷款银行并成为其经理人，代表银行参加一定的项目管理和决策；有时也会根据银行的要求控制项目的现金流量，安排项目资金的使用，以确保从项目的收益中拨出足够的资金用于贷款偿还。虽然银行在金融业务方面是专家，但并不表明其在项目管理上也具有同样的能力。项目投资者在项目管理上要注意保护自己的相对独立性，防止银行插手项目的日常管理。

2.2.8 东道国政府

项目所在国政府有时在工程项目融资中可以起到关键作用，这些作用主要表现在微观和宏观两个层面。微观方面，有关政府机构可以为项目的实施提供土地、良好的基础设施、长期稳定的能源供应以及某种形式的经营特许权，从而减少项目的建设风险和经营风险；同时，有关政府机构还可以为项目提供条件优惠的出口信贷和其他类型的贷款或贷款担保，这种贷款或贷款担保可以作为一种特殊股本资金进入项目，促进工程项目融资的完成。宏观方面，有关政府机构可以为项目建设提供一个良好的投资环境。例如，利用批准特殊外汇政策和特殊税务结构等各种优惠政策，降低项目的综合债务成本，提高项目的经济强度和可融资性。

在融资期结束后，特别是在 BOT 项目中，项目所在国政府通常无偿地获得项目的所有权和经营权。例如，在我国的许多电力工程(深圳沙角 B 电厂、广西来宾电厂、中华发电项目)项目融资中，中央政府或地方政府都为工程项目融资出具了安慰函，在一定程度上消除了外方的顾虑。

2.2.9 保险公司

需要进行融资的工程项目往往具有工期长、投资大、技术复杂、要求严格、协作单位多等特点。项目在整个生命周期内面临大量难以预料的风险，这些风险可能造成无法弥补的损失。这要求项目各参与方准确地认定自己面临的主要风险，并且需要采取应对措施来规避、控制和转移风险。适当的保险是工程项目融资的一个重要内容，也是工程项目融资赖以存在的基础。

保险公司作为商业机构，通过成本最小化来实现自身利润目标。为避免各种风险的发生，保险公司往往要介入项目风险管理过程，对项目风险进行管理和控制。这是由工程项目融资的有限追索性质所决定的。因此，保险公司也是工程项目融资的主要参与者，尤其是一国官方的保险机构，如美国的海外私人投资公司、英国的出口信贷担保局、法国的对外贸易保险公司等。

2.2.10 法律和税务顾问

富有经验的法律和税务顾问是项目投资者在安排工程项目融资中不可缺少的另一个助手。工程项目融资中大量的法律文件需要有经验的法律顾问来起草和把关;而同时由于工程项目融资结构要达到有限追索的目的,有时又需充分利用项目投资所带来的税务亏损以降低资金的综合成本,或者将融资设计成为非公司负债型的贷款结构,所以,必须要有经验丰富的会计税务顾问来检查这些安排是否符合项目所在国的有关规定,是否存在任何潜在的问题和风险。

【案例】

广西来宾 B 电厂项目融资

1995 年初,为了解决我国基础设施项目投资紧缺的问题,国家计委开始组织 BOT 项目试点工作,摸索在国内开发 BOT 项目的经验。1995 年 5 月 8 日,国家计委批准了我国第一个正式的 BOT 试点项目:广西来宾 B 电厂,这个消息当时在国外引起很大反响,很多投资者认为如果来宾 B 电厂项目取得成功,我国将从此打开基础设施项目对非政府投资者进入的大门。来宾 B 电厂被选为试点项目的原因主要有两条:一是广西壮族自治区政府和国家计委联系较多,信息较快,能够很好地理解试点的精神和要点;二是来宾 B 电厂本身作为试点的条件较成熟,大量的前期工作都已经完成。被选为试点以后,广西壮族自治区政府组成了 BOT 项目领导小组并建立常设办公室,同时广西壮族自治区政府聘请北京大地桥基础设施投资咨询有限公司作为代理,负责代理广西壮族自治区政府处理有关来宾 B 电厂项目的资格预审、招标、评标和谈判工作。

来宾 B 电厂的运作包括了下列几个阶段:

1995 年 5 月 8 日,国家计委批准作为试点项目。

1995 年 8 月 8 日,发布资格预审通告。

1995 年 9 月 30 日,递交资审文件截止。

1995 年 10 月 18 日,发出招标邀请。

1996 年 5 月 8 日,提交建议书截止并开标。

1996 年 7 月 8 日至 11 月 10 日,进行了三轮合同谈判。

1996 年 11 月 11 日:草签特许权协议并随之开工建设。

2000 年 11 月 7 日:项目正式投产发电,两台燃煤机组,总装机容量达 36 万千瓦。

工程完工后,项目发起人将营运此电厂 15 年,然后将电厂所有权转让给广西壮族自治区政府。

来宾 B 电厂项目开工建设前的主要工作包括国务院和国家计委批准特许权协议、项目公司完成融资等。从目前的运营情况看,项目基本取得了成功。来宾 B 电厂的成功,标志着我国利用外资的水平从此上了一个新台阶,意味着我国利用外资的法律环境和管理能力日渐成熟,在利用外资方面具有划时代的意义。图 2.3 为来宾 B 电厂 BOT 融资结构图。

(资料来源:刘亚臣,白丽华.工程项目融资[M].北京:机械工业出版社,2013:18-19.)

案例:广西来宾B电厂BOT项目购电协议

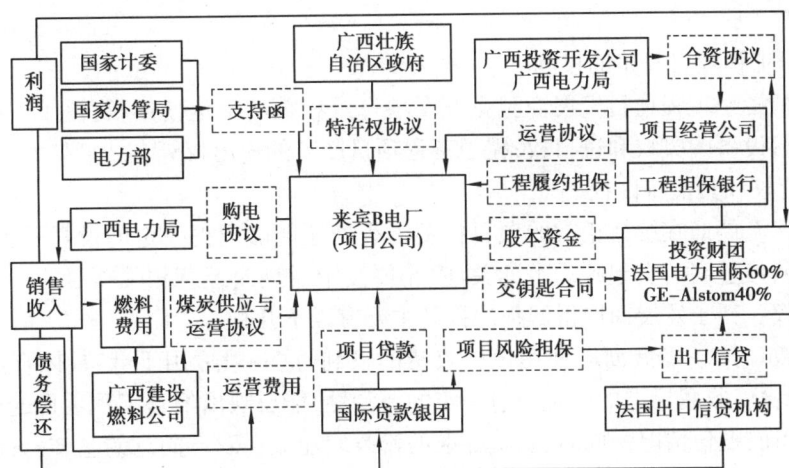

图 2.3 来宾 B 电厂 BOT 融资结构图

2.3 特许权与特许权经营

在政府财政和国家银行贷款大幅增长能力受到约束的条件下,寻找适合民间资本、境外资本介入的融资途径就是推进特许权与特许权经营。特许权经营是动员民间资本和外资参与基础设施建设的有效办法,对解决发展中国家资金短缺、投资效率低下等问题具有十分重要的意义。首先,它可以克服资金短缺,减少债务风险;其次,可以实施有效管理,提高投资效率;最后,可以扩大外资规模,调整外资结构。

2.3.1 特许权

特许权是工程项目融资中政府授予的一种特殊权利。这种特殊权利的范围包括从供应市场某种产品或服务的权利到使用某些公共资源的权利,如建设项目需要的土地、管网铺设需要的公共道路或通道、水厂需要的原水水源等。政府特许权的授予一般都要附带某些合约条款,这些合约条款可以采取政府对特许权使用者的部分或全部经营活动进行管制的形式。特许权合约构成政府实施管制的法律基础,特许权从广义上来讲是一种法律安排。以BOT 融资方式为例,就是在确定了项目发展商的条件下,政府与其经过对项目的技术、经济、法律等多方面谈判后,形成各类法律文件。

1)授权法律

授权法律是政府就某一工程项目的建设、经营而制定的专门法律,它明确了发展商在专营期内对项目的建设、经营、转让所具有的法定权利和义务,为保证项目资金筹措和工程建设的顺利进行提供了基础。具体说来,授权法律一般包括以下几方面内容。

(1)总则

主要包括制定此法律的目的、有关专用术语,如项目名称、授权者、建设期、经营期、专营期、不可抗拒力事件等的定义。明确这一内容是该 BOT 项目其他所有相关协议、条例的制定基础。

(2)授予工程项目开始的权利

主要包括授予工程项目发展商独家开发项目及相关的土地使用权;授予工程项目发展商所需的项目设备购买权和进口权;授予工程项目产品的输出权等。

(3)专营权和其他特许权

为了确保发展商在维持正常的项目投资工程外还能够取得一定的投资回报,并确保不因这些投资回报过高而引起政治上的关注,需要授予发展商经营相关项目的专营权和其他相关的特许权。授予发展商取得回报的权利主要有以下几种:

①收费权。给予发展商对使用设施收费的权利,这一般适用于港口、体育场、公路、机场、隧道等项目。收费标准的确定应有一定的灵活性,能反映出经营工程项目的成本上升情况及收益货币的贬值情况。同时,收费标准的修改应建立在双方同意的基础上,任何单方面的修改是无效的。

②取得项目产品的权利。对如煤炭等矿物的开采项目,政府往往允许发展商(承包商)可免费或以优惠价格取得工程项目的产品,这需要在授权法律中明确取得这种产品的权利。

③销售项目产品的权利。对一些有产品的项目,如水电站、大型矿山、自来水厂等,政府一般要授予发展商销售这些产品,如电力、矿产品、自来水等的权利。

关于专营权的转移,授权法律还明确规定,未经政府批准,发展商在专营期内不得将专营权出租、转让、抵押给专营合同以外的第三者。但发展商为履行授权法律规定的义务向第三者融资贷款,第三者要求其将专营权作为担保而抵押时除外。

(4)项目的建设

授权法律要求发展商在一定时间内完成主体项目建设,并在此之后的一定期限内完成辅助项目的建设,否则将采取不同措施。需修改计划的,发展商必须向政府说明更改理由(如不可抗力事件或其他非合作双方可控制的事件导致项目工期的延误),政府可批准更改工期计划,延长工期;对发展商无正当理由而造成的工期延误,应由其按专营合同承担违约责任。

在工程项目建设期间,政府有权要求发展商提供工程建设的实际进度、工程承包商身份及资质证明、工程采用的设备材料及供应商情况、工程建设资金到位及使用情况等资料,并且政府有权依国家法律、法规及地方规章对工程建设的质量、进度、环境等情况进行监督检查。当然,政府也有义务为发展商提供项目建设方面的方便条件,如提供配套项目的建设等。

(5)项目的经营与转让

对工程建设,授权法律还明确规定:在经营期内,政府有权对发展商的经营管理状况进行监督检查,规定项目经营的期限、项目产品或服务应达到的标准,规定发展商在经营期间内按合同相应规定对项目设备、设施承担维修、保养、及时更新等责任。关于项目的转让,必须规定转让的范围,如项目的固定资产、流动资产、有关的工业产权及专有技术等。同时应规定在项目正式转让前的规定期限内,发展商必须为政府安排的项目上岗人员提供技术和岗位培训,项目转让后,政府不承担在专营期间形成的任何债务。

2) 特许权协议

特许权协议是指政府和项目发展商在授权法律的指导下,就项目的建设、经营和转让而签订的明确双方权利和义务的法律文件,是在保证政府应有权益的前提下,向法人业主授予充分权利的协议。一般情况下,特许权协议包括以下内容。

(1) 项目建设方面的规定

①设计责任。发展商(项目公司)要在遵守政府有关方面基本规定的基础上进行工程项目的设计工作。政府要对发展商的设计方案实施审查。如果发现该设计方案不符合合同标准,政府有权要求发展商对设计方案进行修改;如果修改后的设计方案仍不能为政府所接受,政府有权取消该方案直至终止发展商的设计权。同时,政府也应保证发展商提供工程项目设计方案所涉及的专利权、商标、版权等知识产权不受侵犯。

②建设时间。特许权协议中应明确工程项目的建成时间,发展商如未能按规定的时间完成项目的建设,须支付给政府约定的赔偿金。但是,由于战争不可抗力、恐怖活动、叛乱、暴乱等政府及发展商所不能控制的原因造成的项目建设时间延长,发展商不承担赔偿责任;同时,由于政府向工程提供设备有延误、政府暂时中止工程进行等原因造成的项目工期延误,发展商也不承担赔偿责任。

③建设责任。作为工程建设的具体实施者,发展商有权确定工程建设的承包者,决定工程项目所需材料及设备的采购。同时,政府也有权通过代理人对工程项目建设实施监督,并保持对工程变更、材料设备标准变更的审批权。如果政府认为工程建设存在安全等问题,可要求中止项目的建设,发生的费用根据中止原因的不同而由政府或发展商分别承担。

④项目建成。当发展商认为建设工程项目已建成,并符合特许权协议的有关规定时,应及时通知政府,政府在接到发展商的完工通知后,应组织对工程进行审核,审核合格后签发完工证书。如果工程项目建设出现瑕疵,则由发展商承担相应的修理责任。

⑤工程保险。工程项目涉及的风险很多,涉及的投保人有发展商、贷款人、项目建设的总承包商、分包商、设备及材料的供应商等。投保的主要范围是:最终损失保险,因建设施工毁损导致交工期延误而造成的财务方面的损失;空运、海运的运输保险,因空运、海运事故造成的财产损失保险;施工全过程风险,包括在施工现场发生的和在运输过程中发生的风险,涵盖人身及财产伤害与毁损;此外,还有为建设项目的雇用人员及机械设备损害投保的险种等。

⑥履约保证金。为保证发展商履行其义务,政府往往要求发展商交纳一定的履约保证金,金额一般为建筑工程造价的10%。

⑦政府对项目相关的土地移交责任。具体包括土地移交的时间、土地移交的相关资料等,同时明确声明政府对土地有关地质方面资料的准确性不承担责任,并规定如果在一定时间内政府不能移交项目所需土地,则发展商有权得到额外时间以完成工程,并得到对方给付的违约赔偿。

(2) 发展商的财务安排及公司结构

①收益及税收。特许权协议必须明确规定工程项目由发展商独立经营,可通过服务收费或销售项目产品以取得合理回报,并且应明确规定上述收费或产品销售价格的调整原则及依据。为了强化项目对发展商及贷款者的吸引力,特许权协议中还应考虑税收优惠政策。

②融资方面。在特许权协议中,应明确贷款人所关心的问题,如贷款的担保手段、风险的种类及政府或组成发展商的股东分担风险的意愿以及政府愿为发展商提供外汇供给担保的条款。

③发展商的公司结构。作为一个由多家股东组成的发展商,各股东成员之间的相互关系是通过一份股东协议规定的,特许权协议中必须规定股东协议中有关条款的制订原则,因为这将影响到该项工程计划是否可行和在经营期内能否维持下去。这些原则包括:

a. 必须规定发展商是在政府熟悉的司法制度下注册,以便于政府对发展商进行监管,同时使发展商根据有关法律将规定所需的资料提交给政府。

b. 股东各成员必须承诺向发展商提供融资的义务,同时向政府提供发展商履行义务的担保,且保证提供融资的贷款条件为政府所认可。

2.3.2 特许权经营

1)特许权经营的含义

特许权经营是指政府为项目的建设和经营提供特许,由民间公司或外国公司作为项目的投资者安排融资、承担风险、开发建设,并在有限的时间内经营项目以获取商业利润,最后根据协议将该项目转让给政府机构。

工程项目尤其是基础设施类工程项目的特许权经营是指政府把应当由政府控制或需要由政府实施的基础设施项目通过特许权,在一段规定的时间内(即特许期内),由国内民营公司或外国公司作为项目的投资者和(或)经营管理者来安排项目的融资,进行开发建设或维护,经营管理项目以获取商业利润,并承担投资和经营过程中的风险。特许期满后,根据特许权合约的规定将该项目转让给政府机构。其典型模式是适用于经营性项目的 BOT 和适用于公益性项目的 PFI。特许权经营适用的领域包括公路、铁路、桥梁、隧道、电力、城市基础设施等多个领域。

2)特许权经营的形式

特许权经营有多种形式,从不同的角度分析,其形式也不同。

(1)从工程项目融资建设的角度分析

从工程项目融资建设的角度分析,特许权经营主要分为三种形式:第一种是被称为 BOT 模式的特许权经营,是指特许权人投资修建一个新的基础设施,运营一定时期后移交给政府。国内狭义的项目特许权往往指的就是 BOT 项目的特许权。第二种是租赁经营,也称 TOT,是指政府将已建成正在运营或即将开始运营的项目转移给特许权人,特许权人向政府交纳特许权费或设施使用费,政府利用融到的资金建设新的项目或用于其他公益事业。第三种是 ROT,它具有租赁经营的全部特点,但特许权人首先要投资修复或改扩建已有基础设施。

(2)从项目资产形成分析

从项目资产形成分析,特许权经营分为两种形式:特许权人进行项目投资的特许权经营和特许权人不进行项目投资的特许权经营。需要特许权人进行建设投资的特许权经营,由于要保证投资者的收益,一般需要较长的特许权期限,或在特许权移交时对投资者进行合理补偿,在合约不完全或补偿制度不完善时,可能达不到激励特许权人提高效率的目的。特许权人不进行投资建设的特许权经营,可以为特许权的转让提供条件,有利于频繁的特许权转让进行竞争,激励特许权人提高生产和经营效率。

(3)从政府实行特许权经营的目的分析

从政府实行特许权经营的目的分析,特许权经营分为两种:以项目建设或改建的资金筹集为目的的融资型特许权经营和以改进项目生产经营效率为目的的效率型特许权经营。效率型特许权经营强调特许权授予过程中的充分竞争,是为自然垄断行业引入竞争的一种手段。

(4)从企业与消费者的关系分析

从企业与消费者的关系分析,特许权经营分为两种:一种是产品或服务直接面对消费者的零售式特许权经营,如电力系统的输电系统、自来水管网;另一种是产品或服务提供给政府部门或公营企业的整售式特许权经营,由政府部门或国有企业提供给消费者。在两种特许权经营方式中,企业承受的风险和市场垄断程度是不同的。

(5)从项目的收入支付资金来源分析

从项目的收入支付资金来源分析,经营性项目的收入来源主要为消费者付费,服务或产品的公共物品特性较弱,其模式主要有 BOT、TOT 和 ROT 等;公益性项目的收入来源主要为政府通过财政资金支付,其模式有 PFI、管理合同和服务合同等形式。

【本章小结】

本章分析了工程项目融资实施的基本阶段,分析各阶段工程项目融资的参与者及其关系。随后,对工程项目融资的关键要素特许权和特许权经营进行了剖析,从而对工程项目融资运作的组织主体有了清晰的认识。

【习题研讨】

案例:成都自来水六厂BOT项目

1. 工程项目融资实施包括哪几个阶段?
2. 研讨工程项目融资实施的各个阶段的核心工作、成果文件和关键技术。
3. 工程项目融资的参与者主要有哪些?
4. 根据图 2.3 来宾 B 电厂 BOT 融资结构图,分析该项目所设计的融资结构的特点。
5. 根据图 2.3 来宾 B 电厂 BOT 融资结构图,分析在项目运营期间其经营收益得到来自哪些方面的保障。

第3章

工程项目融资的合同管理制度

【本章导读】

★从工程项目融资合同的种类与结构和合同订立的五种方式及适用范围去理解工程项目融资的特点。

【本章重点】

★工程项目融资合同的种类;
★工程项目融资合同的结构;
★工程项目融资合同订立的五种方式与适用条件。

3.1 工程项目融资合同的种类

工程项目融资是一种以项目的未来收益和资产作为偿还贷款的资金来源和安全保障的融资方式。工程项目融资合同是指贷款人向特定的工程项目提供贷款协议融资,对该项目所产生的现金流量享有偿债请求权,并以该项目资产作为附属担保的协议。

3.1.1 投资协议

工程项目融资的一个特点就是项目主办人并不直接参与融资,而是通过成立一个项目公司,以该项目公司作为借款人来达到融资的目的。所以,投资协议就是项目主办人之间或项目主办人与项目公司之间订立的协议。前者主要是明确各股东方的出资比例、出资额、出资方式及各股东方的职责与权利;后者主要是用来确定主办人对项目公司的财务支持,或提供次位贷款来保证项目公司具有清偿能力。

3.1.2　完工担保协议

完工担保协议是指贷款人与项目主办人订立的旨在防止因工程建设延期而造成还款困难的协议。其主要内容是，项目主办人向贷款人保证，除原计划的融资之外，在项目建设成本超支时，项目主办人应进一步提供资金，以保证项目建设于规定的日期内完工。

1) 项目主办人履行完工担保协议义务的方式

当项目工程建设成本超支时，依照完工担保协议，项目主办人应承担为使项目工程按期完工而进一步提供资金的义务。履行该义务主要有两种方式：一是要求项目主办人对项目公司追加股权出资；二是由项目主办人自己或通过其他金融机构向项目公司提供从属贷款，但该贷款必须在项目贷款人原先的贷款得到清偿之后才有权要求清偿。

2) 预防项目主办人不履行完工担保义务的措施

工程项目融资中，项目主办人和贷款人往往在不同的国家，因而当项目主办人不履行完工担保义务，贷款人申请法院强制执行时，就会出现执行上的困难。为了解决这一困难，贷款人往往要求项目主办人在一家受托银行账户上存入一笔预订金，或由项目主办人通过银行开出一张备用信用证。这样，一旦项目主办人不履行完工担保义务，贷款人即可动用上述款项。还有一种预防措施是，由项目主办人开出一张以贷款人为受票人的本票，并以此作为贷款人支付初期贷款的先决条件。

3.1.3　购买协议

购买协议是项目主办人与贷款人之间签订的协议。该协议通常规定，当项目公司不履行其与贷款人订立的借贷协议的条款时，项目主办人将购买相当于贷款人给予项目公司贷款数额的产品。这实际上就是项目主办人通过购买项目产品来替项目公司还债，也是为项目公司履行债务而提供的一种担保。

3.1.4　先期购买协议

先期购买协议是项目公司与贷款人拥有股权的金融公司之间订立的协议。该协议一般规定，金融公司同意向项目公司预付购买项目产品的价款，项目公司则利用这笔预付价款来从事项目的建设。在项目建成投产后，金融公司按照协议规定从项目公司处获得项目产品，然后再与第三人订立提货或付款协议将产品转售给第三人，从而获得偿还贷款所需的现金。这种先期购买协议只是当贷款人通过金融公司向项目公司贷款时才适用，金融公司只是起到一个桥梁的作用，因此当协议签订后，金融公司即将该协议下的权利让与贷款人。

3.1.5　产品支付协议

该协议主要用于资源开发项目。项目公司与贷款人之间签订矿业产品支付协议，由项目公司将矿藏权益的一部分及矿产品出售所得的应收款项的一部分利益让与贷款人，而贷款人所拥有的权利仅限于其所受让的那部分矿藏所产生的产品。如果产品的销售收入不足以偿还贷款人的债务,贷款人无权请求补偿。但在项目公司将所贷款项偿还之前,贷款人都拥有这些权益。由于矿藏权通常被认为是一种准物权,因此,有些国家的法律将上述权利转让行为视为对贷款人所设立的一种担保物权。所以,在这些国家进行上述权利转让时,就要按照法律的要求办理担保权益的登记手续,否则,这种产品支付协议就不能对抗第三人。

3.1.6 提货或付款协议

提货或付款协议也被称为无论取得货物与否均须付款的合同,它是项目公司与项目产品购买人之间签订的一种长期销售协议。该协议一般规定,不论项目公司能否提供足够的符合要求的产品,购买人都必须支付不少于偿还贷款和支付项目经营费用所需要的价款。该协议具有特殊的作用,它实际上是将本由贷款人承担的债权风险转移给了项目产品购买人,从而为贷款人收回贷款提供了一种间接担保。由于该协议具有这种转移风险的作用,贷款人对其能否得到切实履行极为关注。实践中,为了保证该协议的履行,贷款人一般都要求在合同中做出一些特殊规定,以此来排除买方撤销合同或减少价款的可能性。贷款人的做法一般有以下几种:

①将项目公司所承担的合同义务降到最低限度,从而降低买方以项目公司违约为由提出反要求或撤销合同的风险。但在买卖合同中,等价有偿是其基本原则,双方当事人均要对价履行方为平等,否则对方即可提出各种合同上的抗辩权以拒绝履行己方的不对价义务。因此,为达到买卖双方权利义务对价的要求,贷款人通常要求项目公司在合同中规定,买方不是为取得货物或劳务而付款,而是为取得货物或劳务的"期望",即一种期待权;或者以某种与交货或提供劳务无关的东西作为买方支付价金的对价,如此就可得到法律上的支持。

②排除项目公司依据合同所承担的默示义务。各国合同法一般都有要求买卖合同中的卖方承担某些默示义务的规定,比如卖方应对货物承担权利瑕疵担保和产品瑕疵担保等义务。卖方(项目公司)如果违反这些义务,买方即有权要求解除合同或减少价款。所以,为了减少项目公司违反这些义务的可能性,贷款人一般都要求在合同中排除项目公司所承担的这些默示义务。但是,排除这些默示义务是同合同法的基本规定相冲突的。所以要写上这样的条款就要看具体国家的特殊规定,并在合同中约定所适用的准据法。

③排除项目公司根本违约的责任。在合同法中,根本违约是一种严重的违约行为,如卖方所交货物不是合同所规定的货物。根本违约一般都导致合同目的无法实现,买方对此享有法定解除权。但在无论取得货物与否均须付款的合同中,买方对项目公司所提供的产品是必须接受的。只要买方同意接受这样的合同,那么,项目公司在合同中排除其根本违约的责任在理论上是可能的。

④不得抵销。为了保证收回贷款的现金来源,贷款人通常要求项目公司在协议中规定,买方不得以自己对项目公司的债权来抵销其依据合同对项目公司所承担的付款义务。

⑤合同落空与不可抗力。合同落空是英美法系中的一个原则,在大陆法系中与之相对应的是情势变更原则。它是指非由于当事人自身的原因,而是由于意外情况而使当事人订立合同的目的无法实现,或订立合同所基于的理由已不复存在,使合同无法履行或没有必要履行,未履行义务的当事人免除责任。合同落空的情况有:a. 因不可能履行而导致的合同落空,如合同履行的特定物灭失或无法使用;情况发生了严重的变化,以至于当事人双方的权益与签约时相比发生了根本性的变化;当事人一方丧失履约能力。b. 共同利益的落空,即合

同落空不是因为实际履行的不可能,而是因为合同目的或合同利益的难以实现而导致的。

不可抗力一般是指不能预见、不能避免并且不能克服的客观情况。在实践中,不可抗力事件的出现是适用情势变更原则或合同落空原则的经常性原因,而合同中约定的不可抗力条款则是当事人对情势变更原则或合同落空原则的一种主动适用。买卖合同(特别是一些长期的大型项目的买卖合同)总是受到潜在的不可抗力事件的威胁。如果因为发生了某种意外情况致使合同的履行成为不可能时,那么此种无论取得货物与否均须付款的合同就会终止,担保此项合同履行的担保义务也随之终止。因此,为了防止项目产品的购买者对不可抗力的范围做广义或扩大的解释并借以逃避付款义务,项目公司应拒绝使用含义广泛的不可抗力条款,并明确规定哪些意外事件可以构成不可抗力事件。

尽管贷款人可以要求项目公司采取以上各种限制或排除己方责任的条款,但这些条款在法律上是否有效,归根结底还得取决于该合同所适用的准据法。

3.1.7　特许协议

由于国际贷款的项目一般是属于国家享有控制权的基础设施项目,而且投资者在项目开发与经营中经常遇到东道国法律和行政方面的障碍,因此,项目主办人就需要与东道国政府谈判并订立一个特许协议,以此来限制东道国政府对项目的干涉。所谓特许协议,就是项目主办人与东道国政府签订的,由东道国政府将本属于政府享有的勘探、开发及经营特定项目的权利授予项目主办人的协议。取得一定项目的开发经营特许权是进行工程项目融资的前提。从这一点来说,特许协议是一个基础性协议,是工程项目融资所有协议的核心和依据。

通过签订该协议,项目主办人取得特定项目的开发经营权,但应向东道国政府缴纳一定的费用,并遵守该项目经营管理方面的准则。

贷款人虽不直接参与特许协议的签订,但这份协议对贷款人具有十分重要的意义。因为项目公司给贷款人的担保权益中,主要的一项权益就是把特许权协议项下的权利转让给贷款人,保证该协议的履行。

3.1.8　经营管理合同

利用一系列合同来维护贷款人的利益,是工程项目融资的最大特点。为了加强项目的经营管理,使项目有更大的成功把握,从而使贷款人对收回其贷款获得更有力的保障,贷款人通常要求项目公司与第三人订立长期的经营管理项目合同。但是,有些国家限制外国人参与项目的经营管理,所以在订立此合同前应取得东道国政府的许可。

3.2　工程项目融资中的合同结构

工程项目融资中,当事人众多,法律关系复杂,所使用的合同也涉及很多种类。这些合同既相互独立,又是紧密联系在一起的。它们主要围绕两个基本问题:一是投资者收回投资并获得利润过程中的权利与义务问题;二是项目发展商为完成项目并使其转入商业运行过程中的权利与义务问题。其实就是围绕着工程项目融资风险及分担这一核心要素,把贷款人、借款人和为融资提供各种直接间接担保的保证人以及其他各方当事人的法律关系连接起来,从而形成了特定的工程项目融资合同结构。

在有限追索权融资项下,合同结构主要有以下几种。

3.2.1　二联式合同结构

二联式合同结构是由两类合同结合而形成的。一类是项目公司与贷款人之间订立的协议,主要是借贷协议,由贷款人向项目公司提供项目贷款;另一类是项目主办人与贷款人之间订立的协议,主要是由项目主办人向贷款人提供各种担保,包括完工担保协议、购买项目产品或服务的协议、投资协议等。

二联式合同结构涉及的合同法律关系简单、直接,权利义务明确,成本较低,是一种常见的合同结构。工程项目融资二联式合同结构如图3.1所示。

图3.1　工程项目融资二联式合同结构

3.2.2　三联式合同结构

三联式合同结构是由三类不同的合同联结起来的结构。在此种合同结构中,贷款人、项目主办人、项目公司、项目设施使用人或项目产品购买人都是不可缺少的当事人。当然,由于法律主体的增加,法律关系变得复杂,当事人之间的权利义务比较难以平衡,使得缔结合同的合意更难达成,从而导致工程项目融资复杂化和融资成本增加。该合同结构主要是指由项目公司与贷款人之间签订项目贷款协议,同时约定,在项目完工之前由项目主办人提供担保予以支持。工程项目融资三联式合同结构如图3.2所示。

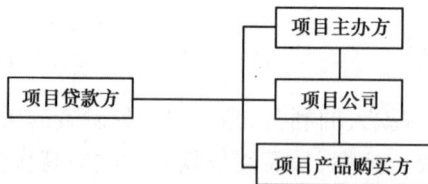

图3.2　工程项目融资三联式合同结构

3.2.3　四联式合同结构

在四联式合同结构中,除了三联式结构中的当事人外,又增加了一个贷款人全资拥有或拥有股权的金融公司,因而使工程项目融资法律关系变得更加复杂。该结构主要包括以下四个合同。

1）借贷协议

借贷协议是由贷款人同其拥有全部股权的金融公司订立的,即由前者向后者提供贷款。

2）先期购买协议

先期购买协议是金融公司与项目公司之间签订的,由金融公司将其从贷款人那里取得的贷款付给项目公司,以之作为以后购买项目产品的预付款。

3）提货或付款协议

当项目投产后,项目公司向金融公司支付产品,金融公司则采用提货或付款协议再将产品转售第三人,用所得价款偿还贷款。

4）担保协议及其转让

项目主办人对项目公司依据先期购买协议所承担义务向金融公司提供特定形式的担保,同时对购买项目产品或服务的第三方依据"无论提货与否均须付款协议"所承担的义务向项目公司提供特定形式的担保,并由项目公司将此担保转让给金融公司,最后由金融公司将上述合同项下的权利以及各项担保全部转让给贷款人以作为提供贷款的担保权益。

工程项目融资四联式合同结构如图3.3所示。

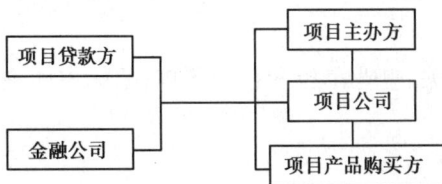

图3.3　工程项目融资四联式合同结构

在采用四联式合同结构时,项目贷款人应注意,每个环节的付款义务都是不可撤销和不可减少的。因为,首先,在此合同结构中,担保人和贷款人分处合同链条的两端,如果有一个环节发生了问题,整个权利义务链就会中断,贷款人的权益就得不到保障。其次,在这种合同结构中,贷款人所获得的担保主要来自金融公司对其做出的权利让与,而按照一般法律原则,受让人基于合同权利转让而取得的权利只能局限于让与人所能给予他的权利。因此,项目贷款人必须十分注意自己与金融公司之间的权利让与的内部关系,注意权利让与的有效性。即注意在权利让与过程中要存在有效的债权或其他权利,让与的债权必须具有可让与性,让与人应将债权证明文件全部交付给受让人,让与人向受让人移转债权时,依附于主债权的各种从权利,如抵押权、留置权、定金债权、利息债权、违约金债权及损害赔偿请求权也一并移转。

3.3　工程项目合同的订立方式

关于工程项目融资合同,目前我国并没有特别的专门法律规定。除了《中华人民共和国民法典》之外,目前一般根据《招标投标法》(主席令第 21 号)、《招标投标法实施条例》(国务院令第 613 号)、《政府采购法》(主席令第 68 号)、《政府采购法实施条例》(国务院令第 658 号)、《政府采购货物和服务招标投标管理办法》(财政部令第 18 号)、《政府采购非招标采购方式管理办法》(财政部令第 74 号)、《政府采购竞争性磋商采购方式管理暂行办法》(财库〔2014〕214 号)等来订立和管理相关的合同。

3.3.1 政府采购与招标投标的区别

政府采购是指各级国家机关、事业单位和团体组织使用财政性资金,采购依法制定的集中采购目录以内的或者采购限额标准以上的货物、工程和服务的行为。这里所称采购,是指以合同方式有偿取得货物、工程和服务的行为,包括购买、租赁、委托、雇用等;所称货物,是指各种形态和种类的物品,包括原材料、燃料、设备、产品等;所称工程,是指建设工程,包括建筑物和构筑物的新建、改建、扩建、装修、拆除、修缮等;所称服务,是指除货物和工程以外的其他政府采购对象。

招标投标是指由交易活动的发起方在一定范围内公布标的特征和部分交易条件,按照依法确定的规则和程序,对多个响应方提交的报价及方案进行评审,择优选择交易主体并确定全部交易条件的一种交易方式。

政府采购与招标两者存在的区别如下:

1)行为主体不同

政府采购主体是国家机关、事业单位和社会团体;招标主体主要是企业、个人或其他经济组织。

2)资金性质不同

政府采购使用的是财政性资金;招标则是企业、个人或其他经济组织使用的任何性质的资金,包括部分财政性资金。

3)遵循法律不同

我国的政府采购除工程类项目是采用招标方式进行的,适用《招标投标法》外,其余均遵循《政府采购法》;而招标除政府采购的招标项目外,均遵循《招标投标法》。

4)采购方式不同

我国的政府采购方式包括公开招标、邀请招标、竞争性谈判、单一来源采购、询价和国务院政府采购监督管理部门认定的其他采购方式;而招标仅有公开招标和邀请招标两种采购方式。

5)采购结果不同

政府采购必须遵循国家政策的要求,如节约支出、购买国货、保护中小企业、环境保护等,采购结果不以寻求单个采购人的最大受益为目的,是各国政府经常使用的一种宏观经济调控手段;而招标则只要不违反国家法律、政策,采购结果应体现对单个招标人的最大受益,是一种完全的自由市场竞争行为。

3.3.2 工程项目融资合同的订立方式及适用条件

根据《招标投标法》的相关规定,工程项目合同的订立方式包括公开招标、邀请招标、竞争性谈判、竞争性磋商和单一来源采购五种方式。工程项目的一般采购流程包括资格预审、采购文件的准备和发布、提交采购响应文件、采购评审、采购结果确认谈判、签署确认谈判备忘录、成交结果及拟定项目合同文本公示、项目合同审核、签署项目合同、项目合同的公告和备案等若干基本环节。

1)公开招标

公开招标属于无限制性竞争招标,是指招标人通过依法指定的媒介发布招标公告的方式邀请所有不特定的潜在投标人参加投标,并按照法律规定程序和招标文件规定的评标标准和方法确定中标人的一种竞争交易方式。

依法必须公开招标的项目主要有以下三类:

①国家重点项目和省、自治区、直辖市人民政府确定的地方重点项目(《招标投标法》第十一条)。

②国有资金占控股或者主导地位的依法必须进行招标的项目(《招标投标法实施条例》第八条)。

③其他法律法规规定必须进行公开招标的项目。

2)邀请招标

邀请招标属于有限竞争性招标,也称选择性招标,是招标投标的两种方式之一。它是指招标人以投标邀请书的方式直接邀请特定的潜在投标人参加投标,并按照法律程序和招标文件规定的评标标准和方法确定中标人的一种竞争交易方式。与之相对应的方式是公开招标。

有下列情形之一的,经批准可以进行邀请招标:

①涉及国家安全、国家秘密或者抢险救灾,适宜招标但不宜公开招标的。

②项目技术复杂或有特殊要求,或者受自然地域环境限制,只有少量潜在投标人可供选择的。

③采用公开招标方式的费用占项目合同金额的比例过大的。

非依法必须公开招标的项目,由招标人自主决定采用公开招标还是邀请招标。

邀请招标应当向三个以上具备招标项目资格能力要求的特定潜在投标人发出投标邀请书。

3)竞争性谈判

竞争性谈判是指采购人或者采购代理机构直接邀请三家以上供应商就采购事宜进行谈判的方式。竞争性谈判采购方式的特点是:①缩短准备期,使采购项目更快地发挥作用;②减少工作量,省去了大量的投标、开标工作,有利于提高工作效率,减少采购成本;③供求双方能够进行更为灵活的谈判;④有利于对民族工业进行保护;⑤能够激励供应商自觉将高科技应用到采购产品中,同时又能降低采购风险。

符合下列情形之一的货物或者服务,可以采用竞争性谈判的方式:

①招标后没有供应商投标、没有合格标的或者重新招标未能成立的。

②技术复杂或性质特殊,不能规定详细规格或者具体要求的。

③采用招标所需时间不能满足用户紧急需要的。

④不能事先计算出价格总额的。

根据《政府采购货物和服务招标投标管理办法》第四十三条的规定,投标截止时间结束后参加投标的供应商不足 3 家的,或在评标期间出现符合专业条件的供应商或者对招标文件做出实质响应的供应商不足 3 家情形的,经报政府采购监督管理部门批准,可以采用竞争性谈判采购方式。

《政府采购法》第三十条和《政府采购货物和服务招标投标管理办法》第四十三条明确规定了竞争性谈判采购方式的适用范围。

4)竞争性磋商

竞争性磋商是指采购人、政府采购代理机构通过组建竞争性磋商小组(以下简称"磋商小组")与符合条件的供应商就采购货物、工程和服务事宜进行磋商,供应商按照磋商文件的要求提交响应文件和报价,采购人从磋商小组评审后提出的候选供应商名单中确定成交供应商的采购方式。

符合下列情形的项目,可以采用竞争性磋商方式开展采购:

①政府购买服务项目。

②技术复杂或者性质特殊,不能确定详细规格或者具体要求的。

③因艺术品采购、专利、专有技术,或者服务的时间、数量事先不能确定等原因,不能事先计算出价格总额的。

④市场竞争不充分的科研项目,以及需要扶持的科技成果转化项目。

⑤除按照《招标投标法》及《招标投标法实施条例》必须进行招标的工程建设项目以外的工程建设项目。

5)单一来源采购

单一来源采购是指只能从唯一供应商处采购、不可预见的紧急情况、为了保证一致性或配套服务从原供应商添购且添购资金总额不超过原合同资金总额10%的情形的政府采购项目,采购人向特定的一个供应商采购的一种政府采购方式。

单一来源采购的适用条件如下:

(1)招标失败

在采用公开和限制程序情况下没有合适投标,且原招标合同条款未做重大改变。招标失败的原因或是无人投标,或是串通投标,或是投标由不符合参加条件的供应商所提出。

(2)采购标的来源单一

基于技术、工艺或专利权保护的原因,产品、工程或服务只能由特定的供应商、承包商或服务提供者提供,且不存在任何其他合理的选择或替代。

（3）紧急采购时效的需要

不可预见事件导致出现异常紧急情况，使公开和限制程序的时间限制难以得到满足，且出现该紧急事件的情势也不归因于签约机构。

根据《政府采购法》《政府采购非招标采购方式管理办法》《政府采购竞争性磋商采购方式管理暂行办法》等规定，工程项目融资合同的订立方式及适用条件如表3.1所示。

表 3.1 工程项目合同的订立方式及适用条件

订立方式	适用条件
公开招标	主要适用于核心边界条件和技术经济参数明确、完整，符合国家法律法规和政府采购政策，且采购中不做更改的项目。
邀请招标	（1）具有特殊性，只能从有限范围的供应商处采购的； （2）采用公开招标方式的费用占政府采购项目总价值比例过大的。
竞争性谈判	（1）招标后没有供应商投标或者没有合格标的或者重新招标未能成立的； （2）技术复杂或者性质特殊，不能确定详细规格或者具体要求的； （3）采用招标所需时间不能满足用户紧急需要的； （4）不能事先计算出价格总额的。
竞争性磋商	（1）政府购买服务项目； （2）技术复杂或者性质特殊，不能确定详细规格或者具体要求的； （3）因艺术品采购、专利、专有技术或服务的时间、数量事先不能确定等原因，不能事先计算出价格总额的； （4）市场竞争不充分的科研项目，以及需要扶持的科技成果转化项目； （5）除按照《招标投标法》及《招标投标法实施条例》必须进行招标的工程建设项目以外的工程建设项目。
单一来源采购	（1）只能从唯一供应商处采购的； （2）发生了不可预见的紧急情况不能从其他供应商处采购的； （3）必须保证原有采购项目一致性或者配套服务的要求，需要继续从原供应商处添购且添购资金总额不超过原合同资金总额10%的。

【本章小结】

本章分析了工程项目融资合同的种类与结构，解析了工程项目融资合同订立的五种方式及适用范围。

案例：福州台商投资区松山A片区基础设施项目

【习题研讨】

1. 工程项目融资合同有哪些种类？
2. 工程项目融资合同有哪几种结构？
3. 简述工程项目融资合同的订立方式与适用条件。

第4章

GONGCHENG XIANGMU
TOUZI JIEGOU

工程项目投资结构

【本章导读】

★分析影响投资结构设计的基本因素,剖析公司型、契约型、合伙制和信托基金四种投资结构形式。

【本章重点】

★项目投资结构设计的含义;
★影响项目投资结构确定的主要因素;
★四种项目投资结构类型(公司型、契约型、合伙制和信托基金)的区别;
★投资结构设计的主要条款。

4.1 影响项目投资结构设计的基本因素

4.1.1 影响项目投资结构设计的主要因素

项目投资结构的设计是指在项目所在国的法律、法规、会计、税务等外在客观因素的制约条件下,寻求一种能够最大限度地实现各投资者投资目标的项目资产所有权结构。项目投资者在投资结构设计中所考虑的目标通常是一组相对复杂的综合目标集,而不仅仅是利润目标。归纳起来,影响项目投资结构设计的因素主要包括以下几个方面:

1)项目风险的分担和项目债务的隔离程度

实现融资的有限追索是采取项目融资方式的基本要求。在进行项目投资结构设计时,必须考虑如何根据各项目参与方的特点和要求实现项目风险的合理分配,以及使项目债务隔离程度符合项目投资者的要求。例如,若项目投资者只愿意承担间接的、有限的风险和责任,则多偏好于有限责任公司的投资结构;而若投资者有能力且愿意承担更多的风险和责任,以期获得更大的投资回报,则可能会倾向于采用非法人式的契约型投资结构。

2)利用税务优惠条件

许多国家对建设项目的投资活动都有税收优惠政策,并且在某些特定条件下,允许税收优惠在不同公司之间合并,统一纳税,从而达到利用税务亏损冲抵公司盈利的好处,最终降低项目的综合投资成本和融资成本。税务问题在某种程度上也是项目投资结构和融资结构设计需要考虑的重要问题之一。

不同的项目投资结构,其税务结构的灵活性也不同。如在公司型投资结构中,项目公司作为一级法人是纳税主体,其应纳税收入或亏损全部留在公司内部,较难为其他投资者所利用。而在非法人式的契约型投资结构中,项目资产由投资者分别直接拥有,项目产品也是由投资者直接拥有,销售收入直接归投资者所有,即非法人式合作组织本身不是纳税主体,而投资者才是纳税主体。此时,项目投资者可以将项目的亏损或盈利与其他业务的收入合并起来,统一纳税,这样可以获取利用税务亏损冲抵投资者其他业务盈利的好处。

3)财务处理方法

项目投资结构不同,其财务处理方法也有差异,这种差异主要体现在两个方面:一是财务资料的公开披露程度;二是财务报表的账务处理方法。按照各国公司法、证券法等相关法规的规定,股份公司要承担信息公开披露的责任和义务,如果不愿意将项目相关资料公开,投资者就会对股份公司投资结构持谨慎态度。并且,按照各国相关法律的规定,采用不同的投资结构,或者虽然投资结构相同,但是采取不同的投资比例,往往也会影响到项目资产负债情况是否反映在投资者自身的财务报表上以及其反映方式,这就会给投资者的其他经营活动带来影响。因此,在项目投资结构设计时,应该尽量满足投资者对财务、会计处理方面的要求。

对非法人式的契约型投资结构,不管投资比例大小,该项投资全部资产负债和损益状况都必须在投资者自身的公司财务报表中全面反映出来。而对于公司型投资结构来说,必须根据具体情况进行不同的账务处理:

①如果投资者在一个项目公司中持股比例在50%以上,此时,投资者被认为拥有被投资的项目公司的控制权,该项目公司的资产负债表需要全面合并到投资者自身公司的财务报表中去,以达到全面真实地反映该投资者财务状况的目的。

②如果投资者在一个项目公司中持股比例介于20%~50%,此时,投资者对公司没有控制权,不存在合并财务报表的问题,但由于持股比例比较大,对公司的决策有很大的影响,因此,应在投资者自身公司的财务报表中按投资比例反映出该项投资的实际盈亏情况。

③如果投资者在一个项目公司中持股比例低于20%,其投资对公司决策的影响就很有限,所以只要求在其自身公司的财务报表中反映出实际投资成本,而不需要反映任何被投资公司的财务状况。

综上所述,投资者在设计项目投资结构时,应根据自身要求,设计出对自己有利的税务结构。如果投资者不希望将新项目的融资安排反映在自身的财务报表上,同时又不失去对项目的实际控制权,就需要小心处理投资者在项目公同中的投资比例。反之,如果投资者尽管在一个项目中所占比例较小,但仍希望能够将投资合并进自身的资产负债表中以增强公司的形象,则可适当选择非法人式的契约型投资结构和合伙制投资结构等。

4)产品分配形式和利润提取的难易程度

项目投资者参与项目的投资、开发建设的目的或者是获得项目产品,或者是获得项目利润。由于项目和投资者的自身特点不同,对项目产品的分配形式和利润提取方式也会有不同要求。在投资结构设计时,就需要考虑以下两个方面:

(1)投资者的经济背景

不同的投资结构,对利润的提取方式有不同的规定。如在公司型投资结构中,项目产品由项目公司统一对外销售,统一结算,统一纳税,在弥补项目经常性支出和资本性支出后,项目利润在投资者之间进行分配。而在契约型投资结构中,项目产品一般是直接分配给各投资者自己支配的。这种情况下,如果投资者拥有较广泛的销售渠道和市场知名度,就很容易将产品变现,取得收入,赚取利润。因此,从这个意义上说,大型跨国公司参与项目融资时,会偏向于选择契约型投资结构,而中小型公司参与项目融资时往往采用公司型投资结构。

(2)投资项目的不同性质对项目投资结构的影响

一般来讲,在资源开发类项目中,投资者愿意直接获得项目产品。因为这些产品是重要的资源,可能是投资者下游工业项目必需的原材料,也可能是对投资者所在国具有重要战略意义的物资。这也是大多数跨国公司在资源丰富的发展中国家和地区从事投资活动的一个重要原因。而在基础设施项目投资中,多数投资者一般不会重视对项目产品的直接拥有形式,只是为了开拓公司的业务活动领域,增加公司利润。因此,在资源开发类项目中,一般以契约型投资结构从事项目的开发和建设,而在基础设施项目中则以公司型投资结构为主要形式。

5)项目投资变动的要求

项目投资的变动包括原有投资的转让退出和新资本的进入两个方面。这两个方面的不同要求会促使投资者选择不同的项目投资结构。

(1)投资的可转让性

投资者在一个项目中的投资权益能否转让、转让程序以及转让时的难易程度是评价投资结构有效性的一个考虑因素,其结果对项目融资的安排也会产生一定的影响。作为一个投资者,在项目经营期间,出于战略上或者经济上的原因,需要出售项目资产或权益时,其转让程序、转让成本等问题是很重要的制约因素。一般情况下,若采用公司型投资结构,则投资的转让就比较简单;若采用契约型投资结构或合伙制结构,转让投资时要征得其他投资者的同意,转让投资就相对麻烦、复杂些。

(2)再融资便利性的要求

项目融资的另一个明显特点就是较高的债务股本比例。当项目经营出现困难时,可能会要求注入一定数量的补充资本。因此,在设计项目投资结构时,就要格外重视这一问题。项目经营中可能要求注入补充资本时,一般倾向于选择公司型投资结构,以增加增资扩股时的便利;而如果项目出现财务困境的概率较小时,则可能会偏向选择契约型投资结构。

6)项目管理的决策方式与程序

在不同投资结构中,各投资者在投资项目管理中的经营决策权及其行使方式是不同的。在契约型投资结构和一般合伙制结构中,不论投资者投资比例的大小,投资者可直接参与投资项目的经营决策;但在公司型投资结构中,投资比例不大的投资者往往难以在项目的经营方面有重要的影响,从而难以实现自己的意志。如果投资者在项目中的投资比例不大,但又想拥有一定的经营决策权,则必须考虑采用非法人式契约型投资结构或一般合伙制结构。

综合以上影响项目投资结构设计的因素,如图4.1所示。

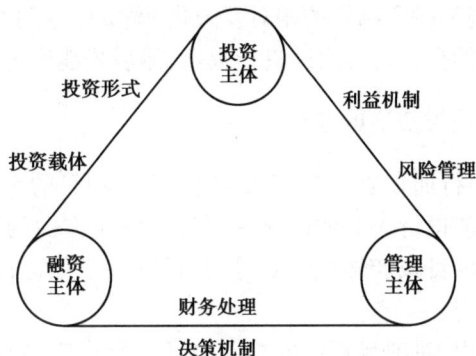

图4.1 项目投资结构设计的因素

4.1.2 贷款银行对项目投资结构设计的影响

在设计项目投资结构时,投资者除了考虑自身的因素和要求外,还不得不考虑贷款银行的利益,以便获得贷款银行的支持,顺利完成项目融资。贷款银行为项目融资时,除考虑资产抵押和信用保证外,还包含了一些特定的内容。

1)对项目现金流量的控制

由于项目融资中贷款的偿还主要来源于项目的现金流量,所以贷款银行要求对项目的资金使用在某种程度上加以控制。这种控制包括:在融资期间,贷款资金的使用需要得到银行批准,项目的经营收入必须进入指定的专门银行账户,并且在融资协议中详细规定该账户资金的用途、使用范围、使用手续以及使用的先后顺序。

融资项目典型的资金使用先后顺序是:生产成本、项目资本再投入(用来保证项目正常生产运行)、债务本金偿还、扩大生产投资、投资者的利润分配。如果项目采用的是公司型投资结构,项目公司拥有100%的资产,安排项目融资时要求把项目全部现金流量整体抵押给贷款银行作为融资保证。从贷款银行的角度来说,项目的贷款是完整的,不需要在投资者之间进行分割,有利于银行对项目现金流量、项目决策权和资产处置权进行全面的监督和控制。然而,在一个非法人式契约型投资结构中,相互独立和平行的贷款直接提供给每个项目投资者或其控股的项目公司,并且是由每个投资者使用自己所拥有的那部分项目资产以及相应的现金流量作为融资的抵押保证。即使是由同一个贷款银团安排整个项目的融资,并且在项目开始时所有投资者的债务资产比例和现金流量状况相同,但随着时间的推移,这些情况也有可能发生变化。例如,如果合资项目的产品由投资者分别销售,但由于销售价格的差异,各个投资者之间的现金流量就可能出现差别。又如,有的投资者可能愿意提前还款或加速还款,有的投资者愿意参与项目的进一步扩建,而其他投资者又不愿意等。这样发展的结果必然是,在项目的一定阶段,各个投资者之间的财务状况和项目现金流量状况出现很大差别,项目融资所赖以生存的项目经济强度在各个投资者之间也发生很大变化。一旦项目出现危机(如市场崩溃),一部分投资者可能迅速地还清债务,而另一部分投资者可能还负有很重的债务。从贷款银行的角度看,非法人式契约型投资结构增加了项目的不确定性和不稳定性,增大了银行对项目监控的难度,从而对该类项目提供贷款资金持有谨慎态度。对于投资者而言,这些问题表现为融资结构的相对复杂化,融资成本的增加。此时投资者必然要在融资成本的提高和自身的投资目标之间进行权衡,然后才能确定项目的投资结构。

2) 对项目决策程序和项目资产的控制

在项目融资中,贷款银行通常要求在一定程度上介入项目的管理,以便对投资者在项目中的决策权加以控制。贷款银行关心的问题主要涉及资金方面的决策,如年度资本预算和生产预算、项目扩建规划、项目减产停产计划等,其目的在于保证被融资项目不会作出任何有损于贷款银行利益的决定。

从贷款银行的角度来说,对项目资产的控制包括正常生产经营过程中对项目资产的使用和处置,以及借款人出现违约时对项目资产的使用和处置两个方面。对公司型投资结构,由于项目的资产和权益作为一个整体在贷款银行的控制之下,贷款银行对项目的决策会有较大的影响力,即使是项目出现违约的情况,贷款银行也可以较容易地控制项目资产,并且将项目公司接管,继续经营或者出售。对非法人式契约型投资结构,贷款银行对项目资产控制权的大小在很大程度上是与投资者在项目中的投资比例联系在一起的。如果一个投资者在项目中所占比例较小,在项目决策过程中的发言权必然较小,贷款银行对项目资产的控制权也就会相应受到影响,并且由于该投资者所拥有的资产只是全部项目资产中一个不可分割的部分,所以对项目资产的处置实际上要受到在项目中占有较大比例的投资者的制约。在违约出现时,贷款银行虽然从理论上讲可以取得并出售违约方的项目资产和相应权益,但由于项目的管理权和其他一些重要权益是与违约方的资产权益联系在一起的,因此,对某些项目一部分资产的出售会比整个项目的转让困难得多。

一些银行在实际工作中有时更愿意接受公司型投资结构,认为在这种结构下对项目资产的控制和转让的风险相对较小。从融资者的角度来看,采用公司型投资结构或契约型投资结构对项目融资并没有本质上的区别,其区别仅仅在于采用非法人式契约型投资结构时项目融资的安排可能要复杂一些,相应安排融资所花费的时间和成本也可能要多一些。但是,从投资者的角度来看,非法人式契约型投资结构也具备许多优点,尤其是对于项目投资比例较小但又希望独立安排融资的投资者来说,这些优点是其他投资结构所无法替代的。孰优孰劣,此时融资顾问就需要综合考虑投资者和贷款银行的目标要求,以及融资项目的性质后进行科学的设计和选择。

4.2 公司型投资结构

公司型投资结构是指股东共同出资成立有限责任公司、股份有限公司等形式的公司,以该公司为合资实体的投资结构。公司型投资结构的基础是有限责任公司,是根据《公司法》成立的、与项目投资者完全分离的独立法律实体。作为一个独立的法人,公司拥有一切项目投资者出资所形成的项目资产所有权,以及处置上述资产的权利,但公司股东对项目资产既没有直接的法律权益,也没有直接的受益人权益。投资者通过持股拥有公司,并通过任命董事会成员对公司的日常运作进行管理。同时,投资者按照股权比例享有相应的决策权和收益权。

图 4.2 是一个简单的公司型投资结构示意图。投资者根据股东协议认购合资公司股份,建立并经营合资公司。合资公司将资产抵押给银行换取贷款,独立地经营和从事市场销售活动。

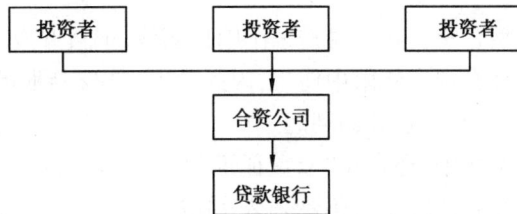

图 4.2 公司型投资结构

4.2.1 公司型投资结构的优点

该种投资结构的优点主要表现在以下四个方面。

1)有限责任

在公司型投资结构中,公司股东承担有限责任,最大的责任仅限于其认购的股本资金,从而使公司股东与项目实现了风险隔离。此时,项目的融资风险和经营风险大部分被限制在项目公司内,项目公司对偿还贷款承担直接责任。

2)融资安排比较灵活

公司型投资结构拥有整个项目的资产及其现金流量的权益,从贷款银行的角度来说,由于项目融资对项目资产设定抵押担保权益,因此贷款银行较愿意给此类项目提供贷款。同时,公司型投资结构也容易为资本市场所接受,待到时机成熟时,比较容易发行证券筹措新的资金,这都增加了融资安排的灵活性。

3)投资转让比较容易

公司股票代表着投资者在一个公司中的投资权益。投资者只要转让其股票也就达到了转让投资权益的目的,这比转让项目资产本身容易得多,而且转让还不影响公司的继续存在和发展。

4) 可以安排成表外融资结构

如果公司型投资结构中的任何一个投资者的股份不超过一定比例,则项目公司的债务融资安排不需要与任何一个投资者自身公司的财务报表合并,可以安排成资产负债表外融资,从而降低项目投资者自身公司的负债比率。

4.2.2　公司型投资结构的弊端

公司型投资结构的弊端主要表现在以下两方面:

1) 项目投资者对项目现金流量缺乏直接的控制

这对于希望利用项目现金流量自行安排融资的投资者来说,就成了一个不利因素。

2) 税务结构的灵活性差

大多数情况下,公司型合资公司本身是一个纳税实体,项目开发前期的税务亏损或优惠只能保留在公司结构中,并在规定年限中使用,因此除了100%持股的公司以外,投资者无法利用合资公司的亏损去冲抵其他业务的利润。

此外,在公司型投资结构中,还存在"双重征税"现象,即项目公司如有盈利要缴纳公司所得税,项目投资者取得红利或股息后还要缴纳公司所得税或个人所得税。这样,无形中就降低了项目的综合投资回报率。

4.3　契约型投资结构

契约型投资结构也称合作式投资结构,是指项目发起人之间根据合作经营协议结合在一起的、具有契约合作关系的投资结构。合作经营协议的条款通常包括投资或合作条件、收益或产品的分配、风险和亏损的分担、经营管理的方式和合作企业终止时财产的归属等内容。

4.3.1　契约型投资结构与公司型投资结构的区别

1) 投资各方收益或产品的分配机制不同

公司型投资结构中投资各方按其出资比例承担经营风险及分配利润;而契约型投资结构中收益或产品的分配、风险和亏损的分担等并不一定是按出资比例来决定的,而可能是通过合作各方达成的合作协议条款来决定。

2) 法人地位的不同

公司型投资结构具有独立法人地位,为有限责任公司或股份有限公司;而契约型投资结构不一定成立一个法人实体,契约型投资结构可能是一个合作的临时组织,也可能是一个具有独立法人地位的经济实体。

3)投资资本回收的方式不同

公司型投资结构中投资者的投资只有在企业解散后才能回收,并且其红利或股息也要在税后利润中支付;而契约型投资结构中投资者的投资可以先行回收,甚至在获得财政、税务部门的批准后,可以在合作企业缴纳所得税前回收投资,并且固定资产折旧可以用作股东投资的提前回收。

4.3.2 契约型投资结构的特点

项目融资中,在石油天然气开发、采矿、初级矿产加工、钢铁及有色金属等领域较多应用契约型投资结构,如图4.3所示。这种投资结构具有以下特点:

①每个投资者直接拥有全部项目资产的一个不可分割的部分,直接拥有并有权独自处理其投资比例的项目最终产品。投资者只承担与其投资比例相应的责任,投资者之间没有任何的连带责任或共同责任。

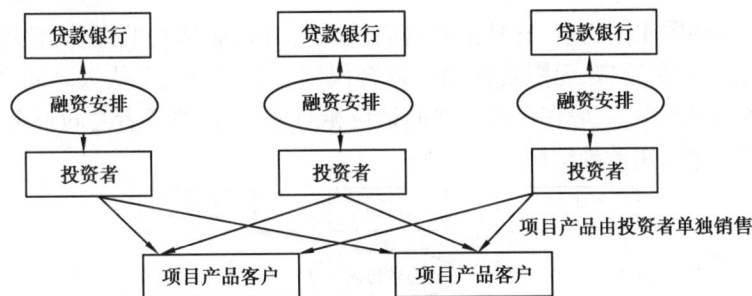

图4.3　契约型投资结构

②一般成立项目联合管理委员会对项目实施管理。根据合作协议,该委员会由每个投资者派出代表组成,投资者代表有权代表本公司的利益在联合管理委员会进行投票。每个投资者都有权作出与其投资比例相应的项目投资、原材料供应、产品处置等重大商业决策。联合管理委员会往往会委托其他经营者经营该项目。

③可以充分利用税务优惠。契约型投资结构多数时候不是一个法人实体,所以项目本身不必缴纳所得税,其经营业绩完全合并到各个投资者自身的财务报表中去。因此,若项目投资者本身具有很好的经营业绩,新的投资项目就可以采用契约型投资结构,以吸收项目建设期和试生产期的税务亏损和各种投资优惠,用于冲抵公司所得税,从而降低项目的综合资金成本。

④融资安排的灵活性。契约型投资结构中,项目投资者直接拥有项目的资产,直接掌握项目的产品,直接控制项目的现金流量,并且可以独立设计项目的税务结构,这就为投资者提供了一个相对独立的融资活动空间,使每一个投资者均可以按照自身发展战略和财务状况来安排项目融资。

⑤投资转让程序比较复杂,交易成本比较高。在契约型投资结构中,投资转让是投资者在项目中直接拥有的资产和合约权益的转让。与股份转让或其他资产形式的转让相比,转让程序比较复杂,交易成本较高。

⑥管理程序比较复杂。由于缺乏现成的、较具操作性的法律规范契约型投资结构的行为,参加该种结构的投资者的权益保护基本上依赖于合资协议,因而必须在合资协议中对所有的决策和管理程序按照问题的重要性清楚地加以规定。尤其对投资比例较小的投资者,一定要在合资协议中提出保护其在重大问题上的发言权和决策权。此外,在契约型投资结构中,项目投资者将组建工程项目管理委员会或聘请第三方作为融资项目的管理者,从而导致管理链条的分散和拉长,因此,管理程序操作复杂。

4.4 合伙制结构

合伙制结构是至少两个或两个以上合伙人之间以获取利润为目的,共同从事某项投资活动而建立起来的一种法律关系。在实际运用中,合伙制结构有两种基本形式:一般合伙制和有限合伙制。

4.4.1 一般合伙制

一般合伙制,如图4.4所示,它是指所有合伙人对合伙制结构的经营、债务以及其他经济责任和民事责任均负连带、无限责任的一种合伙制。由于一般合伙人之间具有无限连带责任,所以在融资实践中,一般在投资者之间地位相对平等(即投资者之间资金实力、管理经验相当)的情况下才采用此种结构。

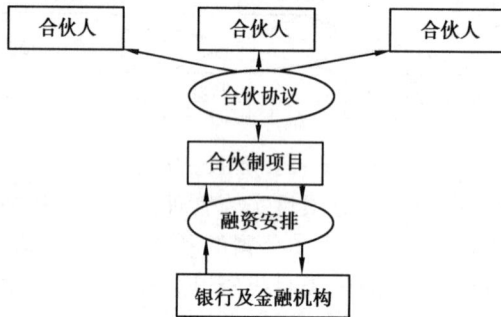

图4.4 一般合伙制结构

1)合伙制管理比较复杂

一般合伙制的资产由一般合伙人所拥有,每个一般合伙人都有权参与合伙制的经营管理。同时,按照合伙制结构的法律规定,每个合伙人都被认为是合伙制的代理,因此至少在形式上拥有代表合伙制结构签订任何法律协议的权利。这给合伙制结构的管理带来诸多复杂的问题。

2)合伙制结构的资产转让比较复杂

合伙制结构的资产或法律权益的转让必须要得到其他合伙人的同意,因此转让过程中的协调比较复杂。同时合伙制结构中某一合伙人转让其在投资项目中的权益时,要求必须优先转让给其他合伙人。

3) 融资安排相对复杂

由于合伙制结构在法律上并不拥有项目的资产,因此合伙制结构在安排融资时需要每一个合伙人同意将项目中属于自己的一部分资产权益拿出来作为抵押或担保,并共同承担融资安排中的责任和风险。合伙制结构安排融资的另一个潜在问题是,如果贷款银行由于执行抵押或担保权利进而控制了合伙制结构的财务活动,有可能导致在法律上贷款银行也被视为一个一般合伙人,从而被要求承担合伙制结构中所有的经济和法律责任。

4) 可以充分利用税务优惠

合伙制结构在一个财政年度内的净收入或亏损将全部按投资比例直接转移给一般合伙人,一般合伙人单独申报自己在合伙制结构中的收入,并且从合伙制结构中获取的收益或亏损允许与合伙人其他来源的收入进行合并,从而有利于合伙人较灵活地作出自己的税务安排。

在实践中,为了避免承担无限连带责任,投资者往往不直接进入一般合伙制结构,通常是专门成立一个项目公司参与合伙制结构。这样,项目投资者仅以其对项目公司的出资对合伙制结构的债务承担有限责任,如图4.5所示。

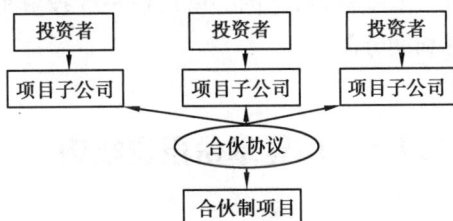

图4.5 项目公司合伙制结构

4.4.2 有限合伙制

有限合伙制是指合伙制结构中至少包括一个一般合伙人和一个有限合伙人。一般合伙人负责合伙制项目的组织、经营和管理工作,并对合伙制结构的债务承担无限责任;而有限合伙人不参与也不能参与项目的日常经营管理,对合伙制结构的债务责任也被限制在有限合伙人已投入和承诺投入合伙制项目中的资本数量。

如图4.6所示,有限合伙制结构具备一般合伙制结构在税务安排上的优点,在一定程度上又使有限合伙人避免承担债务连带责任,能够满足不同投资者的需求,因此成为项目融资中经常使用的一种投资结构。在使用有限合伙制作为投资结构的项目中,一般合伙人一般是在该项目领域具有技术管理特长的公司。由于受资金、风险、投资成本等多种因素的制约,一般合伙人通常愿意组织一个有限合伙制结构,吸引对项目税务、现金流量和风险程度有不同要求的投资者参与到项目中,共同分担项目的投资风险和投资利润。

在项目融资实践中,较为经常使用有限合伙制结构的项目有两类:

①资本密集、回收期长但风险较低的公用设施和基础设施项目,如电站、高速公路等。有限合伙人参与该类项目的目的是利用项目前期的税务亏损和投资优惠冲抵其他收入,提前回收一部分投资。

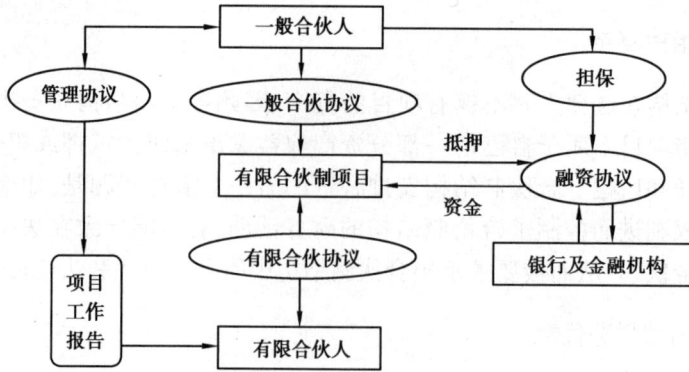

图 4.6 有限合伙制结构

②投资风险大、税务优惠多,同时具有良好勘探前景的资源类勘探项目,如石油、天然气和一些矿产资源的开发。许多国家对资源类地质勘探项目的前期勘探费用支出给予税收优惠政策。对于这类项目,通常是由项目的主要发起人作为一般合伙人,邀请一些其他的投资者作为有限合伙人为项目提供前期勘探的高风险资金,而一般合伙人则承担全部或大部分的项目建设开发的投资费用以及项目前期勘探、建设和生产阶段的管理工作。有限合伙人之所以愿意在此类项目上投入风险资金,是因为既可以享受投资抵税的好处,还可能在项目未来预期良好的情况下获得利润分配。

4.5 信托基金投资结构

信托基金是指通过专门的经营机构将众多投资者的资金汇集起来,由专业人士集中进行投资管理,投资者按其投资比例享受投资收益的一种信用工具。信托投资是一种间接投资方式,由于单位信托基金是一种标准化的合约,因此,它有利于集聚大量零散的资金。一般情况下,信托基金参与项目融资的方式主要有:同银行等机构一样为项目提供贷款;购买项目的股权、可转换债券等。

4.5.1 信托基金投资结构的要素

将信托基金划分为类似于公司股票的信托单位,通过发行信托单位来筹集资金的安排被称为信托基金投资结构。信托基金投资结构由四项要素组成。

1)信托契约

信托契约与公司的股东协议相似,是规定和规范信托单位持有人、信托基金受托管理人和基金经理之间法律关系的基本协议。

2)信托单位持有人

信托单位持有人是信托基金资产和其经营活动的所有者。信托单位持有人理论上不参加信托基金以及信托基金所投资项目的管理。

3) 信托基金受托管理人

信托基金受托管理人代表信托单位持有人持有信托基金投资结构的一切资产和权益，代表信托基金签署任何法律合同。信托基金受托管理人是由信托单位持有人根据信托契约任命并对持有人负责，其主要作用是保护信托单位持有人在信托基金中的资产和权益不受损害，并负责控制和管理信托单位的发行和注册，以及监督信托基金经理的工作。除了信托基金经理的工作与信托单位持有人的利益发生冲突之外，受托管理人一般不介入日常的基金管理。在采用英美法律体系的国家，信托基金的受托管理人一般由银行或者专业的受托管理公司担任。

4) 信托基金经理

信托基金经理由受托管理人任命，负责信托基金及其投资项目的日常经营管理。一些国家规定，受托管理人和信托基金经理必须由两个完全独立的机构担任。

信托基金管理结构如图 4.7 所示。

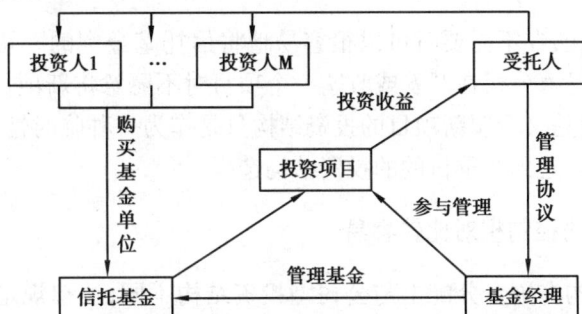

图 4.7 信托基金管理结构

尽管信托基金投资结构与公司型投资结构有相似之处，信托基金通过发行信托单位筹集资金，股份有限公司通过发行股票来达到融资目标。但两者还是有不同之处，这是由信托基金投资结构的特点决定的。信托基金投资结构的特点主要表现在以下几个方面：

①信托基金是通过信托契约建立起来的，这一点与根据国家有关法律组建的有限责任公司是有区别的。组建信托基金必须要有信托资产，这种资产可以是动产，也可以是不动产。

②信托基金与公司法人不同，在法律上不能作为一个独立法人具有起诉权和被起诉权。受托管理人承担信托基金起诉和被起诉的责任。

③信托基金的受托管理人作为信托基金的法定代表，他所代表的责任与个人责任是不能分割的。受托管理人代表信托基金签署一项银行贷款协议，受托管理人也就同时为这项贷款承担了个人责任，信托基金的债权人有权利就债务偿还问题追索到受托管理人的资产。但是，除极个别的情况，债权人一般同意受托管理人的债务责任被限制于信托基金的资产。

④在信托基金投资结构中，受托管理人只是受信托单位持有人的委托持有资产，信托单位持有人对信托基金资产按比例拥有直接的法律和受益人权益。在任何时候，每一个信托单位的价值等于信托基金净资产的价值除以信托单位总数。

4.5.2 信托基金投资结构的优势

1) 投资者承担有限责任

一般来说,信托单位持有人在信托基金投资结构中的责任是有限的,其责任仅限于在信托基金中已投入的和承诺投入的资金。然而,受托管理人需要承担信托基金投资结构的全部债务责任,并有权要求以信托基金的资产作为补偿。

2) 融资安排比较容易

信托基金投资结构与公司型投资结构类似,可为银行贷款提供一个完整的项目资产和权益作抵押来安排融资。信托基金投资结构也易于被资本市场所接受,需要时可以通过信托单位上市等手段筹集资金。

3) 融资安排比较灵活

信托基金易于转让,在不需要时可以很容易地将信托基金中的一切资产资金返还给信托单位持有人。如果一家公司在开发或收购一个项目时不愿意将新项目的融资安排反映在公司的财务报表上,但是又希望新项目的投资结构只是作为一种临时性的安排,那么信托基金投资结构是一种能够达到双重目的的投资结构选择。

4) 项目现金流量的控制相对比较容易

信托基金投资结构在资金分配上与公司型投资结构不同,法律规定信托基金中的项目净现金流量在扣除生产准备金和还债准备金以后都必须分配给信托单位持有人。从投资者角度看,采用信托基金投资结构将比采用公司型投资结构能更好地掌握项目的现金流量。

4.5.3 信托基金投资结构的劣势

1) 税务结构灵活性差

虽然信托结构是以信托基金持有人作为纳税主体,信托基金的应纳税收入以基金作为核算单位,以税前利润形式分配给信托单位持有人,由其负责缴纳所得税。但是,信托基金的经营亏损在很多情况下却被局限在基金内部结转,用以冲抵未来年份的盈利,而不能像合伙制结构那样将这些亏损直接转移给信托单位持有人,由其根据需要进行税务安排。

2) 投资结构比较复杂

与其他投资结构相比,信托基金投资结构有其复杂的一面,除投资者(信托单位持有人)和管理公司外,还设有受托管理人,需要有专门的法律协议来规定各个方面在决策中的作用和对项目的控制方法。

不同投资结构的经济实体的特点如表 4.1 所示。

表4.1　不同投资结构经济实体的特点

特点	有限责任公司/股份有限公司	普通/有限合伙制	契约型组织	信托机构
法律地位	独立法人	不具有法人资格	不具有法人资格	与受托人法律地位相同
资产拥有	投资人间接拥有	合伙人直接拥有	参与人直接拥有	转移给受托人
责任主体	公司法人	合伙人	参与人	委托人和受托人
责任范围	有限	无限（有限）	有限	委托范围内
资金控制	由公司控制	由合伙人共同控制	由参与人控制	由受托人控制
税务安排	限制在公司内部	与合伙人的收入合并	与参与人的收入合并	限制在信托机构内部
投资转让	可以转让	加入或退出	加入或退出	不存在转让

【案例】

苏州绕城高速公路项目

苏州绕城高速公路全长188千米,全线采用平原微丘区高速公路标准和双向六车道高速公路标准设计,部分地段预留八车道,沿线设有22个收费站、29个互通立交桥,总投资131亿元。采用"省市共建、以市为主、股份制建路"策略,分西南、西北、东北和东南4段进行开发建设。该项目于2002年1月8日开工建设,于2005年11月8日全线通车,历时46个月。

在我国收费公路的建设运营中,国家规定项目法人的股权投资必须达到总投资的35%以上,而苏州绕城高速公路有限公司的资本约为18亿元,只有总投资的13.74%,需要补足以后才能从银行贷款。为了利用民间资本,采用股权信托模式向社会大众筹集资本金。为此,项目公司(即信托资金使用人)通过苏州信托投资有限公司(即受托人)推出苏州绕城高速公路有限公司股权投资项目集合资金信托计划,信托规模为5亿元(当发售金额达到5亿元或发售合同份数达到200份,信托计划即宣告成立)。该信托计划面向中国境内具有完全民事行为能力的自然人、法人或者依法成立的其他组织(即委托人),委托人最低认领金额为50万元,信托期限为3年,从2005年9月13日起,至2008年9月12日止。中国建设银行苏州分行作为信托资金代理收支银行,负责基金的收付工作。受托人按委托人的意愿以自己的名义管理信托财产,将筹集的资金以股权投资的方式向苏州绕城高速公路有限公司进行投资,并向项目公司选派董事,参与项目公司的管理,行使股东权利。信托到期后,受托人名下的苏州绕城高速公路有限公司的股权分期转让给苏州交通投资有限责任公司(即股权受让人),苏州财政部门出具交通建设资金安排计划文件,以保证股权受让人及时足额向受托人支付股权受让款(包括前两年预付部分股权转让款)。信用收益主要来源于股权投资转让收入,预期年收益率5.5%。苏州绕城高速公路投资结构如图4.8所示。

苏州绕城高速公路有限公司股权投资项目集合资金信托计划之所以成功,主要是5.5%的预期年收益率对基金购买者有较强的吸引力,而该预期收益又得到了政府的担保。苏州市政府同意担保是因为该项目有利于当地经济发展,促进旅游,方便居民出行。

(资料来源:叶苏东.项目融资[M].北京:清华大学出版社,北京交通大学出版社,2018:194-195.)

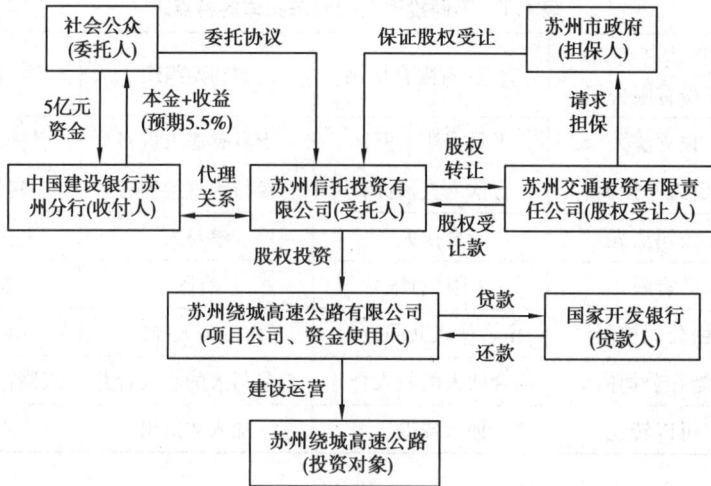

图4.8 苏州绕城高速公路投资结构

4.6 项目投资结构文件的主要内容

合资协议是项目投资结构中的根本性文件。在公司型投资结构中,这种文件通常称为股东协议,有些内容可能被包括进公司章程。在合伙制结构中,这种文件称为合伙人协议。在契约型投资结构中,这种文件称为合资协议。除了合资协议外,根据项目的性质和融资安排,投资者之间可能还需要有其他一系列文件作为合资结构的法律基础。这些文件包括:项目管理协议、原材料能源供应协议、市场安排协议、技术转让协议、主要管理人员的聘用协议、项目建设合同、融资文件等。无论项目采用哪一种投资结构,有一些带有共性的关键性问题是所有的合资项目都要面对的,并且需要针对项目的法律结构、投资者的性质和战略目标、项目的生产管理和市场安排、项目的融资方式等一系列问题,通过投资者之间的谈判协商来加以解决。

4.6.1 合资项目的经营范围

一个投资结构的建立是为了开发一个特定的项目,这个项目需要在合资协议中清楚地加以定义和说明。同时,在合资协议中投资者之间的法律经济关系也必须清楚地加以规定。特别是对于契约型投资结构来说,由于存在混淆契约型投资结构和合伙制结构性质的潜在不确定性因素,所以很重要的一点是要在合资协议中清楚地说明项目的性质,即每一个投资者独立的商业活动是怎样共同地存在于一个合资项目中的,以及每一个投资者在项目中所承担的责任。

4.6.2 投资者在合资项目中的权益

合资协议中需要规定每个投资者在项目中的投资以及相应的比例。对契约型投资结构,合资协议需要说明投资者在项目中所拥有的资产是全部资产的一个不可分割的部分,投资者同意将项目资产交给投资结构使用,但是保留独立的法律所有权。每一个投资者将有权利从投资结构中获得属于自己投资比例的产品。然而,对项目产品的分配与销售、融资担保等关键性问题也需要作出明确的规定。此外,为了安排项目融资,投资者通常需要提供一定的项目担保和项目资金保证。

4.6.3　项目的管理和控制

合资协议中需要建立相应的项目管理机制,其中包括重大问题的决策和日常的生产管理两个方面。在公司型投资结构中,重大问题的决策权掌握在董事会;在非公司型投资结构中,这个决策权掌握在项目的管理委员会。合资协议需要规定会议召开的时间、频率、地点,会议主席的选举,会议代表(或董事)的任命及取消,会议代表(或董事)的投票权以及重大问题的决策程序等主要内容。

关于项目重大问题的决策程序,应将决策问题按照性质的重要性分类。最重要的问题,如修改合资协议、改变或增加项目的经营范围、出售项目资产、停产、年度资本开支和经营预算等要求全部投资者的同意;相对重要的问题,如一定金额以上的费用支出,重大项目合同等要求绝大多数(2/3 或 3/4)投资者的同意;一般性问题要求多数投资者同意。

4.6.4　项目预算的审批程序

在合资协议中需要对预算审批制订严格的程序。项目预算一般由项目经理负责制订,在一个财政年度开始之前,提交项目管理委员会(或合资公司董事会)审批。预算审批程序在投资结构中一般分为三个层次两个阶段。首先,根据项目支出的性质将预算资金分为重大资本支出、日常性资本支出和生产费用支出三个层次。其次,在第一阶段,管理委员会审批项目年度预算,并授权项目经理在预算批准范围内负责日常性资本支出和生产费用支出。但是,在项目进行过程中,对超出一定金额的重大资本支出,尽管管理委员会在审定项目预算时已原则批准,项目经理在实际支出之前也需要再次报告管理委员会审批,即第二阶段审批以确保项目的资金使用完全符合投资者的利益。

4.6.5　违约行为的处理方法条款

违约行为是指投资结构中的某一个投资者未能履行合资协议所规定的义务。对非公司型投资结构或合伙制结构,最常见的违约行为是投资者不承担和无法承担继续支付项目的资本支出或生产费用的责任。对公司型投资结构或信托基金投资结构,投资者的违约行为比较复杂,主要取决于投资者在项目中所承担的义务。一个投资者的违约行为有可能立即造成非违约方甚至整个项目的重大损失,因此在合资协议中需要对违约事件的处理作出严格的规定,并对违约行为的补救措施提出多种可供选择的方法,为非违约方处理违约事件提供较大的选择余地和利益好处。

4.6.6　融资安排条款

融资安排是投资结构中最为复杂的问题之一。对非公司型投资结构,如果一个投资者以其相应的项目资产和权益作为抵押安排融资,违约行为的出现就将造成贷款银行与非违约方之间的利益冲突,处理两者之间的关系就变成了一个相当复杂的法律和实际问题。因此,在一些投资结构中,资金雄厚的投资者可能会要求任何一方均不能用项目资产作为借款抵押。至少在很多情况下,投资结构会要求项目投资者之间交叉担保的优先顺序要高于其中任何一个投资者以项目资产和权益对贷款银行所作出的抵押,但有时这种顺序的存在可能会影响融资活动的安排。因此,在建立契约型投资结构时,如果其中一个或几个投资者准备利用其项目资产与权益安排融资,这些问题都必须在起草合资协议时认真地加以考虑。

对公司型投资结构,如果一个投资者以相应的项目公司股权及其他权益作为抵押安排融资也会遇到类似的问题。有些合资协议规定,投资者不能以公司股权作为融资抵押,或者融资安排必须经过其他投资者的批准。

【本章小结】

本章分析了影响投资结构的基本因素,对公司型投资结构、契约型投资结构、合伙制投资结构和信托基金投资结构等进行了解析,总结了投资结构文件的主要内容。

【习题研讨】

1. 哪些因素会影响项目投资结构的确定？怎样影响？
2. 公司型投资结构的优点和弊端体现在哪些方面？
3. 契约型投资结构的优点和弊端体现在哪些方面？
4. 普通合伙制结构的优缺点是什么？
5. 有限责任合伙制结构的优缺点是什么？
6. 信托基金的建立与运作应如何进行？

案例:中国公募REITs的组织形式选择

第 5 章

GONGCHENG XIANGMU
ZIJIN JIEGOU YU
ZIJIN CHENGBEN

工程项目资金结构与资金成本

【本章导读】

★ 从资金结构的概念入手,剖析融资方式具体形式,分析资金成本的含义、构成和
影响因素,并对五种资金来源的资金成本的计算进行了举例说明,最后对工程项
目资金结构的确定进行了总结。

【本章重点】

★ 资金结构的概念;
★ 资金成本的含义、构成和影响因素;
★ 五种资金来源的资金成本的计算;
★ 对工程项目资金结构的确定。

5.1 工程项目资金结构的含义

5.1.1 工程项目资金结构的构成

工程项目使用的资金主要有所有者权益和负债两大类。所有者权益是指投资人对项目
公司净资产的权利,如股份公司中的普通股和优先股。负债是指项目公司所承担的能以货
币计量的,需要资产或劳务偿付的债务,一般分为优先债务和附属债务。所有者权益和负债
所占的比例构成了项目的资金结构。求偿权在优先债务之后的资金(如优先股和附属债务)
对项目成功具有特殊重要的意义,通常把这类资金归结为中间资金。因此,项目资金结构中
包含所有者权益、负债和中间资金三部分。资金结构的具体项目见一般企业资产负债表(财

政部财会〔2019〕6号,适用于已执行新金融准则、新收入准则和新租赁准则的企业)(表5.1)。

1)所有者权益

所有者权益是项目所有者投入的资金,在所有项目资金中,它的求偿权是最低的。正常情况下,只有在项目的其他义务全部满足之后,才能考虑权益投资人的利益。如果项目失败了,任何求偿权都要优先于权益投资人的求偿权。若满足其他义务之后的剩余项目资产价值少于权益资本的初始值,权益投资人将受到损失。权益资本承受着比其他任何资金都高的风险,因此,权益资本也被称为风险资本。当然,如果项目成功,满足其他义务后的剩余资产价值必然高于初始权益资本,高出部分将归权益投资者所有,权益投资者承受较高风险的同时也能获得较高的回报。

表5.1 资产负债表

会企01表

编制单位: 　　　　　　年　月　日　　　　　　　　单位:元

资产	期末余额	年初余额	负债和所有者权益	期末余额	年初余额
流动资产:			流动负债:		
货币资金			短期借款		
交易性金融资产			交易性金融负债		
衍生金融资产			衍生金融负债		
应收票据			应付票据		
应收账款			应付账款		
预付账款			预收账款		
其他应收款			合同负债		
存货			应付职工薪酬		
合同资产			应交税费		
持有待售资产			其他应付款		
一年内到期的非流动资产			持有待售负债		
其他流动资产			一年内到期的非流动负债		
流动资产合计			其他流动负债		
非流动资产:			流动负债合计		
债权投资			非流动负债:		
其他债权投资			长期借款		
长期应收款			应付债券		
长期股权投资			其中:优先股		
其他权益工具投资			永续债		
其他非流动金融资产			租赁负债		

资产	期末余额	年初余额	负债和所有者权益	期末余额	年初余额
投资性房地产			长期应付款		
固定资产			预计负债		
在建工程			递延收益		
生产性生物资产			递延所得税负债		
油气资产			其他非流动负债		
使用权资产			非流动负债合计		
无形资产			负债合计		
开发支出			所有者权益(或股东权益):		
商誉			实收资本(或股本)		
长期待摊费用			其他权益工具		
递延所得税资产			其中:优先股		
其他非流动资产			永续债		
			资本公积		
非流动资产合计			减:库存股		
			其他综合收益		
			专项储备		
			盈余公积		
			未分配利润		
			所有者权益(或股东权益)合计		
			负债和所有者权益(或股东权益)总计		
资产总计					

2) 负债

工程项目的优先债务是所有项目资金中偿还级别最高的。根据预先制订的计划,优先债务具有对项目资产的第一求偿权,只有它得到满足之后才能考虑其他求偿权。在所有资金中,优先债务的风险是最低的,无论项目多么成功,其回报也只限于按照借款额应支付的利息。

3) 中间资金

与纯权益和纯债务相比,中间资金是一种比较灵活的工具,它兼有权益和债务的特点,其风险介于权益资本和债务资本之间。当项目资金充足时,支付优先债务之后就将向中间资金支付,优先于权益资本的股息支付;如果资金不充分,中间资金将被当作权益处理,得不到支付,这相当于为项目提供了附加权益资金。中间资金的回报也介于权益资金和债务之间,其回报表现在两个方面:一方面作为债务,获得高于优先债务的利率;另一方面作为权益,也将接受项目的利润或资本收益。

5.1.2　工程项目资金结构的项目资本金特点

工程项目主办人一般为建筑施工企业,有时包括设备供应商和项目运营商,但少有投资公司参与。建筑施工企业的自有资金有限,而且还想承揽更多的项目合同。中华人民共和国国务院在 2009 年对固定资产投资项目资本金比例提出了具体的比例要求[参见《国务院关于调整固定资产投资项目资本金比例的通知》(国发〔2009〕27 号)],并在 2015 年对固定资产投资项目资本金比例进行了调整[参见《国务院关于调整和完善固定资产投资项目资本金制度的通知》(国发〔2015〕51 号)]。固定资产投资项目资本金比例如表 5.2 所示。

表 5.2　固定资产投资项目资本金比例

项目类型	国发〔2009〕27 号资本金比例/%	国发〔2015〕51 号资本金比例/%
机场、港口、内河沿海航运项目	30	25
铁路、公路、城市轨道交通项目	25	20
保障性住房和普通商品住房项目	20	20
其他房地产开发项目	30	25
其他(电力等)项目	20	20

国外对项目资本金比例没有要求,个别项目的债务资金可接近100%。例如,英国泰晤士河上的伊丽莎白二世大桥的项目主办人只提供了 1 000 英镑的股本资金,其余全部为债务融资。这主要是因为政府把现有的两条隧道出售给项目公司运营,因此在新项目的建设期,项目公司也有可观的收益,大桥建成后,也不存在竞争的问题,交通流量有保障,项目的市场风险非常小。图 5.1 是采用项目融资时的典型项目资金构成。

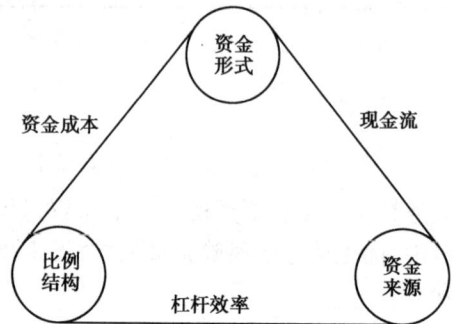

工程项目融资的资金结构的要素及其关系如图 5.2 所示。

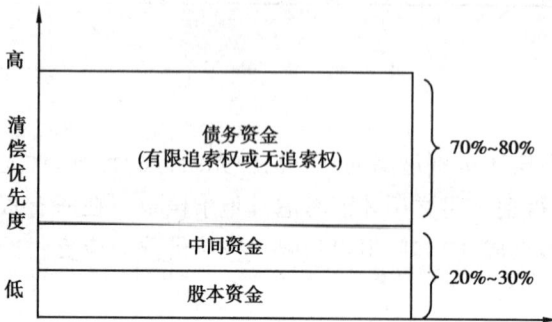

图 5.1　项目融资的项目资金构成

图 5.2　工程项目融资资金结构的要素关系

5.2   工程项目融资方式

项目融资方式是指项目建设所需资金的来源的具体形式。项目融资渠道是指项目建设所需资金的来源方向。

5.2.1   债券融资方式

1) 商业银行短期贷款

商业银行短期贷款是指企业向银行金融机构借入的期限在一年以内的贷款。按照国际通行惯例,短期贷款按照偿还方式的不同,可以分为一次性偿还贷款和分期偿还贷款;依利息支付方法的不同,可分为收款法贷款、贴现法贷款和加息法贷款;依有无担保,可分为抵押贷款和信用贷款。

(1) 贷款的信用条件

按照国际通行惯例,银行发放短期贷款往往带有一些信用条件,主要有:

①信贷限额

信贷限额是银行对贷款人规定的无担保贷款的最高数额。信贷限额的有效期为一年,但根据情况也可以延期一年。一般情况下,企业在批准的信贷限额内,可使用银行贷款。但是,银行并不承担全部信贷限额的义务。如果企业信誉恶化,即使银行同意按信贷限额提供贷款,企业也可能得不到贷款。这时,银行不承担法律责任。

②周转信贷协定

周转信贷协定是银行具有法律义务地承诺提供不超过某一最高限额贷款的协定。协定的有效期内,只要企业的贷款总额未超过最高限额,银行必须满足企业任何时候的贷款要求。企业享用周转信贷协定,通常要就贷款限额的未使用部分付给银行承诺费。

【例5.1】某周转信贷额为500万美元,承诺费率为0.5%,贷款企业年度使用了300万美元,余额为200万美元,承诺费率为0.5%。

【解】贷款企业该年度要向银行支付的承诺费用为:

$$200 \times 0.5\% = 1(万美元)$$

这是银行向企业提供贷款的一种附加条件,周转信贷协定的有效期通常为1年。但实际上贷款每几个月就发放一次,所以这种信贷具有短期贷款与长期贷款的双重特性。

③余额补偿

余额补偿是银行要求借款企业在银行中保持贷款限额或实际借用额一定百分比(一般为10%~20%)的最低存款余额。从银行角度讲,补偿性余额可以降低贷款风险,补偿其可能遭受的贷款损失。对于贷款企业而言,补偿性余额提高了贷款的实际利率。

【例5.2】某企业按年利率10%向银行贷款200万,银行要求维持贷款限额20%的补偿性余额,那么企业实际可用的借款只有160万元,该项贷款的实际利率是多少?

【解】该项贷款的实际利率为:

$$\frac{200 \times 10\%}{160} = 12.5\%$$

④贷款抵押

银行向财务风险较大的企业或对其信誉不甚有把握的企业发放贷款,有时需要抵押担保,以减少蒙受损失的风险。短期贷款的抵押品经常是贷款企业的应收账款、股票、债券等。银行接受抵押后,将根据抵押品的面值决定贷款金额。比例的高低取决于抵押品的变现能力和银行的风险偏好。抵押贷款成本通常高于非抵押贷款,虽然银行主要向信誉好的客户提供非抵押贷款,而将贷款看成是一种风险投资,故收取较高的利率;但同时银行管理抵押贷款要比管理非抵押贷款困难,为此往往另外收取手续费。

⑤偿还条件

贷款的偿还有到期一次偿还和贷款期内定期等额偿还两种方式。一般来讲,企业不希望采用定期等额偿还方式,因为这种方法提高了贷款的实际利率;而银行不希望采用到期前一次偿还方式,因为这会加重企业的财务负担,从而增加了企业的拒付风险,同时降低了实际贷款利率。

⑥其他承诺

银行有时还要求企业为取得贷款而作出其他承诺,如及时提供财务报告、保持适当的财务水平等。如果企业违背所作出的承诺,银行可要求企业立即偿还全部贷款。

(2)短期贷款利率及其支付方式

①贷款利率

优惠利率。优惠利率是银行向财力雄厚、经营状况好的企业贷款时收取的名义利率,为贷款利率的最低限度。

浮动优惠利率。这是一种随着其他短期利率的变动而浮动的优惠利率,即随着市场条件的变化而随时调整变化的优惠利率。

非优惠利率。银行贷款给一般企业时收取的高于优惠利率的利率。这种利率经常在优惠利率的基础上加上一定的百分比。例如,银行按高于优惠利率2%的利率向某企业贷款,若当时的最优惠利率为6%,则向该企业贷款收取的利率为8%。非优惠利率与优惠利率之间差距的大小,由贷款企业的信誉、与银行的往来关系及当时的信贷状况决定。

②贷款利息的支付方式

贷款企业有三种方式支付银行贷款利息。

a.收款法。收款法是在借款到期时向银行支付利息的方法。银行向企业发放贷款多数采用这种方法。

b.贴现法。贴现法是银行向企业发放贷款时,先从本金中扣除利息部分,而到期时贷款企业则要偿还贷款全部本金的一种计息方法。采用这种方法,企业可利用的贷款额只有本金减去利息部分后的差额,贷款的实际利率高于名义利率。

【例5.3】某企业从银行取得借款500万元,期限1年,年利率为6%,利息额为30万元;按照贴现法付息,企业实际可以利用的贷款为470万元,则该项贷款的实际利率为:

$$\frac{30}{500-30} \times 100\% = 6.38\%$$

c.加息法。加息法是银行发放分期等额偿还贷款时采用的利息收取方法。在分期等额偿还贷款的情况下,银行将根据名义利率计算的利息加到贷款本金上,计算出贷款的本息和,要求企业在贷款期内分期偿还本息之和的金额。由于贷款分期均衡偿还,借款企业实际上平均使用了贷款本金的半数,却支付了全额利息。这样,企业所负担的实际利率便高于名义利率大约1倍。

【例5.4】某企业借入年利率为8%的贷款200万元,分12个月等额偿还本息。

该项借款的实际利率为:

$$\frac{200 \times 8\%}{\frac{200}{2}} = 16\%$$

2)商业票据融资

(1)商业票据的概念

商业票据是一种附有固定到期日的无担保的短期票据,是信誉良好的大企业在金融市场上筹措短期资金的借款凭证。各国对商业票据的融资期限规定不同,欧洲商业票据期限一般为78~178天,美国传统商业票据期限为90~180天,最长不超过270天。商业票据的持有人主要为活跃在金融市场上的养老基金、货币市场共同基金、非融资公司、商业银行、投资公司等。商业票据利率由短期货币市场的供求关系和发行人资信等级等因素确定。传统的商业票据以零息票据形式发行,但以付息形式发行的商业票据近年来有不断发展的趋势。借款人通过商业票据的不断展期可获得长期债务资金,因此可以达到融通长期资金的目的。

(2)商业票据的发行方式

①直接发行方式。该种发行方式指由发行人直接面向市场投资者销售商业票据,而不需要某一代理机构或中介人帮助。大多数直接发行票据的公司是金融公司,这些机构需要不断地向市场融资以向客户提供贷款。

②通过证券交易商发行。该种发行方式是指发行人通过证券交易商或代理机构的服务出售票据,这些机构在承销的基础上推销票据。一些发行数额较小、发行频率不高的非金融类企业和一些小的银行控股公司、金融公司,特别是为项目融资专门成立的项目公司,主要通过证券交易商发行票据。这样既可以充分利用证券交易商及其建立起来的许多发行网络,节省自己建立销售网络的成本开支,又可以把握较好的发行时机,保证发行成功。

(3)项目融资中商业票据的使用

商业票据是一种无担保可转让的短期票据,票据投资人的投资决策主要取决于发行人的资信评级。对于希望利用票据市场作为项目融资主要债务资金来源的项目发起人来说,必须解决两个问题:一是项目公司的资信和在市场上的知名度无法直接吸引众多投资者;二是项目融资寻求的主要是长期债务资金,而商业票据提供的是短期债务资金,即债务资金使用期限不匹配问题。

对第一个问题的解决,通常采用国际大银行开出的信用证来担保商业票据发行。在大型项目融资的债务安排中,银行信用证是由一个辛迪加银团联合开出,其担保信用的期限与项目融资期限一致。这样,票据投资人和评级机构的注意力也就转移到银行资信上,从而避免了项目因资信不足而无法发行商业票据的问题。银行信用证担保具有两种形式:备用银行信用证和直接付款银行信用证。备用银行信用证只有发行人违约时才能使用,而直接付款银行信用证则是在票据到期日直接付款给票据持有人。

对第二个问题,即债务资金使用期限不匹配,现在主要有两种解决方法:一是通过传统商业票据的不断展期来实现;二是进行商业票据的创新,发行资产支持商业票据(Asset Backed Commercial Paper,ABCP)。资产支持商业票据是资产证券化中的一种,是企业以各种应收账款、信用卡等将来能产生稳定现金流的资产为抵押而发行的一种商业票据,突破了一般商业票据在1年之内的期限,在实践中资产支持商业票据期限为1~5年不等。

3)商业银行长期贷款

商业银行贷款是项目融资中最基本和最大的债务资金形式。项目融资中的商业银行贷款可以由一家银行提供,也可以由多家银行联合提供。

(1)商业银行贷款的具体类型

①工程贷款(Construction Loan):即在项目建设阶段银行对建筑工程发放的短期不动产贷款。贷款资金按实际需要或事先拟定的计划分期支付。工程完工后,一般用抵押贷款的资金偿还这种贷款。这种贷款的利率一般较高。

②定期贷款(Term Loan):即对借款人发放的中长期(一般为2~10年)有担保贷款。它通常用来购买资本设备或用作营运资金。该贷款通常按协议分期偿还。

③转换贷款(Bridge Loan):俗称桥梁贷款,当借款人希望得到中长期资金时而暂时使用的一种贷款种类,以满足借款人对资金的临时需求。因此,这种贷款期限一般不长,具有过渡性的特点。

④抵押贷款(Mortgage Loan):即借款人以某项财产的留置权作为还款抵押而取得的银行贷款。在项目融资中,通常以项目公司的资历和现金流量为抵押而取得银行的贷款。

⑤运营资金贷款(Working Capital Loan):一般为短期贷款,目的是补充借款人运营资金之不足,以保证项目的正常运行。

⑥双货币贷款(Dual Currency Loan):即指贷款利息与本金分别采取不同币种的货币进行计算和支付。在一般情况下,双货币贷款选用低利率货币作为计算利息的货币,而选用相对高利率货币作为计算本金的货币。需要指出的是,货币利率的高低是一个相对、不断变化的概念。因为一种货币利率的高低是随着货币所在国经济政策以及经济发展情况的变化而变化的。

⑦商品关联贷款(Commodity - linked Loan):商品关联贷款是指贷款的本金或利息支付与商品的市场价格波动相关的贷款。商品关联贷款主要有两种,即贷款本金商品价格参与类型的商品关联贷款和贷款利息商品价格参与类型的商品关联贷款。

贷款本金商品价格参与类型的商品关联贷款,是将贷款的本金与某一种商品价格联系在一起,而贷款的利率则低于同样条件下的商品贷款或辛迪加贷款的利率水平。具体来说,在还款日,若该种商品当时的价格低于某一预定价格,则借款人只需要偿还贷款本金原值;若商品价格高于这一预定价格,则需要偿还的贷款本金数额将会按照一个预定公式增加。在商品价格上升时,生产该种商品的经济效益也会增加,因而借款人也有能力承受较高的债务。

贷款利息商品价格参与类型的商品关联贷款,是将贷款期限内的贷款利率水平与某种商品价格在同一期限内的变化水平联系起来。如果在该时期内商品价格的变动与预测的商品价格的变化相吻合或接近,则借款人可以获得较低的贷款利率;反之,借款人将要承担较高的贷款利率。

能够安排商品关联贷款的项目,一般要求其产品是国际流通性较强、具有国际统一质量标准和统一价值标准的商品,如石油、天然气、贵金属等。同时要求借贷双方具有抗意外风险能力和对国际商品市场有较充分的认识。基于上述原因,商品关联贷款的实际应用范围较窄,局限在国际大型银行和金融机构与资信较好的工业公司之间。

(2)贷款偿还方式

中长期贷款的偿还一般有3种方式,即按贷款本金等额还款、按贷款本金和利息余额还款以及按每期还款的本息和按期限计算复利还款。贷款偿还的方式不同,对应利息的计算方法也各不相同。

【例5.5】一笔贷款的金额为500万元,年利率为10%,5年还清。试计算3种不同贷款偿还方式的年还款额及利息。

【解】①用按贷款本金等额还款,每年偿还的本金以及利息计算过程如表5.3所示。

表5.3 按贷款本金等额还款 单位:万元

时间(年)	偿还本金	支付利息	贷款余额	本利和
1	100	$500 \times 10\% = 50$	400	150
2	100	$400 \times 10\% = 40$	300	140
3	100	$300 \times 10\% = 30$	200	130
4	100	$200 \times 10\% = 20$	100	120
5	100	$100 \times 10\% = 10$	0	110
合计	500	150	—	650

②按贷款本金和利息余额还款,每次偿还的本利和是等额的,利息不单独进行计算,而是用年金方法一起计算。计算公式为:

$$A = \frac{p(1+i)^n i}{(1+i)^n - 1} \tag{5.1}$$

如果半年偿还一次,则:

$$A = \frac{p\left(1+\dfrac{i}{2}\right)^{2n}\dfrac{i}{2}}{\left(1+\dfrac{i}{2}\right)^{2n} - 1} \tag{5.2}$$

例题中采用这种还款方式,年偿还的本利和为:

$$A = \frac{500(1+10\%)^5 \times 10\%}{(1+10\%)^5 - 1} = 131.9(万元)$$

按贷款本金和利息余额还款计算过程如表5.4所示。

表5.4　按贷款本金和利息余额还款　　　　　　　　单位:万元

时间(年)	本利和	支付利息	偿还本金	贷款余额
1	131.9	500×10%=50	131.9−50=81.9	500−81.9=418.1
2	131.9	418.1×10%=41.81	131.9−41.81=90.09	418.1−90.09=328.01
3	131.9	328.01×10%=32.8	131.9−32.8=99.1	328.01−99.1=228.91
4	131.9	228.91×10%=22.89	131.9−22.89=109.01	228.91−109.01=119.9
5	131.9	119.9×10%=11.99	131.9−11.99=119.9*	0
合计	659.5	159.5*	500*	—

* 四舍五入调差

③每期还款的本息和按期限计算复利还款的计算过程如表5.5所示。

表5.5　按每期还款的本息和按期限计算复利还款　　　　　单位:万元

时间(年)	本利和	支付利息	偿还本金	贷款余额
1	110	500×10%=50	110−50=60	500−60=440
2	121	440×10%=44	121−44=77	440−77=363
3	133.1	363×10%=36.3	133.1−36.3=96.8	363−96.8=266.2
4	146.41	266.2×10%=26.62	146.41−26.62=119.79	266.2−119.79=146.41
5	161.05	146.41×10%=14.64	161.05−14.64=146.41	0
合计	671.56	171.56	500	—

对3种还款方式比较可以看到,方法①支付的本利和最少,方法③支付的本利和最多。从支付的时间先后来看,方法①的还款额随着时间的增加而减少,方法③的还款额随着时间的增加而增加,方法②的还款额不随着时间的变化而改变。若考虑时间的货币价值,三种方法的现值是一样的,只不过方法③可以开始少付,后来多付。这对于项目还款来说,可能方法③是有利的,因为项目的收益一般是逐步提高的,在项目开始阶段,还款能力较差,随着收益的增加,还款能力也会增强。方法③的还款付息方式与项目收益情况一致。

(3)贷款费用

在商业银行的贷款过程中,除了支付利息以外,还要支付多种费用。这些费用主要包括:

①承诺费。指贷款协议签署后在承诺期内对未提取的贷款余额所支付的费用。承诺费根据未提取贷款的余额,按一定费率计算。承诺费率一般为年率0.25%~0.5%,其计算公式如下:

$$承诺费 = \frac{未使用贷款数 \times 未使用的实际天数 \times 承诺费年率}{360(365)} \tag{5.3}$$

②管理费。近似于手续费,根据贷款金额,按一定费率收取,费率一般为0.25%~0.5%。

③代理费。在银团贷款中借款人对银团代理行所支付的费用。因为代理行或牵头银行

要与借款人及参加贷款的银行进行日常的联系交往,从而发生电传费、电报费、办公费等支出,这些费用均包括在代理费中。

④杂费。贷款协议签署前发生的一切费用均为杂费。如贷款银行与借款人联系的车马费、宴请费、文件修订费以及律师费等。

4)银团贷款

它实质上是商业银行贷款的国际化,是商业银行贷款概念在国际融资实践中的延伸。国际上多数的大型融资项目,因其资金需求规模很大,结构复杂,以致只有大型跨国银行和金融机构联合组织起来才能承担其融资任务。

(1)银团贷款的特点

项目融资中的银团贷款主要有以下特点:

①有能力筹集到数额巨大的资金。银团贷款市场是国际金融市场中规模最大、竞争最激烈的组成部分。在同样的项目风险条件下,只有在这个市场上,才最有可能筹集到数量较大并且成本相对较低的资金。

②贷款货币的选择余地大。贷款银行的选择范围非常广泛,为借款人提供了方便。在贷款申请过程中,借款人可以根据项目的性质、现金流量的来源及货币种类等科学选择融资银行,合理组织项目资金保证项目的合理运行。

③能够分散风险。参与银团贷款的银行通常是国际上具有一定声望和经验的银行,大都具有熟悉和参与复杂项目融资,具备承担部分信用风险的能力。这在一定程度上分散与降低了项目风险。

④提款与还款方式都比较灵活。因为它无须当地政府的批准,可根据协定的时间和工程建设的需要随时提取资金。

(2)银团组成及其分工

银团成员的基本角色有三种:牵头行、代理行和参加行。牵头行的主要职能有组织银团、准备文件、认购与推销贷款份额、承担贷款份额、安排贷款进度、与借款人谈判等;代理行的主要职能有检查协议文件签字、从各成员行筹集资金、发出取款通知、确定利率、计收和分配偿还的贷款本金及利息和费用、代理银团处理贷款业务及行使贷款人的权利;参加行的主要职能是承担贷款的份额。

(3)银团贷款的操作方式

①直接参与型。直接参与型是指银团内的各个成员银行直接同项目借款人签订贷款协议,按贷款协议所规定的条件贷款给项目借款人,贷款的具体发放工作由借贷协议中指定代理行统一管理。直接参与型的银团贷款中,每个成员银行对其他银行贷款义务不承担任何责任,即若某家成员银行不能履行其贷款义务,项目借款人只能向该银行追究其违约责任,但不能要求银团中的其他成员对此负责。

②间接参与型。间接参与型是指由一家牵头银行向项目借款人贷款,然后由该银行将参与贷款权分别转让给其他参加行,参加行按照各自承担的贷款数额贷款给项目借款人,贷款工作由牵头银行负责管理。牵头银行在与项目借款人签订借款协议后,可以采用不同的法律方式将参加贷款权授予其他参加行。

5)出口信贷

出口信贷是一种国际信贷方式,是国家为支持和扩大本国大型设备的出口,加强国际竞争能力,通过给予利息补贴并提供信贷担保的方法,鼓励本国的银行对本国出口商或外国进口商提供利率较低的贷款,以解决本国出口商资金周转的困难,或满足外国进口商对本国出口商支付货款需要的一种融资方式。出口信贷是争夺市场、扩大资本货物销售的一种手段。

(1)出口信贷的特点

①出口信贷属于对外贸易中的长期信贷。

②出口信贷的利率一般低于市场利率,利差由国家给予补贴。

③出口信贷的发放与信贷保险结合。

④国家成立专门发放出口信贷的机构,制定政策,管理与分配国际信贷资金,特别是中长期信贷资金。

(2)出口信贷的主要类型

①卖方信贷。在大型机械装备与成套设备贸易中,为便于出口商以延期付款方式出售设备,出口商所在地的银行对出口商的信贷即为卖方信贷。在卖方信贷方式下,进出口商签订合同后,先支付10%～15%的定金,在分批交货验收和保证期满时,分期付给10%～15%的货款,其余70%～80%的货款在全部交货后若干年内分期偿还(一般每半年还款一次),并付给延期付款期间的利息。而出口商(卖方)需向其所在地的银行商借贷款,融通资金。进口商(买方)连同利息分期偿还出口商(卖方)货款后,根据贷款协议,出口商再用以偿还其从银行取得的货款。卖方信贷的流程如图5.3所示。

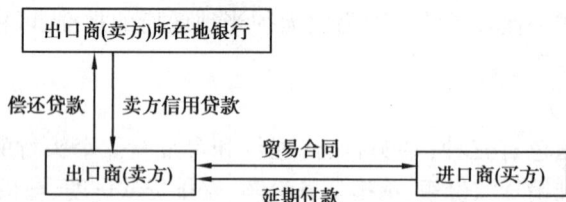

图5.3 卖方信贷流程

②买方信贷。在大型机械设备贸易中,由出口商(卖方)所在地的银行贷款给外国进口商(买方)或进口商的银行,以给予融资便利,扩大本国设备的出口,这种贷款叫买方信贷。在买方信贷方式下,进口商与出口商洽谈贸易,签订贸易合同后,进口商先缴纳相当于货价15%的现汇定金,在贸易合同签订后至预付定金前,进口商与出口商所在地银行签订贷款协议,进口商用其所贷款项,以现汇条件向出口商支付货款,进口商对出口商所在地银行的贷款,按贷款协议的条件分期偿还。买方信贷的程序如图5.4所示。

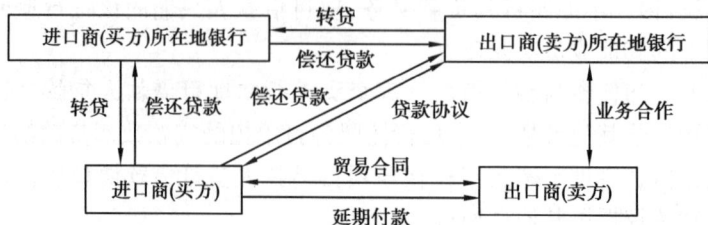

图5.4 买方信贷的流程

③福费廷交易。福费廷交易(Forfeiting)是在延期付款的大型设备贸易中,出口商把经过进口商承兑的、期限在半年以上至五六年的远期汇票,无追索权地授予出口商所在地的银行和大金融公司,以提前取得现款的一种资金融通方式。福费廷交易与一般贴现的区别如下:

第一,一般票据贴现如票据到期遭拒付,银行对出票人能行使追索权,要求票据的出票人付款;而福费廷所贴现的票据,不能对出口商行使追索权,这是福费廷与贴现的最大区别。

第二,贴现的票据一般为国内贸易往来中的票据;而福费廷多为与出口设备相联系的票据。

第三,有的国家规定,贴现的票据须具备3个人的背书,但一般不需银行担保;而福费廷的票据,必须有一流银行的担保。

第四,办理贴现的手续比较简单,而办理福费廷业务比较复杂。贴现的费用负担一般按当时市场利率收取贴现息,而办理福费廷业务的费用负担较高,除按市场利率收取贴现息外,一般还收取管理费、承担费等费用,若出口商未能履行合同或撤销贸易合同,以致福费廷业务未能实现,办理福费廷业务的银行还要收取罚款。

④信用安排限额。信用安排限额指出口商所在地银行为扩大本国一般消费品或基础工程的出口,给予进口商所在地银行以中期融资的便利,并与进口商所在地银行配合,组织较小金额业务的成交。一般有两种方式:一种是一般用途信用限额,也称购物篮信用。在这种形势下,出口商所在地银行向进口商所在地银行提供一定的贷款限额,以满足进口商购买出口国许多彼此无直接关系的消费品的资金需要。另一种是项目信用限额。在这种形势下,出口商银行向进口国银行提供一定贷款限额,以满足进口国厂商购买出口国的基础设备和基础工程建设的资金需要。

⑤混合信贷。混合信贷指国家为扩大本国设备的出口,加强本国设备出口的竞争能力,在出口国银行发放卖方信贷或买方信贷的同时,出口国政府从预算中提出一笔资金作为政府贷款或给予部分赠款,连同卖方信贷或买方信贷一并发放,以满足出口商或进口商支付当地费用与设备价款的需要。政府贷款的利率一般比出口商信贷利率更低,这就更有利于促进该国设备的出口,并可加强与借款国的经济技术与财政合作关系。政府贷款一般占整个贷款金额的30%~50%。这种为满足同一设备项目融通资金的需要,卖方信贷或买方信贷与政府贷款混合贷放的方式即为混合信贷。

6)多边金融机构贷款

利用多边金融机构贷款是大型工程项目筹措建设资金的一个重要渠道。多边金融机构主要包括:世界银行集团、国际货币基金组织等全球性金融机构和亚洲开发银行、非洲开发银行、泛美开发银行等区域性金融机构。

7)债券融资

债券是一种有价证券,是社会各类经济主体为筹措资金而向债券投资者出具的,并且承诺按一定利率定期支付利息和到期偿付本金的有价证券。

(1)债券的概念

①债券面值。债券面值是指设定的票面金额,它代表发行人借入并且承诺于未来某一

特定日期偿付给债券持有人的金额。

②债券发行价格。债券发行价格是指债券发行时确定的价格。债券的发行价格可能不同于债券的票面金额。当债券的发行价格高于票面金额时,称为溢价发行;当债券的发行价格低于票面金额时,称为折价发行;当债券发行价格等于票面金额时,称为平价发行。债券的发行价格通常取决于二级市场的交易价格以及市场的利率水平。

③债券偿还期限。债券偿还期限指债券从发行日起至清偿本息日止的时间。债券的偿还期限一般分为三类:偿还期限在 1 年或 1 年以内的,称为短期债券;偿还期限在 1 年以上、10 年以下的,称为中期债券;偿还期限在 10 年以上的,称为长期债券。

④债券票面利率。债券票面利率是指债券发行者预计一年期间向投资者支付的利息占票面价值的比率。票面利率不同于实际利率。实际利率通常是指按照复利计算的一年期的利率。债券的计息和付息方式有多种,可能使用单利或复利计算,利息支付可能半年一次、一年一次或到期日一次总付,这就使得票面利率不等于实际利率。

（2）债券价值计算

债券作为一种投资,现金流出是其购买价格,现金流入是利息和归还的本金,或者出售时得到的现金。债券未来现金流入的现值,称为债券的价值或债券的内在价值。只有债券的价值大于购买价格,才值得购买。

典型的债券是固定利率,每年计算并支付利息,到期归还本金。按照这种模式,债券价值计算的基本模型是:

$$V = \frac{I_1}{1+i} + \frac{I_2}{(1+i)^2} + \frac{I_3}{(1+i)^3} + \cdots + \frac{I_n}{(1+i)^n} + \frac{M}{(1+i)^n} \tag{5.4}$$

式中　V——债券价值;

　　　I——每年的利息;

　　　M——到期的本金;

　　　i——贴现率;

　　　n——债券到期前的年数。

【例 5.6】某公司拟于 2017 年发行面值为 1 000 元的债券,其票面利率为 8% ,债券期限为 5 年,当时的市场利率为 10% ,试计算债券的发行价格。

【解】$V = \frac{80}{1+10\%} + \frac{80}{(1+10\%)^2} + \frac{80}{(1+10\%)^3} + \frac{80}{(1+10\%)^4} + \frac{80}{(1+10\%)^5} + \frac{1\,000}{(1+10\%)^5}$

$= 924.18($元$)$

（3）债券发行成本

债券发行需要一定的费用,具体的费用在每个国际金融市场都不一样。有的费用,如佣金是由竞争因素和先例决定的;有的费用,如律师费,要看实际提供服务的竞争程度而定。发行债券的费用主要包括:

①包销人佣金。包销人佣金是付给包销人的费用,用于包销和出售债券。包销人佣金主要是由债券风险程度和期限决定的。一般债券的期限越长,佣金就越高。

②印刷费。印刷费指印刷债券和有关文件的费用,由承印单位所需的工作量和竞争因素决定。

③律师费用。律师费用指发行人所付的律师费,由发行债券时的法律事务方面的工作

量大小和竞争因素而定。

④评级机构费用。评级机构费用指债券评级时,由评级机构收取的费用。一般有最高费用和最低费用上限和下限规定。

8)租赁融资

租赁很早就有,但真正具有现代意义的融资租赁于1952年在美国诞生。自现代融资租赁出现后,便迅速渗透到各行各业,已成为仅次于商业银行贷款的第二大融资方式。据有关数据显示,美国所有资本开支的15%～20%是通过融资租赁实现的。

(1)融资租赁的含义

融资租赁也称设备租赁、现代租赁,是指实质上转移与资产所有权有关的全部或绝大部分风险和报酬的租赁。资产的所有权最终可以转移,也可以不转移。它的具体内容是指出租人根据承租人对租赁物件的特定要求和对供货人的选择,出资向供货人购买租赁物件,并租给承租人使用,承租人则分期向出租人支付租金,在租赁期内租赁物件的所有权属于出租人所有,承租人拥有租赁物件的使用权。租期届满,租金支付完毕并且承租人根据融资租赁合同的规定履行完全部义务后,租赁物件所有权即转归承租人所有。尽管在融资租赁交易中,出租人也有设备购买人的身份,但购买设备的实质性内容如供货人的选择、对设备的特定要求、购买合同条件的谈判等都由承租人享有和行使,承租人是租赁物件实质上的购买人。融资租赁是集融资与融物、贸易与技术更新于一体的新型金融产品。由于其融资与融物相结合的特点,出现问题时租赁公司可以回收、处理租赁物,因而在办理融资时对企业资信和担保的要求不高,非常适合项目融资。此外,融资租赁属于表外融资,不体现在企业财务报表的负债项目中,不影响企业的资信状况。这对需要多渠道融资的项目融资发起人而言是非常有利的。

融资租赁和传统租赁一个本质的区别就是:传统租赁以承租人租赁使用物件的时间计算租金,而融资租赁以承租人占用融资成本的时间计算租金。融资租赁是市场经济发展到一定阶段而产生的一种适应性较强的融资方式,是20世纪50年代产生于美国的一种新型交易方式。由于它适应了现代经济发展的要求,所以在60—70年代迅速在全世界发展起来,当今已成为企业更新设备的主要融资手段之一。我国20世纪80年代初引进这种业务方式,十多年来也得到迅速发展,但比起发达国家,租赁的优势还远未发挥出来,市场潜力很大。

(2)融资租赁的特征

在租赁期间,出租人拥有该资产(设备/设施)的所有权,而承租人占有和使用该资产(设备/设施),租赁期间届满双方可以约定租赁物的归属,一般是出租人向承租人转移租赁物的所有权,对租赁物的归属没有约定或约定不明确,租赁物的所有权归出租人。融资租赁的特点包括以下几方面:

①融资租赁是融资的一种新方法。一般单项中小型设备进出口和临时急需的大型设备都不易得到国外延期付款或中长期贷款,有的只能得到部分进出口设备价格85%的资金。而如果采用租赁方法则可以全部融资。租赁筹资的方法,并不影响企业的借款能力。

②手续简单。融资是企业获得资本化设备既简单又方便的方法。融资租赁是筹资和引进同步进行。用户无须向银行贷款以后,再委托进出口公司办理购货。因此,减少了环节,

缩短了时间。

③不可撤销。在基本租期内,租赁物只租给一个用户使用,双方均无权撤销合同,是一种不可解约的租赁;只有租赁物毁坏或被证明为已丧失使用价值的情况下方能中止执行合同,无故毁约则要支付相当重的罚金。

④租期较长。基本租期一般相当于租赁物的有效寿命,租期结束时租赁物的残值很小。

⑤所有权与使用权分离。承租人负责租赁物的选择,检查和验收所提供的租赁物,在租赁期间享有使用权,并负责租赁物的保险、保养和维修等;出租人仅负责垫付贷款,购进承租人所需的租赁物,按期出租并保留租赁物的所有权,对该租赁物的质量与技术条件不向承租人做出担保。

⑥租赁物最终处置灵活。承租人一般对租赁物有留购和退租两种选择,若要留购,购买价格可由租赁双方协商确定。如果承租人支付租金的累计总额为租赁物价款、利息及租赁公司的手续费之和,则承租人付清全部租金后,租赁物的所有权即归于承租人。根据出租人购置一项租赁设备时的出资比例,融资租赁又可划分为直接融资租赁和杠杆融资租赁。

⑦税收上可获得优惠。企业采用融资租赁的方式租赁设备,一般可以享受减免一定的关税。在国外,对于出租人和租赁人也给予不同程度的优惠。

⑧租赁不受国际通货膨胀和利率变动的影响。在整个租赁期间,即使国际上通货膨胀或利率变化,而租赁设备的货价和租赁费用始终保持不变。租赁人没有利率和通货膨胀的风险。

(3)融资租赁的种类

①简单融资租赁

简单融资租赁即直接融资租赁,是指由承租人选择需要购买的租赁物件,出租人通过对租赁项目风险评估后出租租赁物件给承租人使用。在整个租赁期间承租人没有所有权但享有使用权,并负责维修和保养租赁物件。出租人对租赁物件的好坏不负任何责任,设备折旧在承租人一方。

②杠杆融资租赁

杠杆融资租赁的做法类似银团贷款,是一种专门做大型租赁项目的有税收好处的融资租赁方式,主要是由一家租赁公司牵头作为主干公司,为一个超大型的租赁项目融资。首先成立一个脱离租赁公司主体的操作机构,为本项目成立资金管理公司,提供项目总金额20%以上的资金,其余部分资金来源则主要是吸收银行和社会闲散游资,利用100%享受低税的好处,以20%融资80%的杠杆方式,为租赁项目取得巨额资金。其余做法与融资租赁基本相同,不过合同的复杂程度因涉及面广而随之增大。由于可享受税收好处、操作规范、综合效益好、租金回收安全、费用低,一般用于飞机、轮船、通信设备和大型成套设备的融资租赁。

③委托融资租赁

委托融资租赁有两种方式:一种方式是拥有资金或设备的人委托非银行金融机构从事融资租赁,第一出租人同时是委托人,第二出租人同时是受托人。出租人接受委托人的资金或租赁标的物,根据委托人的书面委托,向委托人指定的承租人办理融资租赁业务。在租赁期内租赁标的物的所有权归委托人,出租人只收取手续费,不承担风险。这种委托融资租赁的特点就是让没有租赁经营权的企业,可以"借权"经营。第二种方式是出租人委托承租人或第三人购买租赁物,出租人根据合同支付货款(也称委托购买融资租赁)。

④项目融资租赁

承租人以项目自身的财产和效益为保证,与出租人签订项目融资租赁合同,出租人对承租人项目以外的财产和收益无追索权,租金的收取也只能以项目的现金流量和效益来确定。出卖人(即租赁物品生产商)通过自己控股的租赁公司采取这种方式推销产品,扩大市场份额。通信设备、大型医疗设备、运输设备甚至高速公路经营权都可以采用这种方法。

其他方式还包括返还式租赁(也称售后租回融资租赁)、融资转租赁(也称转融资租赁)等。

(4)融资租赁操作过程

融资租赁一般要经过以下几个操作过程:①项目主办人设立项目公司(或其他形式的特殊目的载体),由项目公司与租赁公司签订租赁协议,但项目主办人为项目公司提供租赁协议履约担保;②租赁公司与设备供应商(或设施建造商,分别简称供应商、建造商)签订购买协议;③租赁公司支付价款,并获得设备(或设施)的所有权;④供应商(或建造商)向租赁公司移交所有权并向项目公司交付设备(或移交设施);⑤项目公司使用设备(或设施)并向租赁公司支付租金;⑥租赁期满后,如果承租人支付的租金总额足够补偿出租人相关费用并获得合理的利润,则该设备(或设施)的所有权一般移交给承租人。直接融资租赁模式的操作流程如图5.5所示。

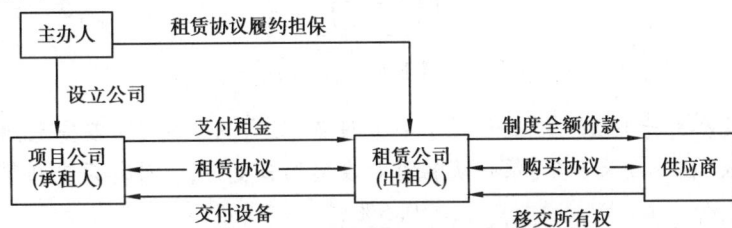

图5.5 直接融资租赁的操作流程

(5)融资租赁的风险

融资租赁的风险来源于许多不确定因素,是多方面并且相互关联的,在业务活动中充分了解各种风险的特点,才能全面、科学地对风险进行分析,制订相应的对策。融资租赁的风险种类主要有以下几种:

①产品市场风险。在市场环境下,不论是融资租赁、贷款或是投资,只要把资金用于添置设备或进行技术改造,首先应考虑用租赁设备生产的产品的市场风险,这就需要了解产品的销路、市场占有率和占有能力、产品市场的发展趋势、消费结构以及消费者的心态和消费能力。若对这些因素了解不充分、调查不细致,有可能加大市场风险。

②金融风险。因融资租赁具有金融属性,金融方面的风险贯穿于整个业务活动之中。对于出租人来说,最大的风险是承租人的还租能力,它直接影响租赁公司的经营和生存。因此,对还租的风险从立项开始就备受关注。货币支付也会有风险,特别是国际支付,支付方式、支付日期时间、汇款渠道和支付手段选择不当,都会加大风险。

③贸易风险。因融资租赁具有贸易属性,贸易方面的风险从订货谈判到试车验收都存在着风险。由于商品贸易在近代发展得比较完备,社会也相应建立了配套的机构和防范措施,如信用证支付、运输保险、商品检验、商务仲裁和信用咨询等都对风险采取了防范和补救措施。但由于人们对风险的认识和理解的程度不同,有些手段又具有商业性质,加上企业管理的经验不足等因素,使得这些手段未被全部采用,贸易风险依然存在。

④技术风险。融资租赁的好处之一就是先于其他企业引进先进的技术和设备。在实际运作过程中,技术的先进与否、先进的技术是否成熟、成熟的技术是否在法律上侵犯他人权益等因素,都是产生技术风险的重要原因。严重时,会因技术问题使设备陷于瘫痪状态。其他风险还包括经济环境风险、不可抗力等。

(6)融资租赁费的计算方法

①租赁费支付在前

租赁费支付在前就是在合约签订以后,必须立即支付首期的租赁费。租赁费支付在前的计算公式为:

$$R = \frac{P(1+i)^{n-1}i}{(1+i)^n - 1} \tag{5.5}$$

式中　R——租赁费;

　　　P——设备价格;

　　　i——利率;

　　　n——年数。

如果每半年支付一次,则公式为

$$R = \frac{P\left(1+\dfrac{i}{2}\right)^{2n-1}\dfrac{i}{2}}{\left(1+\dfrac{i}{2}\right)^{2n} - 1} \tag{5.6}$$

【例5.7】某公司为完成一项目租赁了一套设备,设备价款为50万美元,利率为9.5%,每半年支付一次,租赁期为5年,第一次租赁费在签约日支付,试计算每期租赁费。

【解】$R = \dfrac{P\left(1+\dfrac{i}{2}\right)^{2n-1}\dfrac{i}{2}}{\left(1+\dfrac{i}{2}\right)^{2n} - 1} = \dfrac{50 \times \left(1+\dfrac{9.5\%}{2}\right)^{2\times 5-1} \times \dfrac{9.5\%}{2}}{\left(1+\dfrac{9.5\%}{2}\right)^{2\times 5} - 1} = 6.1068(万美元)$

每期租赁费用的计算如表5.6所示。

表5.6　每期租赁费用计算过程　　　　　　　　　　单位:万美元

时间/年	期初余额	利率/%	利息	还款	期末余额
0	50	9.5	0	6.11	43.89
1	43.98	9.5	2.08	6.11	39.86
2	39.86	9.5	1.89	6.11	35.65
3	35.65	9.5	1.69	6.11	31.23
4	31.23	9.5	1.48	6.11	26.61
5	26.61	9.5	1.26	6.11	21.76
6	21.76	9.5	1.03	6.11	16.68
7	16.68	9.5	0.79	6.11	11.36
8	11.36	9.5	0.54	6.11	5.79
9	5.79	9.5	0.28	6.07*	0

*四舍五入调差

②租赁费支付在后

租赁费支付在后是指在租赁合同签约生效后,不马上支付租费。首期租费在半年或一年以后支付。租赁费支付在后的计算公式为:

$$R = \frac{P(1+i)^n i}{(1+i)^n - 1} \qquad (5.7)$$

如果每半年支付一次,则公式为:

$$R = \frac{P\left(1+\dfrac{i}{2}\right)^{2n} \dfrac{i}{2}}{\left(1+\dfrac{i}{2}\right)^{2n} - 1} \qquad (5.8)$$

【例5.8】某公司为完成项目租赁了一套设备,设备价款为50万美元,利率为9.5%,每半年支付一次,租赁期为5年,租赁费在签约后半年支付,试计算每期租赁费。

【解】$R = \dfrac{P\left(1+\dfrac{i}{2}\right)^{2n} \dfrac{i}{2}}{\left(1+\dfrac{i}{2}\right)^{2n} - 1} = \dfrac{50 \times \left(1+\dfrac{9.5\%}{2}\right)^{2\times 5} \times \dfrac{9.5\%}{2}}{\left(1+\dfrac{9.5\%}{2}\right)^{2\times 5} - 1} = 6.3968(万美元)$

每期租赁费用的计算如表5.7所示。

表5.7 每期租赁费用计算过程 单位:万美元

时间/年	期初余额	利率/%	利息	还款	期末余额
0	50	9.5	0		50
1	50	9.5	2.38	6.40	45.98
2	45.98	9.5	2.18	6.40	41.76
3	41.76	9.5	1.98	6.40	37.35
4	37.35	9.5	1.77	6.40	32.73
5	32.73	9.5	1.55	6.40	27.89
6	27.89	9.5	1.32	6.40	22.81
7	22.81	9.5	1.08	6.40	17.50
8	17.50	9.5	0.83	6.40	11.94
9	11.94	9.5	0.57	6.40	6.11
10	6.11	9.5	0.29	6.40	0

③考虑残值的租赁

有些租赁设备有一定的残值,例如汽车、机床等。这些货物有二手市场,如果出租人同意按预先规定的残值价格进行租赁,那么承租人支付租赁设备总价的80%~95%不等。租赁费用支付在前,考虑残值的租赁费计算公式为:

$$R = \frac{P[(1+i)^{n-1} - S]i}{(1+i)^n - 1} \qquad (5.9)$$

式中 S——残值。

租赁费用支付在后,考虑残值的租赁费计算公式为:

$$R = \frac{P[(1+i)^n - S]i}{(1+i)^n - 1} \tag{5.10}$$

【例5.9】例5.7和例5.8中,如果考虑残值,租赁费的计算结果如表5.8所示。

表5.8 考虑残值的租赁费用计算结果   单位:万美元

残值比率/%	租赁费用支付在前	租赁费用支付在后
0	6.1068	6.3968
5	5.9057	6.1958
10	5.7046	5.9947
15	5.5035	5.7936
20	5.3024	5.5925

5.2.2 权益融资方式

在项目融资实践中,权益融资方式有发行股票、投资基金、贷款银行接受的以贷款担保形式出现的股本资金。近年来在实践中,还出现了准股本资金的融资方式。准股本资金是指投资者或参与项目有关的第三方提供的一种从属债务。相对于权益资金,准股本资金在债务偿还上更具有灵活性,不用规定在某一特定期间强制性地要求项目公司偿还。准股本资金作为从属性债务,其偿还顺序优于权益资金但后于高级债务和担保债务,当项目公司破产时,在偿还所有项目贷款和其他高级债务之前不能被偿还。因此,准股本资金被看作权益资金的必要补充。

1)股票

股票是一种有价证券,它是项目公司向出资者签发的出资证明或股份凭证。股票价值评价的相关概念与方法如下。

(1)票面价值

股票的票面价值是指股份公司发行股票时印在股票上的面值。票面价值的主要作用是确定每一股份对公司持有的份额。例如,如果某项目公司发行股票的总票面价值为5 000万元,每股股票的票面价值为100元,那么每一股表示对企业1/500 000的所有权。

(2)股票价值

股票价值是指股票未来现金流入的现值。股票的未来现金流入包括两个部分:每股预期股利和出售时得到的价格收入。有时为了把股票价值和股票价格相区分,把股票的预期未来现金流入的现值称为"股票的内在价值",它是股票的真实价值,也称理论价值。

(3)股票价格

股票本身没有价值,仅是一种凭证。它之所以有价格可以买卖,是因为它能给持有人带来的收益。公司第一次发行时,要规定发行总额和每股金额,一旦股票发行上市后,股票价格与原来的面值分离。股票价格主要由预期股利和当时的市场利率决定。

（4）股利

股利是股息和红利的总称。它是公司从其税后利润中分配给股东的，是公司对股东投资的一种报酬，是股东所有权在分配上的体现。

（5）资本收益率

资本收益率等于净收益减优先股股息除以平均资本。平均资本是指资本性投入（实收资本）及其资本溢价（资本公积）的期初余额和期末余额的平均数。资本股权指普通股股本、增资资本和留存收益的总和。资本收益率被普通股股东用来衡量投资于公司股金的获利水平。

$$资本收益率 = \frac{净收益 - 优先股股息}{\frac{(实收资本期初余额 + 资本公积期初余额) + (实收资本期末余额 + 资本公积期末余额)}{2}}$$

(5.11)

【例5.10】某项目融资公司2017年税后净收益70万元，支付优先股股息4万元。2017年初实收资本为1 200万元，资本公积为0万元；2017年末实收资本为1 200万元，资本公积为200万元。试计算该公司的资本收益率。

【解】 $$资本收益率 = \frac{70 - 4}{\frac{(1\ 200 + 0) + (1\ 200 + 200)}{2}} = 5.08\%$$

（6）每股收益

每股收益通常称为EPS，等于净收益减支付优先股股息除以流通中普通股平均股数。它代表普通股在流通中每股所获得的净收益，是财务报表中使用的公布数字之一。每股收益的计算公式为：

$$每股收益 = \frac{净收益 - 优先股股息}{流通中普通股平均股数}$$

(5.12)

【例5.11】某项目融资公司2016年税后净收益70万元，支付优先股股息4万元。2017年初流通股数为1 000万股，2017年末为1 200万股。试计算该公司的每股收益。

【解】 $$每股收益 = \frac{净收益 - 优先股股息}{流通中普通股平均股数} = \frac{70 - 4}{\frac{1\ 000 + 1\ 200}{2}} = 6\%$$

这说明该项目公司的股东每股可以获得0.6元的收益。

（7）股息支付比率

股息支付比率等于普通股股息除以净收益与优先股股息之差。它代表了股息与净收益中多少资金用于支付股息，对于投资者来说是个重要比率，因为投资者的目的是从投资中获取现金收入。这个比率帮助投资者对是否投资该公司股票作出判断。股息支付比率计算公式为：

$$股息支付比率 = \frac{普通股股息}{净收益 - 优先股股息}$$

(5.13)

【例5.12】某项目融资公司2017年税后净收益70万元，支付优先股股息4万元，支付普通股股息8万元。试计算该公司的股息支付比率。

【解】 $$股息支付比率 = \frac{普通股股息}{净收益 - 优先股股息} = \frac{8}{70 - 4} \times 100\% = 12.12\%$$

这表明该公司将公司净收益的 12.12% 作为股息支付给了股东。

(8)市盈率

市盈率是普通股市价除以每股收益。该比率反映投资人对每一元净利润所愿意支付的价格,可以用来估计股票的投资报酬和风险。市盈率越高,表明市场对公司的未来越看好。其计算公式为:

$$市盈率 = \frac{普通股每股市价}{普通股每股收益} \tag{5.14}$$

【例 5.13】某项目融资公司 2017 年税后净收益 70 万元,支付优先股股息 4 万元。2017 年初流通股股数为 100 万股,2017 年末为 120 万股,每股市价为 6 元。试计算该公司的市盈率。

【解】 $普通股每股收益 = \dfrac{净收益 - 优先股股息}{流通中普通股平均股数} = \dfrac{70 - 4}{\dfrac{120 + 100}{2}} = 0.6$

$$市盈率 = \frac{普通股每股市价}{普通股每股收益} = \frac{6}{0.6} = 10$$

这表明该项目公司股票市价是每股收益的 10 倍。

(9)股票价值模式

①基本模式

股票给持有者的现金流入包括两部分:股利收入和出售资本利得。股票的内在价值由一系列的股利和将来出售股票时售价的现值所构成。如果股东永远持有股票,他只获得股利,是一个永续的现金流入。这个现金流入的现值就是股票的价值:

$$V = \frac{D_1}{(1 + R_s)^1} + \frac{D_2}{(1 + R_s)^2} + \cdots + \frac{D_n}{(1 + R_s)^n} = \sum_{t=1}^{\infty} \frac{D_t}{(1 + R_s)^t} \tag{5.15}$$

式中 D_t——t 年的股利;

R_s——贴现率;

t——年份。

如果投资者不打算永久持有该股票,而在一段时间后出售,它的未来现金流入是几次股利和售出的股价。

$$P_0 = \frac{D_1}{1 + R_s} + \frac{P_1}{1 + R_s} \tag{5.16}$$

$$P_1 = \frac{D_2}{1 + R_s} + \frac{P_2}{1 + R_s} \tag{5.17}$$

将式(5.17)代入式(5.16):

$$P_0 = \frac{D_1}{1 + R_s} + \left(\frac{D_2}{1 + R_s} + \frac{P_2}{1 + R_s} \right) \div (1 + R_s) = \frac{D_1}{(1 + R_s)^1} + \frac{D_2}{(1 + R_s)^2} + \frac{P_2}{(1 + R_s)^2} \tag{5.18}$$

如果不断继续上述代入过程,则可得出:

$$p_0 = \sum_{t=1}^{\infty} \frac{D_t}{(1 + R_s)^t} \tag{5.19}$$

式(5.19)是股票价值的一般模型。在实际应用时,面临的主要问题是如何计算预计未来每年的股利,以及如何确定贴现率。

股利的多少,取决于每股盈利和股利支付率两个因素。对其估计的方法是历史资料的统计分析,例如回归分析、时间序列的趋势分析等。贴现率的主要作用是把所有未来不同时间的现金流入折算为现在的价值。折算现值的比率应当是投资者所要求的收益率。投资者要求的收益率确定方法有两种:一种是根据股票历史上长期的平均收益率来确定。另一种方法是参照债券的收益率,加上一个确定的风险报酬率来确定。

②股息固定增长价值模式

从基本价值模式中可以看到,普通股每年股利是不一样的。如果每年的股利一样,$D_1 = D_2 = D_3 = \cdots$,即为一种特殊情况,股息以固定百分比增长。假设固定股息增长率为g,则

$$D_1 = D_0(1+g) \tag{5.20}$$

因此,式(3.8)可以改写为:

$$p_0 = \frac{D_0(1+g)}{1+R_s} + \frac{D_0(1+g)^2}{(1+R_s)^2} + \frac{D_0(1+g)^3}{(1+R_s)^3} + \cdots \tag{5.21}$$

对其求极限可得出:

$$p_0 = \frac{D_0(1+g)}{R_s - g} \tag{5.22}$$

式(5.22)就是投资期望收益率为R_s,股息以g的恒定速度增长时,股票应有的现时价值。

在上式中,若股息不增长,$g=0$时,公式变为:

$$p_0 = \frac{D_0}{R_s} \tag{5.23}$$

【例5.14】某公司每年分配股利1.5元,市场最低报酬率为12%,试计算股票的价值。

【解】
$$p_0 = \frac{D_0}{R_s} = \frac{1.5}{12\%} = 12.5$$

【例5.15】某公司从2009—2017年的股利和股票市价如表5.9所示,假定投资者的期望收益率为10%,试计算2018年、2019年的股价和股利。

表5.9 某公司2009—2017年股利和股价数据　　　　　　　　单位:元

年份	每股收益	股利	股价
2009	2.00	0.80	16.8
2010	2.10	0.84	17.6
2011	2.21	0.88	18.6
2012	2.32	0.92	19.4
2013	2.44	0.97	20.4
2014	2.56	1.02	21.4
2015	2.69	1.07	22.4
2016	2.82	1.12	23.6
2017	2.96	1.18	—

【解】从表5.9数据中可以求出2009—2017年股利平均增长率。

$$D_8 = D_0(1+g)^8$$

$$1.18 = 0.8 \times (1+g)^8$$

$$g = \sqrt[8]{1.18 \div 0.8} - 1 = 4.98\%$$

2018 年的股价为：

$$\frac{1.18 \times (1+4.98\%)}{10\% - 4.98\%} = 24.68$$

2019 年的股价为：

$$\frac{1.18 \times (1+4.98\%)^2}{10\% - 4.98\%} = 25.91$$

2018 年的股利为：

$$24.68 \times 4.98\% = 1.23$$

2019 年的股利为：

$$25.91 \times 4.98\% = 1.29$$

③股息非固定增长价值模式

在现实的金融市场中,有的公司股利是不固定的。例如,在一段时间里高速成长,在另一段时间里正常固定成长或固定不变。在这种情况下就要分段计算才能确定股票的价值。

【例 5.16】某投资人持有 A 公司的股票,他的投资最低报酬为 15%。预计 A 公司未来 3 年股利将高速增长,成长率为 20%。在此以后转为正常增长,增长率为 12%。公司最近支付的股利是 2 元。试计算公司股票的价值。

【解】首先,计算非正常增长期的股利现值(表 5.10):

表 5.10　非正常增长期的股利现值　　　　单位:元

年份	股利	现值因子	现值
第 1 年	$2 \times 1.2 = 2.4$	0.870	2.087
第 2 年	$2.4 \times 1.2 = 2.88$	0.756	2.178
第 3 年	$2.88 \times 1.2 = 3.46$	0.658	2.272
合计			6.537

其次,计算第 3 年年底的普通股价值:

$$P_3 = \frac{D_4}{R_s - g} = \frac{D_3(1+g)}{R_s - g} = \frac{3.456 \times 1.12}{0.15 - 0.12} = 129.02$$

计算其现值:

$$PVP_3 = 129.02 \times \left(\frac{P}{S}, 15\%, 3\right) = 129.02 \times 0.658 = 84.835$$

最后,计算股票目前的内在价值:

$$P_0 = 6.537 + 84.835 = 91.372$$

2)投资基金

投资基金是目前发达国家非常成熟的融资方式之一,产业基金是投资基金中常用的一种类型。对于项目发起人而言,利用产业基金筹措股本资金有以下好处:一是不影响项目的控制权,因为按照投资组合理论,产业基金为分散投资风险,一般在某个特定项目中的投资份额不会超过一定的比例,比如10%;二是融资灵活,在不需要的时候,可以比较容易地将资金退出返还给基金持有人。投资基金另外一个类型就是房地产投资信托基金(Real Estate Investment Trusts,REITs),它主要投资于房地产,同时也投资与房地产相关的延伸产业。

3)以贷款担保形式出现的股本资金

以贷款担保作为项目股本资金的投入,是项目融资中具有特色的一种资金投入方式。在项目融资结构中投资者不直接投入资金作为项目公司的股本资金或准股本资金,而是以贷款银行接受的方式提供固定金额的贷款担保作为替代。作为项目的投资者,这是利用资金的最好形式,由于项目中没有实际的股本资金占用,项目资金成本最低。然而,从贷款银行的角度,项目风险高于投资者直接投入股本资金的形式,因为银行在项目的风险因素之外,又增加了投资者自身的风险因素。因此,采用贷款担保形式作为替代投资者全部股本资金投入的项目融资结构是较少见的,多数情况是贷款担保作为项目实际投入的股本资金或者准股本资金的一种补充。只有在项目具备很好的经济强度,同时承诺担保责任方的投资者本身具有很高的政治、商业信誉的双重条件下的项目融资结构,才有可能以贷款担保形式百分之百或者接近百分之百地替代项目投资者实际的股本资金投入。

贷款担保作为股本资金的替代主要有两种形式:担保存款和备用信用证担保。

担保存款是项目投资者在一家由贷款银团指定的第一流银行中存入一笔固定数额的定期存款,存款账户和存款的利息均属于项目投资者,但是存款资金的使用权却掌握在贷款银团的手中,如果项目出现资金短缺,贷款银团可以调用担保存款,具体流程如图5.6所示。

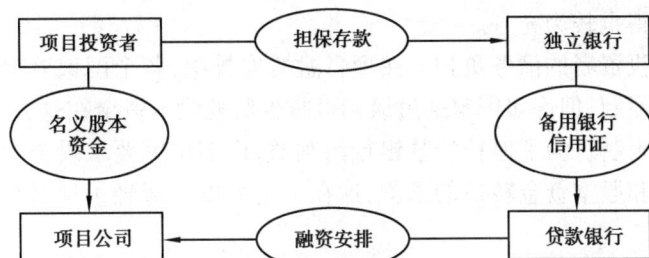

图5.6 担保存款流程

备用信用证担保与担保存款相比,备用信用证担保是对项目投资者更为有利的一种形式,其流程如图5.7所示。在该种形式下,项目投资者可以根本不用动用公司的任何资金,而只是利用本身的资信作为担保。由于这种方式贷款银团要承担投资者的信用风险,所以贷款银团一般坚持要求备用信用证由一家被接受的独立银行开出,以转移其承担的风险。

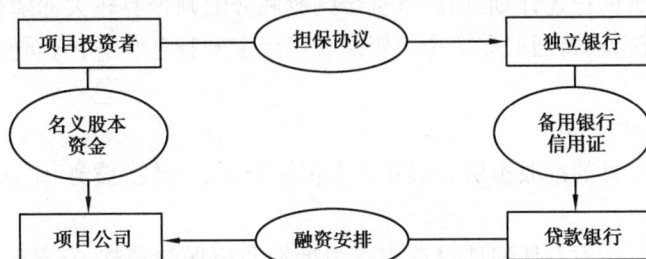

图5.7 备用信用证担保流程

4) 准股本资金

准股本资金是指投资者或者与项目利益有关的第三方所提供的一种从属性债务。相对于股本资金而言,准股本资金在债务本金的偿还上更具灵活性,不用规定在某特定期间强制性地要求项目公司偿还;另外,从属性债务在项目资金偿还优先序列中要低于其他的债务资金,但高于股本资金。因此,当项目公司破产时,在偿还所有的项目融资贷款和其他的高级债务之前,从属性债务将不能被偿还。所以从融资贷款银行的角度来讲,准股本资金只能看作是股本资金的必要补充。

准股本资金可以一种与股本资金平行的形式进入项目的资本结构,也可作为一种准备金形式来支付项目建设成本超支、生产费用超支以及其他贷款银行要求投资者承担的资金责任。根据资金的从属性质,准股本资金又可分为一般从属性债务和特殊从属性债务两大类。前者是指该种资金在项目资金顺序中低于一切其他债务资金形式;而后者在其从属性定义中明确规定,该种资金相对于其他形式债务,如项目融资中的长期债务等的从属性,但是相对另外的一些项目债务,其仍具有平等性。

(1)准股本资金的优点

投资者为项目提供准股本资金要比提供股本资金更为灵活、更为有利,作用也非常明显:

①投资者在安排资金时有较大的灵活性。任何资金的使用都是有成本的,如果投资者在项目中投入的股本资金是通过其他渠道安排的债务资金,投资者会更希望利用项目的收入来归还部分或全部的融资成本。因此,准股本资金大多有个比较具体的偿还计划,资金安排上的灵活性体现得也较为充分。

②有利于减轻投资者的债务负担。在项目融资安排中,各个国家对项目公司的红利分配往往都有严格的限制,但许多国家通过谈判可减少对准股本资金在这方面的限制,尤其是对债务利息支付的限制。为了保护贷款银行的利益,许多国家要求投资者在从属性债务协议中加上有关债务和股本资金转换的条款,这在一定程度上减轻了项目经济状况不好时投资者的债务负担。

③为投资者设计项目的税务结构提供了较大的灵活性。在大多数国家,债务利息的支付是可以抵税的,并且债务资金的偿还可以不考虑项目的税务结构,从属性债务的法律结构设计较为灵活,简单方便;而股本资金的偿还则要受到项目投资结构和税务结构的种种限制,其法律程序较从属性债务要复杂很多。

④投入资金的回报率相对稳定。由于准股本资金作为一种从属性债务,一般包含了比较具体的利息和本金的偿还计划,而股本资金的股利分配则带有较大的随机性和不确定性。因此,投入准股本资金较普通股票资金投资能获得稳定的利息收益,从而使投资者投入资金的回报率相对稳定。

(2)准股本资金的形式

项目融资中最常见的准股本资金形式有无担保贷款、可转换债券、附认股权证的债券和零息债券四种。

①无担保贷款。指没有任何项目资产作为抵押和担保的贷款,它是银行信用贷款的一种常见类型。在形式上与商业贷款相似,其贷款协议包括贷款金额、期限、利率、利息支付方

式、本金偿还等主要条款,但贷款没有任何项目的资产作为抵押和担保,其本息的支付也通常带有一定的附加限制条件,如加速还款条款、限制新债务条款等。

②可转换债券。作为从属性债务的另一种形式,可转换债券在其有效期内往往只需支付利息,但在特定的时间跨度内,债券持有人有权选择将债券按照规定的价格转换成为公司的普通股,转换的价格一般比股票的发行价高20%～30%。如果债券持有人不作此种选择,也可以持有债券到期,而公司则需在债券到期日兑现本金。可转换债券的发行没有任何公司资产或项目资产作为担保,债券利息一般也比同类贷款利息要略低一点。这种形式对债券持有人的吸引力在于如果公司或项目经营良好,公司股票价格或项目资产价值高于事先确定的转换价格,则债券持有人通过转换可以使其获得资本增值;反过来,如果公司或项目经营结果比预期差,债券持有人可选择在债券到期日收回债券本金;国外一些项目融资结构中的投资者为了法律上或税务上的考虑希望推迟在法律上拥有项目的时间,常常采用可转换债券形式安排项目的股本资金。

③附认股权证的债券。与可转换债券相类似的是附认股权证的债券,但这种债券可以是也可以不是从属性债务。所谓认股权,即赋予这种债券的持有者以特定的价格购买股票的权利,附认股权证的债券较之可转换债券对投资者更有利。

④零息债券。它也是项目融资中常用的一种从属性债务形式。零息债券只计算利息,但是不支付利息。在债券发行时,根据债券的面值、贴现率(即利率)和到期日贴现计算出其发行价格,债券持有人按发行价格认购债券。零息债券持有人的收益来自债券购买价格与面值之间的差额,而不是利息收入。债券市场上的贴现债券其实是零息债券的一种变通形式。贴现债券需要定期支付很低的利息,同时在发行时采用贴现的方法计算价格。因而这种债券的收益主要也是来自贴现而不是来自利息收入。零息债券作为一种准股本资金形式,在项目融资中获得较为普遍应用的主要原因是这种资金安排既带有一定的债务资金性质,如每年的名义利息可以取得税务扣减,又不需要实际支付利息,减轻了对项目现金流量的压力。作为投资者在项目中的准股本资金,零息债券的期限原则上等于或略长于项目融资期限。

5.3 资金成本的构成

5.3.1 资金成本的含义

资金成本也称融资成本,是指为完成项目筹集和使用资金而付出的代价。广义来讲,筹集和使用任何资金,不论短期还是长期,都要付出代价。狭义的资金成本仅指筹集和使用长期资金的成本。由于多数工程项目特许期均超过一年,有的甚至长达数十年,因此,本书研究的资金成本为狭义资金成本。

现代经济条件下,项目筹集资金的两大途径为权益资金和债务资金。投资者或权益人将资金投入项目,其目的是取得一定的投资报酬;而债务人将资金借贷出去,目的也是能获得一定的利息。由此可见,资金的使用必须付出代价,这个代价就是资金成本。资金成本可能是一定时期内实际支付的利息和股利等实际成本,是事后核算的成本;也可能是按照一定市场利率等计算的机会成本,是项目筹集资金可能会发生的事前预期成本。在工程项目融资中,主要关注的是对未来筹资的安排和规划,因此更多考虑的是资金的预期成本。

资金成本与资金的时间价值这两个概念既有区别又有联系。资金的时间价值与资金成本都基于同一个前提,即资金或资本参与任何交易活动都有代价。具体地说,资金的时间价值是资本所有者在一定时期内从资本使用者那里获得的报酬;资金成本则是资金使用者由于使用他人的资金而付出的代价。它们都以利息、股利等作为表现形式。两者的区别主要表现在两个方面:第一,资金的时间价值表现为资金所有者的利息收入,而资金成本是资金使用者的筹资费用和利息费用;第二,资金的时间价值一般表现为时间的函数,而资金成本则表现为资金占用额的函数。

5.3.2　资金成本的构成

资金成本由资金筹集费用和资金占用费用两部分组成。资金筹集费用是在资金筹集过程中发生的各项费用,如发行股票、债券支付的印刷费、手续费、律师费、资信评估费、公证费、担保费、广告费等。资金占用费用是指支付给资金所有者的资金使用报酬,如股票的股息、银行贷款和债券利息等。资金筹集费用一般是一次性发生的,在计算资金成本时通常作为筹资金额的一项扣除。资金占用费用是筹资中经常发生的,是资金成本的主体部分,也是降低资金成本的主要方向。

为了便于比较分析,通常以项目资金占用费用与筹集资金净额的比值来表示资金成本的大小,用公式表示为

$$K = \frac{D}{P - F} \tag{5.24}$$

式中　K——资金成本率(一般也称资金成本),以百分率表示;

　　　D——资金占用费用;

　　　P——筹集资金总额;

　　　F——资金筹集费用。

公式中 D 的含义由筹集资金的渠道或方式决定。若资金为债务资金,如银行贷款、发行债券、融资租赁等,则 D 为利息费用;若资金为权益资金,则 D 为预计的投资利润或股利。

5.3.3　资金成本的作用

资金成本是项目筹资和投资决策的主要依据,分析资金成本的作用在于:

①资金成本是选择资金来源、确定筹资方案的重要依据,一般选择资金成本最低的筹资方式。

②资金成本是评价投资项目、决定投资取舍的重要标准。国际上通常将资金成本视为项目投资的"最低收益率"或是否采用投资项目的取舍率,它是比较投资方案的主要标准。

5.3.4　影响资金成本的主要因素

在市场经济环境中,多方面的因素综合作用决定着资金成本的高低,主要因素如下:

1) 总体经济环境

总体经济环境决定了整个经济中资金的供给与需求,以及预期通货膨胀的水平。如果货币需求增加,而供给没有相应增加,投资者便会提高其要求的投资收益率,资金成本就会上升;反之,投资者则会降低其要求的投资收益率,使资金成本下降。如果预期通货膨胀水平上升,货币购买能力下降,投资者也会提出更高的收益率来补偿预期的投资损失,导致资金成本上升。

2) 证券市场条件

证券市场条件影响证券投资的风险。证券市场条件包括证券的市场流动难易程度和价格波动程度。如果证券市场流动性不好,投资者想买进或者卖出证券相对困难,变现风险加大,要求的收益率就会提高;或者虽然存在对证券的需求,但其价格波动较大,投资风险大,要求的收益率也会提高。

3) 项目公司的经营和融资状况

项目公司的经营和融资状况是指经营风险和财务风险的大小。经营风险是投资决策的结果,表现在资产收益率的变动上;财务风险是筹资决策的结果,表现在普通股收益率的变动上。如果项目公司的经营风险和财务风险大,投资者便会有较高的收益率要求。

4) 融资规模

融资规模大,则资金成本较高。例如,如果发行的证券金额很大,资金筹集费和资金占用费都会上升,而证券发行规模的增加还会降低其发行价格,由此会增加资金成本。

5.4 资金成本的确定

5.4.1 个别资金成本

个别资金成本是指使用各种长期资金的成本。根据长期资金的来源,个别资金成本可以分为长期借款成本、债券成本、优先股成本、普通股成本和留存收益成本。其中,前两者为债务资金成本,后三者为权益资金成本。

1) 长期借款成本

长期借款成本一般由借款利息和借款手续费两部分组成。按照国际惯例和各国税法的规定,借款利息可以计入税前成本费用,起到抵税的作用。由此,一次还本、分期付息借款的成本计算公式为:

$$K_l = \frac{I_t(1-T)}{L(1-F_l)} \tag{5.25}$$

式中 K_l ——长期借款成本;

I_t——长期借款年利息；

T——所得税率；

L——长期借款筹资额；

F_l——长期借款筹资费用率。

长期借款利息等于长期借款本金与借款利率之积，则式(5.25)可以简化为：

$$K_l = \frac{R_l(1-T)}{1-F_l} \qquad (5.26)$$

式中　R_l——长期借款利率。

当长期借款的筹资费(主要是借款的手续费)很小时，可以忽略不计。

【例5.17】某工程项目需要初始投资100万元，向银行贷款，年利率为7%，每年付息一次，到期一次还本，筹资费用率为0.5%，所得税率为15%。试计算其长期借款的资金成本。

【解】
$$K_l = \frac{I_t(1-T)}{L(1-F_l)} = \frac{100\ 万元 \times 7\% \times (1-15\%)}{100\ 万元 \times (1-0.5\%)} = 5.98\%$$

或

$$K_l = \frac{R_l(1-T)}{1-F_l} = \frac{7\% \times (1-15\%)}{1-0.5\%} = 5.98\%$$

上述计算长期借款资金成本的方法比较简单，其缺点在于没有考虑货币的时间价值，因而这种方法的计算结果不是十分准确。为了得到准确的长期借款资金成本，可采用计算现金流量的办法确定长期借款的税前成本，然后再计算其税后成本。公式为：

$$L(1-F_l) = \sum_{t=1}^{n}\left[\frac{I_t}{(1-K)^t} + \frac{P}{(1+K)^n}\right] \qquad (5.27)$$

$$K_l = K(1-T) \qquad (5.28)$$

式中　P——第n年年末应偿还的本金；

K——所得税前的长期借款资金成本；

K_l——所得税后的长期借款资金成本；

T——所得税率。

按照这种办法，实际上是将长期借款的资金成本看作是使用这一借款的现金流入等于其现金流出的贴现率。在实际操作时，先通过式(5.27)采用内插法求解借款的税前资金成本，再通过式(5.28)将税前资金成本调整为税后资金成本。

【例5.18】例5.17若采用考虑货币时间价值的方法，该项借款的资金成本是多少？

【解】(1)计算税前借款资金成本

$$L(1-F_l) = \sum_{t=1}^{n}\left[\frac{I_t}{(1-K)^t} + \frac{P}{(1+K)^n}\right]$$

$$100 \times (1-0.5\%) = \sum_{t=1}^{5}\left[\frac{100 \times 7\%}{(1-K)^t} + \frac{100}{(1+K)^n}\right]$$

查复利系数表可知，7%、5年期的年金现值系数为4.1002；7%、5年期的复利现值系数为0.7130。代入上式有：

100万元×7%×4.1002 + 100万元×0.7130 - 99.5万元 = 0.5014万元

0.5014万元大于0，因此应提高贴现率再试。

查复利系数表可知,9%、5年期的年金现值系数为3.8897;9%、5年期的复利现值系数为0.6499。代入上式有:

100 万元×7%×3.8897 +100 万元×0.6499 -99.5 万元 = -7.2821 万元

-7.2821万元小于0,所以运用内插法求税前借款资金成本:

$$7\% + \frac{0.5014}{0.5014 + 7.2821} \times (9\% - 7\%) = 7.13\%$$

(2)计算税后借款资金成本

$$K_t = K(1 - T) = 7.13\% \times (1 - 15\%) = 6.06\%$$

2)债券成本

债券成本主要是指债券利息和筹资费用。债券利息的处理和长期借款利息的处理相同,应以税后的债务成本为计算依据。债券的筹资费用一般比较高,不可以在计算资金成本时省略。同时,由于债券的发行价格受发行市场利率的影响,致使债券发行价格出现等价、溢价、折价等情况。所以,在计算债券成本时,债券的利息按票面利率确定,但债券的筹资金额按照发行价格计算。债券成本的计算公式为:

$$K_b = \frac{I_b(1 - T)}{B(1 - F_b)} \tag{5.29}$$

式中 K_b——债券资金成本;

I_b——债券年利息;

T——所得税率;

B——债券筹资额;

F_b——债券筹资费用率。

【例5.19】某一新建项目发行面额为1 000万元的10年期债券,票面利率为10%,发行费用为5%,所得税率为15%。试计算债券的资金成本。

【解】 $K_b = \frac{I_b(1 - T)}{B(1 - F_b)} = \frac{1\,000 \times 10\% \times (1 - 15\%)}{1\,000 \times (1 - 5\%)} = 8.95\%$

【例5.20】假定例5.19债券票面利率为10%,发行费用为5%,发行价格为1 200万元,所得税率为15%。试计算债券的资金成本。

【解】 $K_b = \frac{I_b(1 - T)}{B(1 - F_b)} = \frac{1\,000 \times 10\% \times (1 - 15\%)}{1\,200 \times (1 - 5\%)} = 7.46\%$

【例5.21】假定例5.19债券票面利率为10%,发行费用为5%,发行价格为800万元,所得税率为15%。试计算债券的资金成本。

【解】 $K_b = \frac{I_b(1 - T)}{B(1 - F_b)} = \frac{1\,000 \times 10\% \times (1 - 15\%)}{800 \times (1 - 5\%)} = 11.18\%$

如果需要将债券资金成本计算得更为准确,则应当先依据现金流量确定税前的债券成本,进而计算其税后成本。这样,债券成本的计算公式则为:

$$B(1 - F_b) = \sum_{t=1}^{n} \left[\frac{I_b}{(1 - K)^t} + \frac{P}{(1 + K)^n} \right] \tag{5.30}$$

$$K_b = K(1 - T) \tag{5.31}$$

式中 K——所得税前的债券成本;

K_b——所得税后的债券成本。

【例5.22】假定例5.19债券票面利率为10%,发行费用为5%,发行价格为800万元,所得税率为15%。试根据考虑时间价值的方法计算债券的资金成本。

【解】(1)计算税前债券成本

查复利系数表可知,14%、10年期的年金现值系数为5.2161;14%、10年期的复利现值系数为0.2697。代入上式有:

$$1\,000 \text{万元} \times 10\% \times 5.2161 + 1\,000 \text{万元} \times 0.2697 - 760 \text{万元} = 31.31 \text{万元}$$

31.31万元大于0,因此应提高贴现率再试。

查复利系数表可知,16%、10年期的年金现值系数为4.8332;16%、10年期的复利现值系数为0.2267。代入上式有

$$1\,000 \text{万元} \times 10\% \times 4.8332 + 1\,000 \text{万元} \times 0.2267 - 760 \text{万元} = -49.98 \text{万元}$$

-49.98万元小于0,运用内插法求税前债券资金成本:

$$14\% + \frac{31.31}{31.31 + 49.98} \times (16\% - 14\%) = 14.77\%$$

(2)计算税后债券资金成本

$$K_b = K(1 - T) = 14.77\% \times (1 - 15\%) = 12.55\%$$

3)优先股成本

优先股筹资既要支付筹资费用,又要定期支付股利。它与债务成本不同的是,股利在税后支付,且没有固定到期日。项目破产时,优先股持有人求偿权在债务持有人之后,其风险大于债券。因此,优先股成本通常高于债券成本。其计算公式为:

$$K_p = \frac{D_p}{P(1 - F_p)} \tag{5.32}$$

式中　　K_p——优先股成本;

　　　　D_p——优先股股息;

　　　　P——优先股发行价格;

　　　　F_p——优先股筹资费用率。

【例5.23】采用发行优先股的方式筹集项目建设资金500万元,发行价格为600万元,筹集资金费用率为5%,规定年股利率为10%。试计算优先股成本。

【解】
$$K_p = \frac{D_p}{P(1 - F_p)} = \frac{500 \times 10\%}{600 \times (1 - 5\%)} = 8.77\%$$

4)普通股成本

普通股的资本成本率可以用投资者对发行企业的风险程度与股票投资承担的平均风险水平来评价。公司的权益资本成本通常被定义为其股票的预期报酬率。

(1)股利增长模型

普通股成本的计算基本上与优先股相同,但是普通股的股利是不固定的。由于与优先股相比,普通股股东承担的风险要比债券人和优先股股东大,因此,普通股股东要求的收益也较高,且通常要求逐年增长。

如果预期每期的股利相等,则普通股成本的计算公式为:

$$K_{nc} = \frac{D_c}{P_c(1 - F_c)} \qquad (5.33)$$

式中　K_{nc}——普通股成本;

　　　D_c——每年固定股利;

　　　P_c——普通股市价;

　　　F_c——普通股筹资费用率。

【例5.24】采用发行普通股的方式筹集项目建设资金,发行价格为15元,每股筹资费用2元,预计每年分派现金股利1.5元。试计算普通股成本。

【解】
$$K_{nc} = \frac{D_c}{P_c(1 - F_c)} = \frac{1.5}{15 \times \left(1 - \dfrac{2}{15}\right)} = 11.54\%$$

如果预期股利是不断增加的,假设年增长率为G,则普通股成本的计算公式为:

$$K_{nc} = \frac{D_{1c}}{P_c(1 - F_c)} + G \qquad (5.34)$$

式中　D_{1c}——第一年的股利。

【例5.25】采用发行普通股的方式筹集项目建设资金,发行价格为15元,每股筹资费用2元,预计第一年分派现金股利1.5元,以后每年股利增长2%。计算普通股成本。

【解】
$$K_{nc} = \frac{D_{1c}}{P_c(1 - F_c)} + G = \frac{1.5}{15 \times \left(1 - \dfrac{2}{15}\right)} + 2\% = 13.54\%$$

(2)资本资产定价模型

资本资产定价模型提供了有关证券的市场定价及期望报酬率测定的思路,它主要用于项目投资决策和公司财务中。

第一,用于风险投资决策。资本资产定价模型提供了与投资组合理论相一致的单一证券风险的计量指标,有助于投资者预计单一资产的不可分散风险。该模型可表述为:

期望的投资报酬率(或预期报酬率) = 无风险报酬率 + 风险报酬率

= 无风险报酬率 + 风险报酬斜率 × 风险程度

$$\qquad (5.35)$$

其中,风险程度用标准差或变化系数等计量;风险报酬斜率取决于全体投资者的风险回避态度,可以通过统计方法来测定。

该模型用于风险投资项目的决策,最常用的方法是风险调整贴现率法。这种方法的基本思路是,对高风险的项目采用较高的贴现率(风险调整贴现率)计算净现值,然后根据净现值法的规则来选择方案。

第二,用于投资组合决策。资本资产定价模型来源于投资组合理论,又反过来用于投资组合决策。如前所述,某一投资组合的β系数等于组合中个别证券的β系数的加权平均数之和,其计算公式为:

$$\beta_p = \sum \omega \beta_i \qquad (5.36)$$

用于投资组合决策时,资本资产定价模型可表述为:

投资组合的报酬率 = 无风险报酬率 + (市场平均的风险报酬率 – 无风险报酬率) ×
投资组合的 β 系数   (5.37)

利用该模型进行投资组合决策的基本方法是:①确定不同证券投资组合的 β 系数;②计算各证券组合的风险收益率,证券组合的风险收益率 = (市场平均的风险报酬率 – 无风险报酬率) × 投资组合的 β 系数;③确定各投资组合的报酬率;④比较投资组合的报酬率,并结合投资者的风险态度和风险收益率来进行投资组合方案决策。或者用上述步骤计算某证券投资组合的报酬率,将其与期望的最低报酬率相比较,然后进行选择与否的决策。

第三,用于筹资决策中普通股资本成本的计算。普通股的资本成本率可以用投资者对发行企业的风险程度与股票投资承担的平均风险水平来评价。公司的权益资本成本通常被定义为其股票的预期报酬率。根据资本资产定价模型,有:

普通股的资本成本率 = 无风险报酬率 + (股票市场平均报酬率 –
无风险报酬率) × β 系数   (5.38)

【例 5.26】申达科技公司普通风险系数为 2,政府长期债券利率为 3%,股票市场平均报酬率为 8%,则万达公司普通股的资本成本率 = 3% + 2 × (8% – 3%) = 13%。

5)留存收益成本

留存收益是企业缴纳税后形成的,其所有权属于股东。股东将这一部分未分派的税后利润留存于企业,实质上是对企业追加投资。如果企业将留存收益用于再投资所获得的收益率低于股东自己进行另一项风险相似的投资收益率,企业就不应该保留留存收益而应将其分派给股东。

留存收益成本的估计比较困难,这是因为很难对诸如企业未来发展前景及股东对未来风险所要求的风险溢价做出准确的测定。计算留存收益成本的方法很多,主要有 3 种:

（1）股利增长模型

股利增长模型是依据股票投资的收益率不断提高的思路来计算留存收益成本的。一般假定收益以固定的年增长率递增,则留存收益成本计算公式为:

$$K_s = \frac{D_c}{P_c} + G \qquad\qquad (5.39)$$

式中 K_s——留存收益成本;

     D_c——预期年股利;

     P_c——普通股市价;

     G——普通股利年增长率。

【例 5.27】某普通股目前市价为 32 元,估计增长率为 8%,本年发放股利 2 元。试计算留存收益成本。

$$K_s = \frac{D_c}{P_c} + G = \frac{2 \times (1 + 8\%)}{32} + 8\% = 14.75\%$$

（2）资本资产定价模型法

按照资本资产定价模型法,留存收益成本的计算公式为

$$K_s = R_f + \beta(R_m - R_f) \qquad\qquad (5.40)$$

式中 R_f——无风险报酬率;

β——股票的 β 系数；

R_m——平均风险股票必要报酬率。

【例5.28】某期间市场无风险报酬率为 12%，平均风险股票必要报酬率为 14%，某企业普通股 β 值为 1.4。试计算留存收益的成本。

【解】 $K_s = R_f + \beta(R_m - R_f) = 12\% + 1.4 \times (14\% - 12\%) = 14.8\%$

（3）风险溢价法

根据某项投资"风险越大，要求的报酬率越高"的原理，普通股股东对企业的投资风险大于债券投资者，因而会在债券投资者要求的收益率上再要求一定的风险溢价。按照这一理论，留存收益的成本公式为：

$$K_s = K_b + RP_c \tag{5.41}$$

式中　K_b——债券成本；

RP_c——股东比债权人承担更大风险所要求的风险溢价。

债券成本比较容易计算，难点在于确定 RP_c，即风险溢价。风险溢价可以凭借经验估计。一般认为，普通股风险溢价对于自己发行的债券来讲，大约为 3%~5%。当市场利率达到历史性最高点时，风险溢价通常较低，在 3% 左右；当市场利率处于历史性最低点时，风险溢价通常较高，在 5% 左右；通常情况下，常常采用 4% 的平均风险溢价。

5.4.2　综合资金成本

在筹资过程中，由于受到多种因素的制约，不可能只使用某种单一的筹资方式，往往需要通过多种方式筹集所需要资金。为了进行筹资决策，就要计算确定全部长期资金的总成本——综合资金成本（也称加权平均资金成本）。综合资金成本是以各种资金占全部资金的比重为权数，对个别资金成本进行加权平均确定。其计算公式为：

$$K_w = \sum_{j=1}^{n} k_j W_j \tag{5.42}$$

式中　K_w——综合资金成本；

K_j——第 j 种个别资本成本；

W_j——第 j 种个别资本占全部资本的比重（权数）。

【例5.29】某工程的开发建设需要初始投资 8 000 万元，融资方案的详细资料如表 5.11 所示。计算该融资方案的综合资金成本。

表 5.11　工程初始融资方案表

项目	长期借款	债券	优先股	普通股	留存收益
账面价值/万元	1 200	1 600	800	2 400	2 000
资金成本/%	5.64	6.25	10.5	15.7	15

【解】首先，计算各种资金占全部资金的比重。

长期借款：

$$W_1 = \frac{1\ 200\ 万元}{8\ 000\ 万元} = 15\%$$

债券:

$$W_2 = \frac{1\ 600\ 万元}{8\ 000\ 万元} = 20\%$$

优先股:

$$W_3 = \frac{800\ 万元}{8\ 000\ 万元} = 10\%$$

普通股:

$$W_4 = \frac{2\ 400\ 万元}{8\ 000\ 万元} = 30\%$$

留存收益:

$$W_5 = \frac{2\ 000\ 万元}{8\ 000\ 万元} = 25\%$$

然后,计算加权平均资金成本:

$$K_w = \sum_{j=1}^{n} k_j W_j = 5.64\% \times 15\% + 6.25\% \times 20\% + 10.5\% \times 10\% +$$
$$15.7\% \times 30\% + 15\% \times 25\%$$
$$= 11.61\%$$

以上计算过程如表 5.12 所示。

表 5.12　综合资金成本计算表（以账面价值为基础）

资金类别	账面价值/万元	所占比重/%	个别资金成本/%	加权平均成本/%
长期借款	1 200	15	5.64	0.85
债券	1 600	20	6.25	1.25
优先股	800	10	10.5	1.05
普通股	2 400	30	15.7	4.71
留存收益	2 000	25	15	3.75
合计	8 000	100		11.61

通常情况下,个别资本占全部资本的比重可以按照账面价值确定,其资料容易取得。但当资本的账面价值与市场价值差别较大时,如股票、债券的市场价格发生较大变动,按照账面价值计算的资金成本结果与实际有较大的差距,从而会影响筹资决策的正确性。为了克服这一缺陷,个别资金占全部资金比重的确定还可以按照市场价值或目标价值确定,分别称为市场价值权数、目标价值权数。

【例 5.30】在例 5.13 中,某债券价值较面值下跌了 10%,优先股市价比面值上涨了 12%,普通股比面值上涨了 8%,另外假定留存收益增长 8%,全部作为增资积累。据此,可以重新计算以市场价值为基础的加权平均成本,如表 5.13 所示。

表5.13 综合资金成本计算表(以市场价值为基础)

资金类别	账面价值/万元	所占比重/%	个别资金成本/%	加权平均成本/%
长期借款	1 200	14.48	5.64	0.82
债券	1 440	17.37	6.25	1.09
优先股	896	10.81	10.5	1.14
普通股	2 592	31.27	15.7	4.91
留存收益	2 160	26.07	15	3.91
合计	8 288	100		11.87

将表5.12的计算结果与表5.13的计算结果比较可知,由于债券价格下跌,股票价格上涨,因而综合资金成本由原来的11.61%上升至11.87%。这反映了项目资金在目前市场价格下的实际资金成本,有利于项目的财务决策。

5.4.3 边际资金成本

个别资金成本和综合资金成本是过去筹集的或目前使用资金的成本。然而,随着时间推移或筹资条件的变化,个别资金成本会随之变化,综合资金成本也会变化。因此,在未来追加筹资时,不能仅仅考虑目前所使用的资金成本,还要考虑新筹资金的成本,即边际资金成本。

边际资金成本是指资金每增加一个单位而增加的成本。边际资金成本也是按加权平均法计算的,是追加筹资使用的加权平均成本。

以边际资金成本追加筹资决策的步骤如下:

①确定企业的目标资金结构。

②估计资金成本分界点。

③计算筹资总额分界点。

计算筹资总额分界点的公式为:

$$筹资总额分界点 = \frac{可用某一特定成本筹集到的某种资金额}{该种资金在资本结构中所占的比重} \tag{5.43}$$

④计算边际资金成本。

比较各筹资范围内中新增筹资总额的边际资金成本与项目的内含报酬率,进行投资与筹资方案的决策。

【例5.31】某工程的开发建设初始投资为400万元,其中长期借款600万元,长期债券1 000万元,普通股2 400万元。由于扩大经营规模需要,拟筹集新资金。经分析,筹集新资金后,仍应保持目前的资金结构,并测算出了随着筹资额增加而发生的各种资金成本变化,如表5.14所示。试计算确定资金的边际成本。

表 5.14　各种资金成本的变化

资金种类	资本结构/%	新筹资额	资金成本/%
长期借款	15	45 万元以内	4
		45 万 ~ 90 万元	6
		90 万元以上	8
长期债券	25	200 万元以内	10
		200 万 ~ 400 万元	11
		400 万元以上	12
普通股	60	300 万元以内	14
		300 万 ~ 600 万元	15
		600 万元以上	16

【解】(1)首先,计算筹资总额突破点。计算筹资总额分界点的公式为:

$$筹资总额分界点 = \frac{可用某一特定成本筹集到的某种资金额}{该种资金在资本结构中所占的比重}$$

在 4% 资金成本时,取得的长期借款限额为 45 万元,其筹资突破点为:

$$\frac{45\ 万元}{15\%} = 300\ 万元$$

而在 6% 资金成本时,取得的长期借款限额为 90 万元,其筹资突破点为:

$$\frac{90\ 万元}{15\%} = 600\ 万元$$

按照此方法,资料中各种情况下的筹资突破点的计算结果如表 5.15 所示。

表 5.15　筹资突破点的计算

资金种类	资本结构/%	资金成本/%	新筹资额	筹资突破点/万元
长期借款	15	4	45 万元以内	300
		6	45 万 ~ 90 万元	600
		8	90 万元以上	
长期债券	25	10	200 万元以内	800
		11	200 万 ~ 400 万元	1 600
		12	400 万元以上	
普通股	60	14	300 万元以内	500
		15	300 万 ~ 600 万元	1 000
		16	600 万元以上	

(2)其次,计算边际资金成本。根据上一步计算出的筹资突破点,可以得到 7 组筹资总额范围:①300 万元以内;②300 万 ~ 500 万元;③500 万 ~ 600 万元;④600 万 ~ 800 万元;⑤800 万 ~ 1 000 万元;⑥1 000 万 ~ 1 600 万元;⑦1 600 万元以上。对以上 7 组筹资总额范围分别计算加权平均成本,即可得到各种筹资总额范围的边际成本。计算结果如表 5.16 所示。

表5.16 边际成本计算结果

筹资突破点	资金种类	资本结构/%	资金成本/%	边际成本/%
0~300万元	长期借款	15	4	0.6
	长期债券	25	10	2.5
	普通股	60	14	8.4
	合计			11.5
300万~500万元	长期借款	15	6	0.9
	长期债券	25	10	2.5
	普通股	60	14	8.4
	合计			11.8
500万~600万元	长期借款	15	6	0.9
	长期债券	25	10	2.5
	普通股	60	15	9
	合计			12.4
600万~800万元	长期借款	15	8	1.2
	长期债券	25	10	2.5
	普通股	60	15	9
	合计			12.7
800万~1 000万元	长期借款	15	8	1.2
	长期债券	25	11	2.75
	普通股	60	15	9
	合计			12.95
1 000万~1 600万元	长期借款	15	8	1.2
	长期债券	25	11	2.75
	普通股	60	16	9.6
	合计			13.55
1 600万元以上	长期借款	15	8	1.2
	长期债券	25	12	3
	普通股	60	16	9.6
	合计			13.8

【案例5.1】

三峡工程项目融资的低成本模式选择

三峡工程自开工以来,通过国外出口信贷及国际银团贷款、企业债券、国内商业银行贷款等多渠道融资,截至 2002 年底,费用支出比原筹资方案少 23.5 亿元。这套既适应市场机制又符合大型工程实际的筹资体系,不仅保证了三峡工程建设资金及时到位,而且为大型水利工程建设期的资金管理和概算控制探索出了一套成功的经验。

1. 资本金构成

资本金,即通过全国电网征收的三峡建设基金和葛洲坝电厂发电收入,占工程投资总额的 60%;国内金融机构贷款,约占工程投资总额的 20%,如国家开发银行 1994—2003 年每年为三峡工程提供贷款 30 亿元,总额 300 亿元,贷款期限 15 年。该项目还使用部分中短期商业银行贷款和商业承兑汇票,满足中短期资金需要,改善负债结构,降低融资成本。1998年分别与中国建设银行、中国工商银行、交通银行签订了总额为 40 亿元、30 亿元、30 亿元的3 年期贷款协议;资本市场融资,企业债券募集资金最终占三峡投资总需求的 10% ~12%。已发行 5 期企业债券,募集资金 160 亿元;结合进口大型施工设备和机电设备的契机,利用国外出口信贷,占三峡总投资的 6% ~8%。

2. 节约成本途径

发行企业债券,逐步加大直接融资的比例,节约利息支出 3.58 亿元;争取国家财政贴息政策,从 1994—2002 年底,累计贴息 19.56 亿元;短期资金与中长期资金搭配使用,调整债务结构;采取公开询价等市场手段,降低了商业银行贷款利率。

(资料来源:刘亚臣,白丽华.工程项目融资[M].北京:机械工业出版社,2011:122-123.)

5.5　工程项目资金结构的确定

5.5.1　项目各方对资金结构的要求

工程项目的资金结构直接影响权益投资者、债务投资者和所在国政府的风险和回报,各方对资金结构的要求是不同的。确定合理的资金结构有助于降低资金成本、减少风险和促成项目。

股本投资者希望项目资金结构中的负债比率尽量高一些。如果项目成功,将获得较高的股本回报率:如果项目失败,其承担的风险也较小。另一方面,较高的负债比率可使权益投资者保留一部分资金从事其他投资回报率更高的项目开发。但是,较高的负债比率对债务投资者来说意味着较大的风险,因此,其希望项目资金结构中的负债比率尽量低一些。另外,资本结构还将影响到项目公司的财务风险,较高的负债比率将使项目公司的财务结构稳定性变差。

既然资本结构影响了权益投资者和债务投资者的风险,那么它必然在回报中得到反映,最终影响到项目资金成本。

权益资金成本 = 无风险报酬率 + 风险报酬率

随着负债比率提高,项目公司的财务风险加大,风险报酬率将提高,权益资金成本也将提高。

对于债务投资者来说,在某一负债比率之内,债务资金成本是不变的;但当超过这一负债比率时,由于项目公司财务风险的加大,债务资金成本也随之提高。

由于利润分配在所得税后,利息偿还在所得税前,故负债具有抵税作用,而且权益风险大于债务风险。因此,权益资金成本要高于债务资金成本,一般要高出10%以上。

项目资金成本 = 负债比率 × 债务资金成本 + (1 - 负债比率) × 权益资金成本

因债务资金成本较低,随着负债比率提高,初始阶段项目资金成本将降低,而当负债比率超过一定比率后又将开始增加,如图5.8所示。最低资金成本所对应的负债比率对政府来说是一种理想的资金结构。

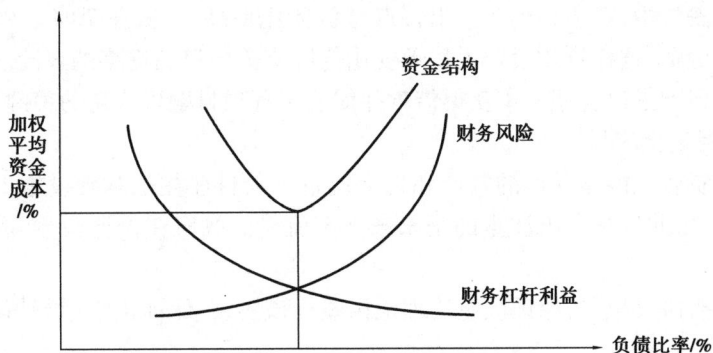

图5.8 负债比率与加权平均资金成本

通过分析可以看出,项目的资金结构取决于债务资金成本和权益资金成本,分别取决于债务投资者和权益投资者所承担的风险。因此,降低和合理分配两者风险是降低项目资金成本、获得理想资金结构的有效途径。

5.5.2 工程项目资金结构的确定

落实工程项目的资金结构是前期工作的重要组成部分,最后形成的资金结构应该能够满足政府、权益投资人和债务投资人的要求,否则项目将无法实施。

一般说来,在确定项目投资者和合作伙伴时,政府要在招标文件中对投标人的财务能力提出明确要求,包括资金结构设想、提供权益资金的能力和金融机构愿为其提供贷款的声明等。投标人的财务能力在资格预审阶段尤为重要,它往往是决定投标人能否通过预审的关键因素;在项目建议书中,项目资金结构是测算项目取费的基础条件之一,而项目取费是评标时的重要财务指标。

接受邀请的投标人作为可能的权益投资人,一般是由对工程项目感兴趣的不同角色组成的财团。在投标阶段,还没有形成项目公司,这些角色要签订初步合资协议。协议将规定如何分摊可行性研究费用、咨询顾问费和其他前期工作费用。最重要的是,协议将规定项目中标后签字各方提供股本投资的数量,并且根据需要,各方应以备用股本或附加债务形式提供额外支持,以保证工程项目融资成功。获得特许后,权益投资人要签订项目公司协议,除初始发起人外,权益投资人范围将扩大到一些被动投资人,如交通设施项目所占用土地的所有者以及那些盼望项目的兴建能给他们带来利益的人。项目公司的最终权益投资人可能包括建筑商、供应商、所在国政府或公用事业机构、运营商、证券投资人、机构权益投资人等。

在投标准备阶段,发起人就要与贷款银团协商,并认真进行可行性研究,吸引贷款银团投资,争取得到贷款承诺。项目公司成立后,项目公司要与贷款银团签订融资合同,最后落实项目贷款。在典型的项目中,商业银行辛迪加贷款可能仅提供建设贷款,也可能提供长期贷款。项目在不同阶段的风险不同,所以工程项目融资可能是分阶段的,在每一阶段融资包含不同级别的优先债务和附属债务。项目建成并开始运营时项目风险开始减少,保险公司和退休基金等在这种情况下可以为项目提供长期融资。在得到上述资金后,项目公司可以全部或部分偿还成本较高的商业银行建设贷款。为了促成项目,债务投资人也应保证在项目超支、延期出现资金短缺等情况下为项目提供备用贷款或备用股本。

在工程项目融资中,资金结构的突出特点是负债比率高,一般在70%~90%,而且是无追索或有限追索融资,这样贷款投资人将承受比传统贷款项目高得多的风险。因此,如何降低债务投资人的风险是以合理成本获得借款并促使工程项目融资成功的关键环节。

(1)保证项目现金流量

偿还项目的贷款只能靠项目的资产和现金流量。项目往往是基础设施工程,资产一旦建成便不能移动,因此贷款者更注重的是未来现金流量。政府在保证现金流量方面可以做以下一些工作:

①为产品购买协议担保,保证政府代理机构履行该协议,保证正常运行情况下的项目现金流入。

②保证项目最低现金流入。例如,电力项目采取“或取或付”的方式,交通项目在交通量低于预测值时延长特许期等。现金流量有了保证,借款的风险就会减少,获得借款和降低借款成本的可能性都将增加。

(2)发挥中间资金的作用

对于债务投资人来说,中间资金通过附加权益安全余量或附属债务增加了项目的信用,降低了优先债务的风险。中间资金有以下几种形式:

①在项目协议中规定的当项目资金出现困难时,发起人提供部分备用股本或附属债务。

②在特许权协议中规定的当项目资金出现困难时,所在国政府以附属债务形式为项目提供紧急贷款用以偿还优先债务。

③在融资协议中规定的当项目资金出现困难时,债权人为项目提供附属贷款或备用股本。

有了这些中间资金,就可以帮助项目在资金出现困难时渡过难关,这对保证项目成功是十分重要的。

5.6　工程项目资金结构优化

5.6.1　比较资金成本法

比较资金成本法是指通过计算不同资金组合的综合资金成本,并以其中综合资金成本最低的组合为最佳资金结构的一种方法。它以资金成本的高低作为确定最佳资金结构的唯一标准。其操作过程为:第一步,确定不同筹资方案的资金结构;第二步,计算不同方的综合资金成本;第三步,选择资金成本最低的资金组合,即最佳的资金结构。

【例5.32】某工程的开发建设需要初始投资6 000万元,经融资顾问的精心设计和安排,有三个方案可供选择,其相关资料如表5.17所示。假设这三个融资方案的财务风险相当,试确定该工程初始融资的最佳资金结构。

表5.17　工程初始融资方案

筹资方式	融资方案1		融资方案2		融资方案3	
	初始融资额	资金成本/%	初始融资额	资金成本/%	初始融资额	资金成本/%
长期借款	480	5	600	5.5	960	6
长期债券	1 200	6	1 800	7	1 440	6.5
优先股	720	11	1 200	11	600	11
普通股	3 600	14	2 400	14	3 000	14
合计	6 000		6 000		6 000	

【解】第一步:分别计算三个融资方案中不同筹资方式下融资额占融资总额的比例,如表5.18所示。

表5.18　融资方案下融资额占融资总额的比例

筹资方式	融资方案1	融资方案2	融资方案3
长期借款	8	10	16
长期债券	20	30	24
优先股	12	20	10
普通股	60	40	50

第二步:分别求出三个融资方案的综合资金成本。

方案1的综合资金成本为:
$$8\% \times 5\% + 20\% \times 6\% + 12\% \times 11\% + 60\% \times 14\% = 11.32\%$$

方案2的综合资金成本为:
$$10\% \times 5.5\% + 30\% \times 7\% + 20\% \times 11\% + 40\% \times 14\% = 10.45\%$$

方案3的综合资金成本为:
$$16\% \times 6\% + 24\% \times 6.5\% + 10\% \times 11\% + 50\% \times 14\% = 10.62\%$$

第三步:比较各个融资方案的综合资金成本,并确定该工程融资的最佳资金结构。

通过计算可知,融资方案1、2、3的综合资金成本分别为11.32%、10.45%和10.62%。显然,融资方案2的综合资金成本最低,该方案为最佳融资组合方案,由此形成的资金结构为最佳资金结构,即长期借款600万元,长期债券1 800万元,优先股1 200万元,普通股2 400万元。

追加融资方案的选择可以有两种方法:一种是直接计算各被选追加融资方案的边际资金平均成本,以边际资金平均成本为标准选择最佳融资方案;另一种是分别将各追加融资方案与原有资金结构合并考虑,计算合并后各个方案的综合资金成本,然后以综合资金成本为标准选择最佳融资方案。

【例5.33】某项目公司因扩大投资规模需要追加筹措新资,即追加融资5 000万元,现有两个追加融资方案可供选择,有关资料如表5.19所示,试确定该工程追加融资后的最佳资金结构。

表5.19 工程追加融资方案

筹资方式	融资方案1		融资方案2	
	追加融资额	资金成本/%	追加融资额	资金成本/%
长期借款	2 500	6	3 000	6.5
优先股	1 000	12	1 000	12
普通股	1 500	15	1 000	15
合计	5 000		5 000	

【解】(1)采用边际资金平均成本方法:

融资方案1的边际资金平均成本为:

$$\frac{2\ 500}{5\ 000}\times6\% + \frac{1\ 000}{5\ 000}\times12\% + \frac{1\ 500}{5\ 000}\times15\% = 9.9\%$$

融资方案2的边际资金平均成本为:

$$\frac{3\ 000}{5\ 000}\times6.5\% + \frac{1\ 000}{5\ 000}\times12\% + \frac{1\ 000}{5\ 000}\times15\% = 9.3\%$$

可见,融资方案2的边际资金平均成本9.3%低于融资方案1的边际资金平均成本9.9%。因此,融资方案2优于融资方案1,选择其所形成的新的资金结构为该项目公司的最佳资金结构。

(2)采用综合资金成本方法(例5.32和例5.33资料):

融资方案1的综合资金成本为:

$$\frac{600}{11\ 000}\times5.5\% + \frac{2\ 500}{11\ 000}\times6\% + \frac{1\ 800}{11\ 000}\times7\% + \frac{1\ 200}{11\ 000}\times11\% +$$

$$\frac{1\ 000}{11\ 000}\times12\% + \frac{2\ 400}{11\ 000}\times14\% + \frac{1\ 500}{11\ 000}\times15\% = 10.2\%$$

融资方案2的综合资金成本为:

$$\frac{600}{11\ 000}\times5.5\% + \frac{3\ 000}{11\ 000}\times6.5\% + \frac{1\ 800}{11\ 000}\times7\% + \frac{1\ 200}{11\ 000}\times11\% +$$

$$\frac{1000}{11\ 000}\times12\% + \frac{2\ 400}{11\ 000}\times14\% + \frac{1\ 000}{11\ 000}\times15\% = 9.93\%$$

可见,融资方案2的综合成本9.93%低于融资方案1的综合成本10.2%。因此,融资方案2优于融资方案1,选择其所形成的新的资金结构为该项目公司的最佳资金结构。

5.6.2 无差异点法

无差异点法也称每股收益分析法,是利用每股收益无差异点来进行资金结构决策的方法。每股收益无差异点是指两种或两种以上融资方案下普通股每股收益相等时的息税前利润点(Earnings Before Interest and Tax,EBIT),也称息税前利润平衡点。根据每股收益无差异点,分析判断在什么情况下可以利用什么方式融资来安排及调整资金结构,进行资金结构决策。

每股收益的计算公式为：

$$EPS = \frac{(EBIT - I)(1 - T) - I_p}{N} \quad (5.44)$$

式中 EBIT——息税前利润；
　　 I——负债利息；
　　 T——公司所得税；
　　 N——普通股股数；
　　 I_p——优先股股利。

当不同筹资方案在某一息税前利润水平的每股收益相等时，下列公式成立：

$$\frac{(EBIT^* - I_1)(1 - T) - I_{p1}}{N_1} = \frac{(EBIT^* - I_2)(1 - T) - I_{p2}}{N_2} \quad (5.45)$$

式中 $EBIT^*$——无差异点的息税前利润；
　　 I_1——第一种资本结构所含负债利息；
　　 I_2——第二种资本结构所含负债利息；
　　 N_1——第一种资本结构所含普通股股数；
　　 N_2——第二种资本结构所含普通股股数；
　　 I_{p1}——第一种资本结构所含优先股股利；
　　 I_{p2}——第二种资本结构所含优先股股利。

根据式(5.45)计算出不同融资方案间的无差别点之后，通过比较不同息税前利润情况下的每股收益值大小，分析各种每股收益值与临界点之间的距离及其发生的可能性，选择最佳融资方案。所以这种分析方法的实质是寻求不同融资方案之间的每股收益无差别点，以使项目能够获得对股东最为有利的最佳资金结构。

【例5.34】某工程公司拥有长期资金2 000万元，其资金结构为：长期债务500万元，普通股1 500万元。现准备追加融资500万元，有3种融资方案可供选择：增加普通股、发行债务和发行优先股。有关详细资料如表5.20所示。增加资本后的息税前利润可达240万元，为了计算方便，假定所得税率为15%，判断应该采用何种筹资方案。

表5.20　项目工程目前和追加投资后的资金结构

资金种类	目前资金结构		追加投资后资金结构					
	金额/万元	比例/%	增加普通股		增加长期债务		增加优先股	
			金额/万元	比例/%	金额/万元	比例/%	金额/万元	比例/%
长期债务	500	25	500	20	1 000	40	500	20
优先股	—	—	—	—	—	—	500	20
普通股	1 500	75	2 000	80	1 500	60	1 500	60
资金总额	2 000	100	2 500	100	2 500	100	2 500	100
年债务利息/万元	30		30		60		30	
年优先股股息/万元	—		—		—		50	
普通股股数/万股	150		200		150		150	

【解】(1)计算增发普通股与增加长期债务两种增资方式下的每股收益无差异点：

$$\frac{(EBIT^* - 30)(1 - 15\%)}{200} = \frac{(EBIT^* - 60)(1 - 15\%)}{150}$$

$$EBIT^* = 150$$

(2)计算增发普通股与发行优先股两种增资方式下的每股收益无差异点：

$$\frac{(EBIT^* - 30)(1 - 15\%)}{200} = \frac{(EBIT^* - 30)(1 - 15\%) - 50}{150}$$

$$EBIT^* = 265.29$$

(3)计算增加长期债务与发行优先股两种增资方式下的每股收益无差异点：

由式(5.45)可知，增加长期债务与发行优先股两种增资方式下不存在每股收益的无差别点。

当息税前利润为 150 万元时，增发普通股和增加长期债务的每股收益相等；当息税前利润为 265.29 万元时，增发新股和发行优先股的每股收益相等。当每股收益不等于 150 万元或 265.29 万元时，如何判断筹资方法？我们可以通过不同筹资方式下的每股收益与息税前利润之间关系的曲线图作出判断。

如图 5.9 所示，当筹资后的 EBIT 处于 $EBIT_D^*$ 的右边时即 EBIT $> EBIT_D^*$，因为债券筹资处于普通股筹资线上方，所以应以负债筹资；反之 EBIT 处于 $EBIT_D^*$ 的左边时即 EBIT $< EBIT_D^*$，因为普通股筹资线处于债券筹资线上方，所以应该以普通股筹资。同理可知，当 EBIT $> EBIT_P^*$ 时，优先股筹资线处于普通股筹资线上方，应以优先股筹资；当 EBIT $< EBIT_P^*$ 时，普通股筹资线处于优先股筹资线上方，应以普通股筹资。

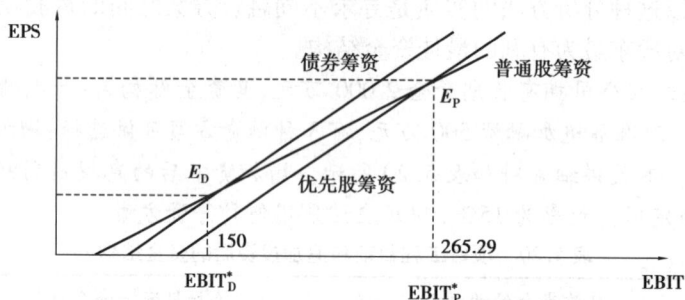

图 5.9　无差异点与筹资方式的确定

结合本例，当息税前利润大于 150 万元时，选择长期债务要比增发新股有利。而息税前利润小于 150 万元时，增发新股更有利。同理，当息税前利润大于 265.29 万元时，选择发行优先股要比增发新股有利；而息税前利润小于 265.29 万元时，增发新股更有利。本例中的息税前利润可达 240 万元，故采用长期债务筹资，该项目公司的每股收益最大。

最后计算上述 3 种融资方式追加融资后的普通股每股收益，如表 5.21 所示。

表 5.21　项目公司预计追加融资后的每股收益　　　　　　　　　　　单位：万元

项目	增发普通股	增加长期债务	发行优先股
息税前利润	240	240	240
减：长期债务利息	30	60	30

续表

项目	增发普通股	增加长期债务	发行优先股
所得税前利润	210	180	210
减：公司所得税(15%)	31.5	27	31.5
所得税后利润	178.5	153	178.5
减：优先股股利	—	—	50
普通股可分配股利	178.5	153	128.5
普通股股数/万股	200	150	150
每股收益/元	0.89	1.02	0.86

由表5.21可知，当息税前利润为240万元时，发行优先股每股收益最低，为0.86元；增加长期债务时最高，每股收益为1.02元；增发普通股居中，为0.89元。这说明在息税前利润为240万元时，增加长期债务有利于增加市场价值。

【本章小结】

本章分析资金结构的概念，在资金成本的含义、构成和影响因素解析基础上，对长期借款成本、债券成本、优先股成本、普通股成本和留存收益成本等五种资金来源的资金成本的计算进行了举例说明，最后对工程项目资金结构的确定进行了总结。

案例：房地产
企业资本结构
优化分析

【习题研讨】

1.简述资金结构的概念。
2.研讨资金结构与资产负债表的关系。
3.简述资金成本的含义、构成和影响因素。
4.长期借款成本、债券成本、优先股成本、普通股成本和留存收益成本5种资金来源的资金成本的计算公式是什么？
5.工程项目资金结构确定考虑因素有哪些？

第6章

GONGCHENG XIANGMU
RONGZI DE
YIBAN MOSHI

工程项目融资的一般模式

【本章导读】

★本章对融资模式设计的原则进行了分析,对五种传统融资模式的种类、特点和操作流程进行了解析。

【本章重点】

★融资模式设计的原则;
★项目直接融资的种类、特点和操作流程;
★项目公司融资的种类、特点和操作流程;
★杠杆租赁融资的种类、特点和操作流程;
★设施使用协议融资的种类、特点和操作流程;
★产品支付融资的种类、特点和操作流程。

6.1 项目融资模式的设计原则

设计项目融资模式,是对项目融资要素的具体组合和构造。设计项目的融资模式,首先需要确定好设计原则,并与项目投资结构的设计同步考虑,然后在项目的投资结构确定下来之后,进一步细化完成融资模式的设计。

6.1.1 有限追索原则

实现融资对项目投资者的有限追索,是设计项目融资模式的基本原则之一。追索的形式和追索的程度,既取决于贷款银行对一个项目风险的评价以及该项目融资结构的设计,又取决于该项目所处行业的风险系数、投资规模、投资结构、项目开发阶段、项目经济强度、市场安排以及投资者的组成、财务状况、生产技术管理、市场销售能力等多方面的因素。条件基本相同的项目,如果上述因素有程度上的差异,项目融资的追索形式或追索程度也会有相应变化。

按照有限追索原则,在融资过程中为了限制融资对投资者的追索责任,需要考虑三个方面的问题:

①融资项目的经济强度在正常情况下必须足以支持融资的债务偿还。

②必须能够找到强有力的来自投资者以外的信用支持。

③融资结构的设计必须做出适当的技术性处理,如提供必要的担保等。

6.1.2　项目风险分担原则

保证投资者不承担项目的全部风险责任也是项目融资模式设计的一条基本原则,而要做到这一点,就需要在投资者、贷款银行以及其他与项目利益有关的第三方之间合理有效地划分项目风险,力争实现对投资者的最低债务追索。项目不同运行阶段中的各种性质的风险都有可能通过合理的融资结构设计将其分散。例如,项目建设中投资者可能需要承担全部的项目建设期和试生产期风险,但是在项目建成投产以后,投资者所承担的风险责任将被限制在一个特定的范围内。如投资者可能只需要以购买项目全部或者绝大部分产品的方式承担项目的市场风险,而贷款银行则可能同样需要承担项目的一部分经营风险。这是因为即使投资者或项目以外的第三方产品购买者以长期协议的形式承购了全部项目产品,对贷款银行而言,也存在着国际市场产品价格过低导致项目现金流量不足和项目产品购买者不愿意或者无力继续执行产品销售协议造成项目产品销售不畅等潜在的风险。项目风险的分担同样需要考虑投资结构的支持。例如,在合资项目中,主要投资者可通过引入一些小股东(投资者)的方式保证一部分项目产品的销售,可以起到很好的分担市场风险的作用。

6.1.3　成本降低原则

一般来讲,项目融资涉及的投资数额大,资本密集程度高,运作的周期也长,因此,在融资项目设计与实施的过程中应该考虑的一个重要方面就是如何降低成本的问题,这里最主要的是一些经济手段的运用。比如,世界上多数国家的税法都对企业税务减免有相应的规定,但是税务减免不是无限期的(个别国家例外),短则只有 3 ~ 5 年,长的也就 10 年左右时间。同时,许多国家政府为了发展经济还制定了一系列投资鼓励政策,并且其中很多政策也通过税前、税后的规定与项目的纳税基础紧密联系起来,因此,投资者完全可以利用这些税务减免的手段来降低项目的投资成本和融资成本。除此之外,降低成本还可从项目的投资结构和资金结构两个方面入手:一是完善项目投资结构设计,增强项目的经济强度,降低项目风险,减少债务资金成本;二是要合理选择,科学确定融资渠道,优化资金结构和融资渠道配置,降低项目的融资成本。

6.1.4　完全融资原则

现实经济运行中,任何项目的投资,包括采用项目融资方来安排资金的项目都需要投资者在项目运作中注入一定数量的股本资金作为对项目开发的支持。但项目融资过程中,股本资金的进入方式比传统的公司融资要灵活很多。投资者股本资金的注入完全可以考虑以担保存款、信用证担保等非传统形式来完成,这可以看作是对传统资金注入方式的一种替代,投资者据此来实现项目100%融资的目标要求。

要做到这一点,就需要在设计项目融资结构的过程中,充分考虑如何最大限度地控制项目的现金流量,保证现金流量不仅可以满足项目融资结构中正常债务部分的融资要求,而且可以满足股本资金部分的融资要求。项目现金流量的充足程度是贯彻这一原则的基础。

6.1.5　近期融资与远期融资相结合的原则

从世界各国项目融资的情况可以看出,项目融资一般都是7～10年的中长期,贷款期限最长的可以达到20年左右。而在投资过程中,有的投资者愿意接受长期的融资安排,有的投资者考虑更多的则是近期融资的需要,他们选用项目融资方式是出于对某个国家或某个投资领域不十分熟悉,对项目的风险及未来发展没有十分的把握而采取的一种谨慎策略,或者是出于投资者在财务、会计或税务等方面的特殊考虑而采取的一种过渡性措施。在此背景下,其融资战略只能是一种短期战略。在项目运行中如果采用项目融资方式的各种决定因素变化不大,就可以长期地保持这种项目融资的结构;一旦这些因素朝着有利于投资者的方向发生较大的变化,他们就会希望重新安排融资结构,放松或取消银行对投资者的种种限制,降低融资成本,这就是在项目融资中经常会遇到的"重新融资问题"。这也是投资者基于经济利益因素而做出的正确选择。基于这一原因,在设计项目融资结构时,投资者需要明确选择项目融资方式的目的以及对重新融资问题是如何考虑的。不同的项目融资结构在重新融资时的难易程度是有所区别的,有些结构比较简单,有些结构相对复杂,项目融资模式的设计必须充分考虑这一问题。

6.1.6　表外融资原则

项目融资过程中的表外融资就是非公司负债型融资。实现公司资产负债表外融资,是一些投资者运用项目融资方式的重要原因之一。虽然通过设计项目的投资结构,在一定程度上也可以做到不将所投资项目的资产负债与投资者本身公司的资产负债表合并,但在多数情况下这种安排只对于共同安排融资的合资项目中的某一个投资者而言是有效的。如果是投资者单独安排融资,必须通过项目融资模式的合理设计来解决这一问题。例如,在项目融资中可以把一项贷款或一项为贷款提供的担保设计成为"商业交易"的形式,按照商业交易来处理,既实现了融资的安排,也达到了不把这种贷款或担保列入投资者的资产负债表的目的。因为商业交易在国际会计制度中,是不必进入资产负债表的。再比如"BOT"项目融资模式,政府以"特许权合约"为手段利用私人资本和项目融资兴建本国的基础设施,一方面达到了改善本国基础设施状况的目的;另一方面又有效地减少了政府的直接对外债务,避免了政府所承担的义务以债务形式出现。

6.1.7　融资结构最优化原则

所谓融资结构,是指融通资金的各组成要素(如资金来源、融资方式、融资期限、利率等)

的组合和构成。要做到融资结构的优化,需把握的基本点是:以融资需要的资金成本和筹资效率为标准,力求融资组成要素的合理化、多元化。即筹资人应避免依赖于一种融资方式、一个资金来源、一种货币资金、一种利率和一种期限的资金,而应根据具体情况,从筹资人的实际资金需要出发,注意内部筹资与外部筹资、国内筹资与国际筹资相结合,长期筹资与短期筹资、直接融资与间接融资相结合,以提高筹资的效率与效益,降低筹资成本,减少筹资风险。具体而言,这一原则包括以下几个方面。

1)融资方式种类结构优化

一般来讲,融资有多种方式,各有各的优点和不足,筹资人必须合理选择,如考虑股权融资与债务融资的适当组合等,以确立最合适的融资模式,做到资金来源的多元化和资本结构的优化。

2)融资成本优化

筹资人在选择融资方式的同时,要熟悉各种不同类型金融市场的性质和业务活动,以便能从更多的资本市场上获得资金来源。在同一市场上应向多家融资机构洽谈融通资金,增加自己的选择余地。要贯彻择优原则,争取最低的筹资成本,降低融资成本。

3)融资期限结构优化

要保持一个相对平衡的债务期限结构,尽可能使债务与清偿能力相适应,体现均衡性。具体做法是:

①控制短期债务。短期债务通常应主要用于融通贸易支付,或短期头寸调剂,对短期融资应严格限制其用途。如果把短期融资用于抵付长期债务的本息偿付,则债务结构必然恶化,因此,通常把短期债务控制在总债务的20%以内比较合适。

②债务融资偿还期与筹资人投资回收期衔接。

③应尽量将债务的还本付息时间比较均衡地分开,以避免在个别年或若干年度内出现偿债高峰期。

④融资利率结构优化。一般来说,筹集固定利率贷款或债务比较有利。如果浮动利率贷款金额或债券规模过大,一旦金融市场利率上扬,并在相当长的时间内居高不下,则债务的利息负担将会增加,导致清偿困难。在选择利率的具体方式时,基本原则是:当资本市场利率水平相对比较低且有上升趋势时,应尽量争取以固定利率融资,以避免利率升高可能带来的损失;反之,当市场利率处于相对比较高的水平且有回落趋势时,应考虑用浮动利率融资。应注意到,固定利率资金具有风险小但灵活性较差的特点,而浮动利率资金具有灵活性强但风险较大的特点。

⑤融资货币币种结构优化。融入资金的币种应能与筹资项目未来收入的币种相吻合,即现在所筹集的资金货币就是将来的还款货币。一般来说,融资货币应尽可能提高融入软货币的比重,以避免融入硬货币币值提高造成的损失,而争取获得融入软货币币值降低的收益。但究竟用软币有利,还是硬币有利,或者软硬搭配有利?这还得按实际情况具体选择,不能单纯以融资谈判时的货币市场汇率行情为依据。筹资人应注意研究国际金融市场汇率的变化趋势,将汇率与利率因素两者结合考虑,综合考虑不同货币的利率幅度,以及不同货

币汇率变化可能造成的影响,权衡利弊得失。尤其是在筹集中长期资金时,更要把握未来较长时期内融入货币的利率和汇率走势。

⑥筹资方式可转换性原则。公司在筹集资金时,应充分考虑筹资调整弹性,即筹集方式相互转换的能力。应选择转换能力较强的筹资方式,以避免或减轻风险。一般来说,短期筹资转换能力较强,但期限短,在面临风险时,可及时采用其他筹资方式。在长期筹资时,可发行可转换优先股和可转换债券,尤其是使用可转换债券,既能增加股本,又可提高股本收益率。

工程项目融资的融资结构要素及其关系如图 6.1 所示。

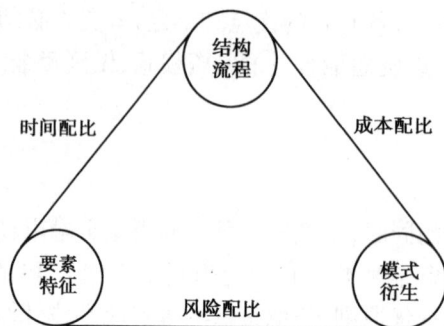

图 6.1 工程项目融资的融资结构要素及其关系

6.2 工程项目直接融资

直接融资是指由项目投资者直接安排项目的融资,并直接承担起融资安排中相应的责任和义务的一种模式。这是结构最简单的一种工程项目融资模式。

6.2.1 直接融资的种类

从结构安排角度,项目利用直接融资通常有集中化和分散化两种形式。

1)集中化形式

集中化形式即由投资者面对同一贷款银行和市场直接安排融资。其操作程序如下:

①投资者根据合资协议组成非公司型投资结构,并按照投资比例组成一个项目管理公司负责项目的生产和经营,项目管理公司同时也作为项目发起人的代理人负责项目产品的销售。项目管理公司的这两部分职能分别通过项目的管理协议和销售代理协议加以规定和实现。

②根据合资协议的规定,发起人分别在工程项目投入相应比例的自有资金,并统一筹集项目的建设资金和流动资金,但是由每个发起人单独与贷款银行签署协议。在建设期间,项目管理公司代表发起人与公司签订建设合同,监督项目的建设,支付项目的建设费用;在生产经营期间,项目管理公司负责项目的生产管理,并作为发起人的代理人销售项目产品。

③项目的销售收入将首先进入一个贷款银行监控的账户,用于支付项目的生产费用和

资本再投入,偿还贷款银行的到期债务,最终按照融资协议的规定将盈余资金返还给项目发起人。

2) 分散化形式

分散化形式即由投资者各自独立地安排融资和承担市场销售责任。在融资过程中,投资者组成非公司型投资结构,投资于某一项目,并由投资者而不是项目管理公司组织工程项目产品的销售和偿还责任。其操作程序如下:

①项目发起人根据合资协议投资合资项目,任命项目管理公司负责项目的建设生产管理。

②发起人按投资比例,直接支付项目的建设费用和生产费用,根据自己的财务状况自行安排融资。项目管理公司代表发起人安排项目建设,安排项目生产,组织原料供应,并根据投资比例将工程项目产品分配给项目发起人。

③发起人以"或付或取"合同的规定价格购买工程项目产品,其销售收入根据与贷款银行之间的现金管理协议进入贷款银行的监控账户,并按照资金使用优先顺序的原则进行分配。

6.2.2 直接融资的特点及适用条件

1) 优点

直接融资模式的优点体现在投资者可以根据战略需要,灵活地安排融资结构。在如何选择合理的融资结构和融资方式,确定合适的债务比例,灵活运用投资者信誉等方面,给了投资者更为充分的余地。

运用直接融资能在一定程度上降低融资成本。由于采用直接融资时,投资者可以直接拥有资产并控制项目现金流量,这就使投资者在直接安排工程项目融资时,可以比较充分地利用项目的税收减免等条件来降低融资成本。对于资信状况良好的投资者,采取直接融资可以获得成本较低的贷款,因为资信良好的公司名称对于贷款银行来说就是一种担保。

2) 缺点

在投资者使用直接融资模式的过程中,需要注意的是如何限制贷款银行对投资者的追索权利问题。由投资者申请贷款并直接承担起债务责任,在法律结构上会使实现有限追索变得相对复杂,并使项目贷款很难安排成为非公司负债型的融资。

3) 适用条件

直接融资模式在投资者直接拥有项目资产并直接控制项目现金流量的非公司型合资结构中比较常用。大多数非公司型的投资结构不允许以合资公司或管理公司的名义举债。当投资者本身的财务结构良好并且合理时,这种模式比较适合。

6.3 项目公司融资

6.3.1 项目公司融资的种类

项目公司融资包括单一项目子公司模式与合资项目公司模式两种类型。

1)单一项目子公司模式

单一项目子公司模式是指为了减少投资者在项目中的直接风险,在非公司型合资结构、合伙制结构甚至公司型合资结构中,项目的投资者经常通过建立一个单一的项目子公司的形式作为投资载体,以该项目子公司的名义与其他投资者(或其项目子公司)组成投资结构安排融资的一种工程项目融资模式。

这种融资模式的特点是项目子公司将代表投资者承担项目中的全部或者主要的经济责任。采用单一项目子公司形式安排融资,对于其他投资者和合资项目本身而言,与投资者直接安排融资没有多大区别,但对投资者却有一定影响。这主要表现在:

①该融资模式容易划清项目的债务责任,贷款银行的追索权也只能涉及项目子公司的资产和现金流量,其母公司除提供必要的担保以外,不承担任何直接责任,融资结构相较投资者直接安排融资更为简单、清晰。

②如果有条件,该融资模式也可以安排成非公司负债型融资,有利于减少投资者的债务危机。

该融资模式的主要不足在于,因各国税法对公司之间税务合并的规定有可能使税务结构安排上的灵活性相对较差,并有可能影响到公司经营成本的合理控制。

由于项目子公司是投资者作为一个具体项目而专门组建的,缺乏必要的信用和经营经验,有时也缺乏资金,所以有时需要投资者提供一定的信用支付和保证,如由投资者为项目子公司提供完工担保和产品购买担保等。

2)合资项目公司模式

合资项目公司模式是指投资者共同投资组建一个项目公司,再以公司的名义拥有、经营项目和安排工程项目融资的一种融资模式。具体而言,采用这种模式时,工程项目融资由项目公司安排,涉及债务主要的信用保证来自项目公司的现金流量、项目资产,以及项目投资者所提供的与融资有关的担保和商业协议。对具有较好经济强度的项目,这种融资模式甚至可以安排成投资者无追索的形式。

具体操作流程如下:

①由项目投资者根据股东协议组建一个单一的项目公司,并注入一定的股本资金。

②以项目公司作为独立的法人实体,签署一切与项目建设、生产和市场有关的合同,安排项目融资,建设、经营并拥有项目。

③将项目融资安排在对投资者无追索的基础上。

需要说明的是,由于该项目公司除了正在安排融资的项目外,无其他任何财产,并且该公司也无任何经营经历,原则上要求投资者必须提供一定的信用担保,承担一定的项目责任,这也是项目公司安排融资过程中极为关键的一个环节。如在项目建设期间,投资者可为贷款银行提供完工担保。在项目生产期间,如果项目的生产经营达到了预期的标准,现金流量可以满足债务覆盖比例的要求,工程项目融资就可以安排成为对投资者的无追索贷款。

6.3.2　项目公司融资模式的优点

项目公司融资模式的优点主要体现在以下几方面:

①项目公司统一负责项目的建设生产和市场安排,并整体使用项目资产和现金流量为工程项目融资抵押和提供信用保证,在融资结构上容易被贷款银行接受,在法律结构上也比较简便。

②项目公司融资模式使项目投资者不直接安排融资,只是通过间接的信用保证形式来支持项目公司的融资,如提供完工担保,"无论提货与否均需付款"或"提货或付款"协议等,使投资者的债务责任相较直接融资更为清晰、明确,也比较容易实现优先追索的工程项目融资和非公司负债型融资的要求。

③该模式通过项目公司安排融资,可以更充分地利用投资者中的大股东在管理、技术、市场和资信等方面的优势,为项目获得优惠的贷款条件。在获得融资和经营便利的同时,共同融资也避免了投资者之间为了安排融资而可能出现的无序竞争。

项目公司融资模式的主要缺点是在税务结构的安排和债务形式的选择上缺乏灵活性,难以满足不同投资者的各种要求,使对资金安排有特殊要求的投资者面临一定的选择困难等。

6.4　杠杆租赁融资

6.4.1　杠杆租赁融资的特点

1)杠杆租赁融资的含义

杠杆租赁融资简称杠杆租赁,是指在项目投资者的安排下,由杠杆租赁结构中的资产出租人融资购买项目的资产,然后租赁给承租人的一种融资模式。在杠杆租赁融资中,出租人承担小部分购置出租资产所需的资金,并用拟出租资产作为抵押向银行等金融机构借款,补足大部分所需资金,承租人所付租金优先用于偿还贷款。

资产出租人和融资贷款银行的收入以及信用保证主要来自该租赁项目的税收优惠、租赁费用、项目的资产以及对项目现金流量的控制。在杠杆租赁中,设备等出租标的购置成本的部分由出租人承担,大部分由银行提供贷款补足。出租人只需要投资购置出租标的所需款项的20%～40%,即可拥有设备所有权,享受如同设备100%投资的同等待遇。购置成本的借贷部分被称为杠杆,可以凭借杠杆效果利用他人的资本来提高自身资本利润,同一般租赁相比,可以使交易各方,特别是出租、承租方和贷款方获得更多的经济效益。从一些国家的情况来看,租赁在资产抵押中使用得非常普遍,特别是在购买轮船和飞机的融资活动中。在英国和美国,很多大型工业项目也采用融资租赁,因为融资租赁,尤其是其中杠杆租赁的设备,技术水平先进,资金占用量大,所以能享受到诸如投资减免、加速折旧、低息贷款等多种优惠待遇,使出租人和承租人双方都得到好处,从而获得一般租赁所不能获得的更多的经济效益。

2)杠杆租赁融资的优点

对于项目发起人及项目公司来说,采用租赁融资方式解决项目所需资金具有以下好处:

①项目公司仍拥有对项目的控制权。根据融资租赁协议,作为承租人的项目公司拥有租赁资产的使用权、经营权、维护权和维修权等。在多数情况下,融资租赁项下的资产甚至被看成由项目发起人完全所有、由银行融资的资产。

②可实现百分之百的融资要求。一般来说,在工程项目融资中,项目发起人总是要提供一定比例的股本资金,以增强贷款人提供有限追索性贷款的信心。但在杠杆租赁融资模式中,由金融租赁公司的部分股本资金加上银行贷款就可以全部解决项目所需资金或设备,项目发起人不需要再进行任何股本投资。

③较低的融资成本。在多数情况下,项目公司通过杠杆租赁融资的成本低于银行贷款的融资成本,尤其是在项目公司自身不能充分利用税务优惠的情况下。因为在许多国家中,融资租赁可以享受到政府的融资优惠和信用保险。一般来说,如果租赁的设备为新技术、新设备,政府将对租赁公司提供低息贷款。如果租赁公司的业务符合政府产业政策的要求,政府可以提供40%~60%的融资。同时,当承租人无法交付租金时,由政府开办的保险公司向租赁公司赔偿50%的租金,以分担风险和损失。这样,融资租赁公司就可以将这些优惠以较低的租金分配一些给项目承租人(项目公司)。

④可享受税前偿租的好处。在融资租赁结构中,项目公司支付的租金可以被当作费用支出,这样就可以直接计入项目成本,不需缴纳税金。这对于项目公司而言,就起到了减少应纳税额的作用。

⑤债务偿还较为灵活。杠杆融资租赁充分利用了项目的税务好处,如税前偿租等作为股本参加者的投资收益,在一定程度上降低了投资者的融资成本和投资成本,同时也增加了融资结构中债务偿还的灵活性。据统计,杠杆租赁融资中利用税务扣减一般可偿还项目全部融资总额的30%~50%。

⑥融资的应用范围比较广泛。杠杆租赁融资既可为大型项目进行融资安排,也可为项目的一部分建设工程安排融资,这种灵活性进一步增强了其应用范围的广泛性。

3)杠杆租赁融资的缺点

①融资模式比较复杂。由于杠杆租赁融资模式的参与者较多,资产抵押以及其他形式的信用保证在股本参加者与债务参加者之间的分配和优先顺序问题要比一般工程项目融资模式复杂,再加上税务、资产管理与转让等方面的问题,造成组织这种融资模式所花费的时间相对较长,法律结构及文件的确定也相对更为复杂,特别适合大型项目的融资安排。

②杠杆租赁融资模式一经确定,重新安排融资的灵活性以及可供选择的重新融资的余地就变得很小,这也会给投资者带来一定的局限。投资者在选择采用杠杆租赁融资模式时,

必须考虑这种局限性。

6.4.2 杠杆租赁融资的运作

1) 项目公司建立与合同签订

项目发起人设立一个单一目的项目公司,项目公司签订项目资产购置和建造合同,购买开发建设所需的厂房和设备,并在合同中说明这些资产的所有权都将转移给融资租赁公司,然后再从其手中将这些资产转租回来。当然,这些合同必须在融资租赁公司同意的前提下才可以签署。

2) 股本参与者的组成

由愿意参与到该项目融资中的两个或两个以上的专业租赁公司、银行及其他金融机构等,以合伙制形式组成一个特殊合伙制的融资租赁公司。因为对于一些大的工程项目来说,任何一个租赁机构都很难具有足够大的资产负债表来吸引和获得所有的税收好处。因此,项目资产往往由许多租赁公司分别购置和出租,大多数情况下是由这些租赁公司组成一个新的合伙制结构来共同完成租赁业务。这个合伙制融资租赁公司就是租赁融资模式中的"股本参与者",其职责是:

①提供项目建设费用或项目收购价格的 20% ~40% 作为股本资金投入。
②安排债务资金用以购买项目及资产。
③将项目及资产出租给项目公司。

在这项租赁业务中,只有合伙制结构能够真正享受到融资租赁中的税务好处。它在支付银行债务、税收和其他管理费后,就能取得相应的股本投资收益。

3) 项目债务参与者的落实

由合伙制融资租赁公司筹集购买租赁资产所需的债务资金,也即寻找项目的"债务参与者"为融资租赁公司提供贷款。这些债务参与者通常为普通的银行和金融机构,它们以无追索权的形式提供 60% ~80% 的购置资金。一般来讲,融资租赁公司必须将其与项目公司签订的租赁协议和转让过来的资产抵押给贷款银行,这样,贷款银行的债务在杠杆租赁中就享有优先取得租赁费的权利。

4) 资产购置

合伙制融资租赁公司根据项目公司转让过来的资产购置合同,购买相应的厂房和设备,然后把它们出租给项目公司。

5) 租金支付

在项目开发建设阶段,根据租赁协议,项目公司从合伙制融资租赁公司手中取得项目资产的使用权,并代表租赁公司监督项目的开发建设。在这一阶段,项目公司开始向租赁公司支付租金,租金在数额上应该等于租赁公司购置项目资产的贷款部分所需支付的利息。同时,在大多数情况下,项目公司也需要为杠杆租赁提供项目完工担保、长期的市场销售保证及其他形式的信用担保等。

6)项目产品出售

项目进入生产经营阶段时,项目公司生产出产品,并根据产品承购协议将产品出售给项目发起方或用户。这时,项目公司要向租赁公司补缴在建设期间内没有付清的租金。租赁公司以其收到的租金通过担保信托支付银行贷款的本息。

7)项目公司履行租赁合同的监督

为了监督项目公司履行租赁合同,通常由租赁公司的经理人或经理公司监督或直接管理项目公司的现金流量,以保证项目现金流量在以下项目中按顺序进行分配和使用:生产费用、项目的资本性开支、租赁公司经理人的管理费、相当于贷款银行利息的租金支付、相当于租赁公司股本投入的投资收益的租金支付,作为项目发起人投资收益的盈余资金。

8)租赁期满的资产处理

当融资租赁公司的成本全部收回,并且获得了相应的回报后,杠杆租赁便进入了第二阶段。在这一阶段中,项目公司只需交纳很少的租金。在租赁期满时,项目发起人的一个相关公司可以将项目资产以事先商定的价格购买回去,或者由项目公司以代理人的身份代理租赁公司把资产以其可以接受的价格卖掉。其售价的大部分会当作代销手续费,由融资租赁公司返还给项目公司。

杠杆融资租赁模式的操作流程如图6.2所示。

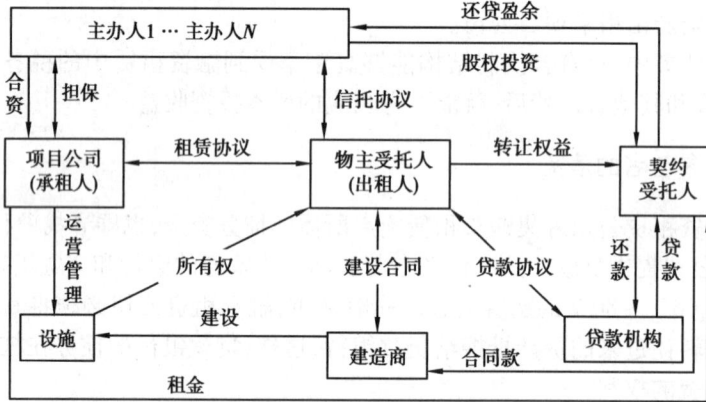

图6.2 杠杆融资租赁模式的操作流程

6.5 设施使用协议融资

6.5.1 设施使用协议融资的含义

设施使用协议融资是指在某种基础设施或服务性设施的提供者和这种设施的使用者之间达成的具有"无论提货与否均需付款"性质的协议。利用设施使用协议安排项目融资,关键是设施的使用者要提供一个强有力的具有"无论提货与否均需付款"性质的承诺。这个承诺要求项目设施的使用者在融资期间定期向设施的建设者支付一定数量的预先确定的项目设备的使用费。这种承诺是无条件的,不管项目设施的使用者是否真正利用了项目设施所提供的服务。

6.5.2 设施使用协议融资的操作程序

以设施使用协议为基础的工程项目融资模式非常适合电网建设等公共设施项目的投融资。公共设施公司作为将来公共设施的使用者,可以与公共设施的投资建设方达成一个类似"无论提货与否均需付款"的协议,要求公共设施公司无论是否使用该公共设施都要向公共设施的投资建设方付费,从而可以充分保证第三方投资建设公共设施的积极性。根据我国目前的情况,公共设施公司有能力拿出一部分资金用作预先确定公共设施使用的预订费用,这样可以减轻公共设施投资者自身的融资压力。投资者可以利用公共设施公司较高的信用等级来进行项目融资,从银行贷款。该融资模式依照以下几个步骤来进行:

①首先由工程项目产品的使用者与公共设施公司达成协议,由它们共同提供一个具有"无论提货与否均需付款"性质的公共设施使用协议。定期向公共设施的产权所有者支付规定数额的公共设施使用费作为工程项目融资的信用保证。由于公共设施公司属于信用等级较高的单位,所以这个公共设施使用协议能够为公共设施建设投资方所接受。

②由公共设施公司以长期公共设施使用协议为基础,组建一个公共设施经营公司,由该公司负责拥有、建设、经营整个公共设施。因为该公共设施未来的使用有公共设施使用协议的保证,所以这个公共设施经营公司的组建者可以把该公司推向资本市场,或发行债券或进行股票上市,吸收当地政府、机构投资者和公众的资金作为项目的主要股本资金。

③采用招标的形式来建设相应的公共设施。中标的公司要有一定的技术和资质以确保公共设施建设的质量。

④公共设施经营公司利用公共设施使用协议以及与工程公司签订的承建合同作为融资的主要信用保证框架。这样,一个以公共设施使用协议为基础的公共设施项目融资构架就组织起来了。

6.5.3 设施使用协议融资的特点

设施使用协议融资对于公共设施公司来说,相比直接参与公共设施建设的扩容投资可以节省大量的资金,只是承诺了使用该公共设施的义务,可以将项目风险分散给予项目有关的工程公司及其他投资者,从而保证长期提供公共设施服务的可靠性。在公共设施市场改革的初级阶段,可以设施使用协议为基础组成一个公共设施建设经营公司,并以这个公司的名义来进行融资,吸纳政府及其他投资者的资金,甚至上市发行股票。这个公司组成之后,可以负责其所建设区域间公共设施的维护、管理工作,并且可以在电网规划的范围内申请公共设施的扩容和扩建。由于公共设施的特殊性,这个新组成的公共设施建设经营公司要确保提供公共设施服务。公共设施的使用费用应该在设施使用协议中有明确的规定和相应的计算办法。在公共设施市场改革的发达阶段,就可以由公共设施公司或大用户直接与公共设施建设商签订相应的类似设施使用协议形式的合同,再由他们组建一个公共设施建设经营公司,负责公共设施的建设和维护工作。以设施使用协议为基础的工程项目融资模式特别适合远距离、大规模公共设施的建设。这种公共设施往往投资额十分巨大,采用这种融资模式恰好可以解决此类问题。以设施使用协议为基础进行融资建设的公共设施其产权可能多元化,国有资本可能并不占主要比重。但这并不会影响公共设施运行的安全可靠性。无论公共设施的产权性质怎样,其公共设施的运营归根到底要由公共设施的运行调度人员来控制,公共设施建设经营公司只是按照协议中规定的计算方法收取费用而已。

在这种模式的融资中,首先要有一个完善的协议来支撑。这个协议要对购售双方的权利义务做出明确的规定,不能由他们私自撕毁协议,且必须依据协议的规定来使用该公共设施。同时,要建立一个强有力的市场监管部门以及相应的奖惩机制。应对公共设施建设经营公司的业绩进行考核,如果该公司故意损坏公共设施或者对公共设施维护不周,导致公共设施阻塞等严重事故发生,要依照协议中的相关条文进行惩罚,必要时应对其进行法律制裁。

6.6 产品支付融资

6.6.1 产品支付融资的含义

产品支付融资是指以项目生产的产品及其销售收益的所有权作为担保品,而不是采用转让和抵押方式进行融资。

产品支付融资是工程项目融资的早期形式之一,它最早起源于20世纪50年代美国石油天然气项目开发的融资安排。这种模式主要针对项目贷款的还款方式而言,借款方在项目投产后不以项目产品的销售收入来偿还债务,而是直接以项目产品还本付息。在贷款得到清偿前,贷款方拥有项目部分或全部产品的所有权。应该明确的是,产品支付只是产权的转移,而并不是产品本身的转移。因为贷款方储存这些产品是没有任何意义的,所以它们通常要求项目公司重新购回属于它们的产品,或充当它们的代理人来销售这些产品。销售方式可以是市场销售,也可以是项目公司签署购买合同一次性统购统销。但无论采取哪种方式,贷款方都不用接受实际的项目产品。

6.6.2 产品支付融资的操作程序

1)建立融资的中介机构

由贷款银行或项目投资者建立一个融资的中介机构,并从项目公司购买一定比例项目资源的生产量作为融资的基础。

2)资金注入项目公司

由贷款银行为融资中介机构安排用以购买这部分项目资源生产量的资金,融资中介机构再根据产品支付协议将资金注入项目公司,并以此作为项目的建设和资本投资资金。

3）项目公司安排产品支付

作为产品支付协议的一个组成部分，项目公司承诺按照一定的公式，如购买价格加利息来安排产品支付，同时以项目固定资产抵押和完工担保作为工程项目融资的信用保证。

4）销售收入偿还债务

在项目进入生产期后，根据销售代理协议，项目公司作为融资中介机构的代理销售其产品，销售收入将直接划入融资中介机构用来偿还债务。

需要说明的是，在产品支付融资中也可以不使用中介机构而直接安排融资，但如果那样的话，融资的信用保证结构将会变得较为复杂，增加项目的运作难度。另外，使用中介机构还可以帮助贷款银行将一些由于直接拥有资源或产品而引起的责任和义务限制在中介机构内。

作为一种自我摊销的融资方式，产品支付通过购买一定的项目资源安排融资，可较少地受到常规的债务比例或租赁比例的限制，增强了融资的灵活性。但进行产品支付融资时，会受到项目的资源储量和经济生命期等因素的限制。另外，项目投资者和经营者的素质、资信、技术水平和生产管理能力也是进行产品支付融资设计时不容忽视的重要方面。

6.6.3　产品支付融资的特点

①信用保证结构相较其他融资模式独特。产品支付融资是通过直接拥有项目的产品和销售收入，而不是通过抵押或权益转让的方式来实现工程项目融资的信用保证。

②融资容易被安排成无追索的形式。

③融资期限短于项目的经济生命周期，即产品支付融资的贷款期大大短于项目的开采期限。

④在产品支付融资中，贷款银行一般只为项目的建设和资本费用提供融资，而不承担项目生产费用的贷款，并且要求项目投资者提供最低生产量、最低产品质量标准等方面的担保。

⑤融资中介机构在产品支付融资中发挥重要的作用。

【本章小结】

本章分析了融资模式设计的原则，对项目直接融资、项目公司融资、杠杆租赁融资、设施使用协议融资和产品支付融资等五种传统融资模式的种类、特点和操作流程进行了剖析。

【习题研讨】

1. 简述融资模式设计的原则。
2. 简述项目直接融资的种类、特点和操作流程。
3. 简述项目公司融资的种类、特点和操作流程。
4. 简述杠杆租赁融资的种类、特点和操作流程。
5. 简述设施使用协议融资的种类、特点和操作流程。
6. 简述产品支付融资的种类、特点和操作流程。

案例：融资租赁的10种业务模式

第 7 章

GONGCHENG XIANGMU
RONGZI DE
FAZHAN MOSHI

工程项目融资的发展模式

【本章导读】

★本章对工程项目融资发展模式中的 BOT、ABS、PFI 和 PPP 融资模式的含义、典型结构、操作流程和延伸模式进行剖析。

【本章重点】

★BOT 融资模式的含义、典型结构、操作流程和延伸模式；
★ABS 融资模式的含义、典型结构、操作流程和延伸模式；
★PFI 融资模式的含义、典型结构、操作流程和延伸模式；
★PPP 融资模式的含义、典型结构、操作流程和延伸模式。

设计项目的融资模式,需要与项目投资结构的设计同步考虑,并在项目投资结构确定下来之后,进一步细化完成融资模式的设计工作。目前,国际上主要的工程项目融资的新兴发展模式主要有 BOT 及其衍生模式、ABS 融资模式、PFI 融资模式以及 PPP 融资模式。由于工程项目在行业领域性质、投资结构、收益分配与风险承担等方面的差异,以及投资者对项目的信用支持、融资战略等方面的不同,每种工程项目融资模式的运作程序及特点各不相同。

7.1 BOT 及其衍生模式

BOT 是英文 Build-Operate-Transfer（建造—运营—移交）的缩写,代表一种新的工程项目融资和管理模式,也是一种吸引社会资本参与资源开发、基础设施和公共设施建设的项目运作方式。2014 年 11 月,国务院办公厅出台的《国务院关于创新重点领域投融资机制鼓励社会投资的指导意见》(国发〔2014〕60 号)、2015 年 5 月出台的《关于在公共服务领域推广政府和社会资本合作模式的指导意见》等多项政策,鼓励社会资本参与政府项目投资。BOT模式作为一种主要的项目运营方式,已经广泛应用于发电、公路、隧道、桥梁、港口、码头、铁路、机场、地铁、电信、供水、垃圾处理等多类项目中。

BOT模式通常由东道国政府或地方政府提出拟建项目,通过公开招标的方式选出项目发起人,由项目发起人与政府进行谈判并签署项目特许权协议,并组建项目公司。政府将特许经营的基础设施和公用事业项目在一定期限内的特许经营权授予项目公司;在特定的期限内,项目公司需要进行项目投资和融资设计,并承担工程项目的建设、运营以及维护的责任;通过运营项目,在特许期内以整个项目的现金流量来偿还筹资本息并获取一定利润;当特许期结束时,项目公司不再具有特许经营此项目的权利,需要将项目无偿移交给相应的政府部门。

7.1.1 BOT模式的起源与发展

第一次世界大战以前,各国基础设施建设主要依靠政府,虽然私人投资已经开始介入部分基础设施建设中,如铁路、公路、桥梁、电站、港口等,但是这些私人投资者为了获取利润,不得不承担所有风险。1782年,银行家皮埃尔兄弟获得巴黎市政府授权建造相关供水设备及供水网络,目的是提高塞纳河的水位,并向巴黎部分地区供应自来水。项目运营前期取得了良好的社会效益,城市供水网络迅速发展,巴黎市区自来水供应量增加了三倍。但由于受法国大革命影响,巴黎市政府取消了这一特许权。

另一个早期案例是苏伊士运河项目。1854年,法国人勒塞普获得了修建和使用苏伊士运河的特许权,并同埃及政府签署了《关于修建和使用苏伊士运河的租让合同》,运河租期为99年。随后,埃及、英国、法国等国投资成立了国际苏伊士海运运河公司。1859年运河破土动工,1869年正式通航,直到1956年,埃及政府才收回了苏伊士运河的主权。

随后爆发的两次世界大战期间及战后相当长一段时间里,仍然由各国政府承担基础设施建设。这种方式导致政府背负了沉重的经济负担,发展中国家的情况更为严峻。

20世纪70年代末到80年代初,世界经济形势发生了日新月异的变化,人口增长带动的经济发展和城市化导致各国对能源、基础设施、公共设施的需求激增;经济危机和巨额赤字大大减弱了政府投资能力;债务危机导致许多国家借贷能力锐减。巨大的债务负担和赤字迫使这些国家实行紧缩政策,并转而寻求私人部门的投资。各国逐渐重视挖掘私营部门的能力和创造性,开始在基础设施建设中引入私营部门资金。

1984年,土耳其总理奥热扎尔首先提出了BOT的概念,试图采用BOT这种市场化运作方式进行基础设施的融资和建设,还将BOT融资模式纳入了土耳其公共项目私营化的框架。随后,土耳其火力发电厂、机场和博斯普鲁斯第二大桥都是以这种融资模式建设。自此,BOT作为一种基础设施项目建设的有效融资方式逐渐流行起来,并广泛发展。澳大利亚悉尼港隧道工程、中国香港海底隧道、马来西亚南北高速公路、法国世界杯足球决赛的体育场等均采用BOT模式兴建。

自20世纪80年代初开始,我国通过先从一些大型水利、电力项目中试点再有序放开的方式,逐步引入BOT模式。1984年,由香港合和实业与中国发展投资公司共同作为承包商,投资兴建的深圳沙角B电厂BOT项目,是BOT引入我国内地后的第一次"试水"。1994年,对外贸易经济合作部(现商务部)发布《关于以BOT方式吸收外商投资有关问题的通知》,为规范 BOT 项目运作提供了法定依据。1995 年,国家计委(现国家发展和改革委员会)、电力部(现已撤销)、交通部(现交通运输部)联合发布《关于试办外商投资特许权项目审批管理有关问题的通知》,不仅阐明了我国推行 BOT 模式的工作方针和策略,还规定了政府部门和项目公司的权利义务,促进 BOT 项目的规范运作。当年 5 月,广西来宾 B 电厂成为第一个被正式批准的 BOT 试点项目。2001 年,成都自来水六厂 B 厂建成投产标志着我国城市供水第一个 BOT 试点项目正式竣工。广西来宾 B 电厂和成都自来水六厂 B 厂项目的成功推动了 BOT 模式在我国的发展。

7.1.2　BOT 的典型结构及操作程序

1) BOT 的典型结构

从融资和法律角度来看,BOT 项目是一种十分复杂的工程项目融资方式和项目管理模式,涉及政府、投资者、项目公司、贷款银行、承建商、供应商、保险公司、租赁公司、管理公司、用户(或消费者)以及律师、会计师、咨询顾问等。BOT 项目至少有几十个合同需要谈判、起草和签订,包括特许权协议、融资合同、承包合同、供应合同、技术合同、管理合同、供销合同等。众多合同纳入一个项目中,项目参与各方关系复杂。BOT 典型结构框架图(图 7.1)显示了 BOT 的结构框架和参与各方之间的相互关系。

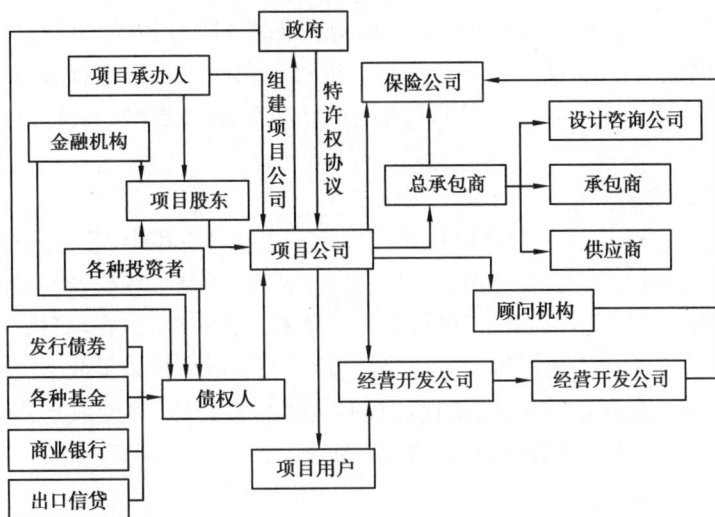

图 7.1　BOT 典型结构框架图

BOT 的参与人主要包括政府、项目承办人(即被授予特许权的私营部门)、投资者、贷款人、保险和保证人、总承包商(承担项目的设计和建造)、经营开发商(承担项目建成后的运营和管理)。此外,项目的用户也会因投资、贷款或保证而成为 BOT 项目的参与人。各方参与人之间的权利义务依各种合同、协议而确定。例如,政府与项目承办人之间订立特许权协议,各债权人与项目公司之间签有贷款协议等。

2) BOT 的典型操作程序

BOT 操作程序的全过程可以分为三个阶段,即项目准备阶段、项目实施阶段与项目移交阶段。BOT 项目操作程序如图 7.2 所示。

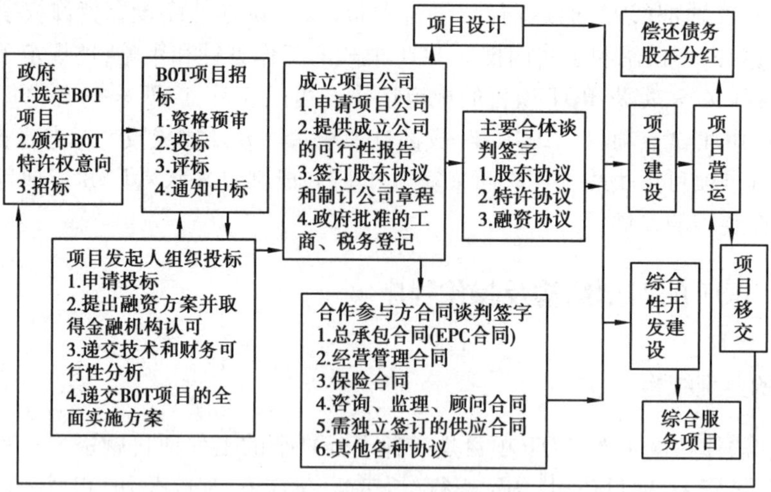

图 7.2 BOT 项目操作程序

（1）项目准备阶段

项目准备阶段主要是选定 BOT 项目,通过资格预审与招标,选定项目承办人。项目承办人选择合作伙伴并取得他们的合作意向,提交工程项目融资与项目实施方案文件,项目参与各方草签合作合同,申请成立项目公司。政府依据项目发起人的申请,批准成立项目公司,并通过特许权协议,授予项目公司特许权。项目公司股东之间签订股东协议,项目公司与财团签订融资合同等主合同以后,项目公司另与 BOT 项目建设、运营等各参与方签订子合同,提出开工报告。

（2）项目实施阶段

项目实施阶段包括 BOT 项目建设与运营阶段。在建设阶段中,项目公司通过顾问咨询机构,对项目组织设计与施工,安排进度计划与资金营运,控制工程质量与成本,监督工程承包商,并保证财团按计划投入资金,以确保工程按预算、按时完工。在项目运营阶段中,项目公司的主要任务是要求运营公司尽可能边建设边运营,争取早投入早收益,特别要注意外汇资产的风险管理及现金流量的安排,以保证按时还本付息,并最终使股东获得一定的利润。同时,在运营过程中注意项目的维修与保养,以期项目最后顺利移交。

（3）项目移交阶段

项目移交阶段是指特许期终止时,项目公司无偿将工程项目移交政府。特许期结束后,政府组织验收。验收合格,可将项目移交政府;验收不合格,由项目公司组织维修养护,合格后移交政府。项目移交包括资产评估、利润分红、债务清偿、纠纷仲裁等。

7.1.3 BOT 模式的关键影响因素

BOT 项目作为工程项目融资的主要模式之一,其特点在于有限追索权。所谓有限追索权,是指当债务人无法偿还银行贷款时,债权人只能就项目的现金流量和资产对债务人进行追索。其特点在于:债权人的追索权是有限的,也就是说发起人仅以投入项目中的资产为限,不能要求项目发起人承担项目举债的全部责任,债权人对项目发起人没有完全的追索权。这样,工程项目融资达到了合理配置风险的目的,同时还可以减轻政府担保的负担。

BOT 工程项目融资获得成功的关键影响因素可以归纳为以下几点。

1) 项目立项前的充分论证

采用 BOT 方式融资最关键的因素是在项目立项前认真进行项目的可行性研究与评价。BOT 项目的可行性研究与评价和一般项目不同,除法律环境允许外,最重要的是经济评价,包括财务评价和国民经济评价,只有评价结论和指标都是可行的,才能被政府批准立项。在可行性研究中,一般包括以下内容:

(1)经济可行性

①要根据大量数据,衡量该项目总的效益与全面合理性。

②根据该国经济发展战略要求,衡量该项目与国家各项计划之间的衔接程度。

③对该项目的潜在市场进行充分、详尽的分析。根据市场条件与信息,核算项目的成本与费用,并对世界市场的价格趋势做出科学的预测与分析。只有销售市场得以保证,才能确保项目的收入和贷款的偿还,这是经济可行性中最主要的一项。

(2)财务效益可行性

首先应对投资成本、项目建设期内投资支出及其来源,销售收入,税金和产品成本(包括固定成本和可变成本),利润,贷款的还本付息(即按规定利润和折旧费等资金归还项目贷款本息)等方面进行预测;然后以预测数据为依据,以静态法和现值法分析项目的财务效益,从而判断项目的盈利能力。

(3)销售安排

由于 BOT 项目的产品销售有合同保证,减小了贷款到期不能归还的风险,这就保证了贷款人的资金安全,有利于项目公司的对外筹资。

(4)原材料与基础设施的安排

签订长期供应合同,要保证原材料供应可靠,并且合同条件与该工程的经济要求相适应。如果项目属于能源开发,必须使贷款人确信项目资源储藏量是足够整个贷款期内开发的。

(5)费用估计

对工程费用的估计要实事求是,尽可能准确。要考虑到建设期间的利息、投资后的流动资金需求以及偶然事件和超支问题,并充分考虑通货膨胀的发展趋势对费用的影响。同时,应安排一定数额的不可预见费用和应急资金。

(6)环境规划

选定工程项目的建设地域,要适应项目本身的发展。项目对周围环境的影响要为该地区所容许。如果考虑不周,或违反环境保护法,常常会导致工程建设时间的推迟,甚至半途而废。

2) 政府的立法保障

如果一个国家的中央政府和地方政府准备采用 BOT 方式进行基础设施的建设,就必须使外国投资人和贷款人了解,东道国政府是否有利用外资实施 BOT 项目的比较完整的法律和规章制度。这种法律环境可以使项目公司和债权人消除一部分后顾之忧。

3）政府的优惠政策

采用 BOT 方式的项目都是要对设施用户采取收费的方式，从而在特许期内收回资金成本和得到较高的股东利润；但是对公益事业设施的收费又不能太高，否则将遭到民众的反对。为解决这一矛盾，一方面，要合理地计算和确定特许期；另一方面，政府要采用其他优惠政策帮助项目公司增加收入。

4）风险的合理分担

BOT 项目一般由项目公司承担大部分风险，政府承担政治风险和不可抗力风险。一般来说，BOT 项目承担风险的原则是哪一方容易控制风险就由哪一方承担风险，对不属于任何一方或任何一方都无法控制的风险则由双方承担。

5）本国金融机构参与融资

由于 BOT 项目中，国外财团十分重视项目的国家风险和政治风险，通常认为项目所在国银行和金融机构对本国政治风险的分析判断比外国银行要准确得多。因而在 BOT 工程项目融资中，如果能吸引本国金融机构的积极参加，则可起到事半功倍的作用。在马来西亚南北高速公路项目融资安排中，由英国摩根·格伦费尔投资银行作为项目的融资顾问，为项目组织了为期 15 年总金额 25.35 亿马来西亚元（约合 9.21 亿美元）的有限追索项目贷款，占项目总建设费用的 44.5%，其中 16 亿马来西亚元（约合 5.81 亿美元）来自马来西亚的银行和其他金融机构，是当时马来西亚国内银行提供的最大一笔金融贷款。另外，由十几家外国银行组成的国际银团提供了 9.35 亿马来西亚元（约合 3.4 亿美元）的贷款。这种本国金融机构对项目融资的积极参与被国际金融界认为是十分成功的模式。

6）高水平的咨询公司和顾问

BOT 项目周期长，开发过程和合同文件极其复杂，涉及金融、技术、法律、工程、保险、贸易、环保、管理等许多方面的专业知识，任何一个政府部门和发起人都不可能完全依靠自己的能力完成项目。因此，无论是政府还是项目发起人，均需要聘请高水平的咨询顾问，包括法律顾问、技术顾问和财务顾问等。

对于政府而言，咨询顾问能为政府做项目规划、可行性研究等工作，以帮助政府选定合适的项目。咨询顾问还能帮助政府制定合适的法律法规和政策，为项目的实施创造合适的法律环境。同时，咨询公司还可以参加评标过程，协助政府选定中标人。对于项目发起人和项目公司而言，咨询顾问也会在整个项目周期中发挥积极的重要作用。

7）创造性的技术方案

技术方案包括项目的规划、布局和设计。技术方案的创新能加快项目进度、减少施工干扰和降低工程造价，从而极大地增加了项目的效益。澳大利亚悉尼港海底隧道工程由澳大利亚最大的私人建设公司 Grans field 和日本大型建设公司熊谷公司组成的悉尼速度公司经过充分调研，提出在悉尼大桥下建造海底隧道，并与大桥两端的公路连接起来。该方案不仅解决了交通堵塞，而且不需征用私人土地、不拆迁一幢房屋，大大节约了建设费用。

【案例】

重庆涪陵至丰都高速公路项目

1. 项目概况

重庆涪陵至丰都高速公路是重庆高速公路路网的重要组成部分,属于《重庆市高速公路网规划》的"三环十射三联线"骨架公路网中的"十射"部分,是重庆市、贵州北部、四川南部地区通往长三角地区最快捷的公路运输通道,也是沪渝通道内最后建设的一段高速公路,同时还是重庆"一圈两翼"经济圈的重要交通纽带及沿江综合交通运输体系的重要组成部分。该项目的建设,对增强重庆主城区对三峡库区的经济辐射,促进重庆逐步发展成为长江上游交通枢纽和经济中心,提高重庆干线公路网的可靠性和安全性具有重要意义。

项目经重庆涪陵城区、清溪镇、南沱镇、湛普镇、丰都县城区及双路镇,按双向四车道高速公路标准修建,路线全长46.5千米。设计车速80千米/时,路基宽度24.5米,沥青混凝土路面,交通工程和沿线设施等级为A级。全线有特大桥梁4座共4 526米,大桥11座共6 004米,涵洞36道,人行天桥8座,互通式立交8处(含预留立交1座),分离式立交8处,通道14道,特长隧道2座共8 791米,长隧道3座共6 110米,中隧道3座共2 235米,总投资41.79亿元。该项目于2008年批准立项,2009年6月开工建设,2013年建成通车。

2. 采用BOT+EPC模式

BOT+EPC模式,即政府向企业授予特许经营权,允许其在一定时间内进行公共基础建设和运营,而企业在公共基础建设过程中采用总承包模式施工,当特许期限结束后,企业将该设施向政府移交。

该项目于2008年4月启动投资人招标,采用"BOT + EPC"投融资模式,经招标确定中交路桥集团国际建设股份有限公司为项目投资人。经重庆市政府授权,由重庆市交通委员会(以下简称"市交委")于2008年8月与投资人签订项目投资协议,约定由项目投资人根据项目规划和政府相关要求完成项目投资建设和运营管理。项目投资协议签署后,投资人根据项目投资协议的要求成立项目公司,具体负责项目的投资建设和经营管理。经市政府授权,市交委于2009年5月与项目公司签署项目特许权协议,授予项目公司投资建设和经营管理重庆涪陵至丰都高速公路项目的特许权利。根据协议授权,项目公司开展项目核准、勘察设计、征地拆迁、融资安排、工程建设、运营管理等项目投资建设工作。该项目政企合作模式如图7.3所示。

3. 项目实施方案

(1)项目为经营性收费公路,收费期限为30年。

(2)授予项目投资人独占性、排他性的经营管理权利,依法享有车辆通行费收取权、项目沿线规定区域内的服务设施经营权、项目沿线规定区域内的广告经营权等。

(3)对投资人的非竞争性承诺,即除招标前国家、重庆市已规划的公路项目外,政府严格控制审批建造与本项目平行、方向相同且构成车辆实质性分流的高速公路,但本项目已达到设计通行能力或出现长期严重堵塞的除外。

(4)承诺投资人享有重庆市人民政府建设运营高速公路的同等优惠政策。

(5)按照高速公路供地政策,以划拨等方式提供项目建设用地的土地使用权。

(6)为投资人获取项目投资建设、经营管理相关文件提供支持。

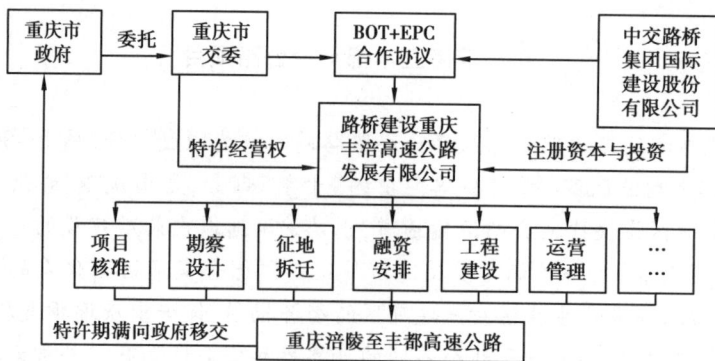

图 7.3 重庆涪陵至丰都高速公路项目合作模式
（资料来源：国家发改委 PPP 项目典型案例库）

7.1.4 BOT 模式的衍生模式

根据世界银行《1994 年世界发展报告》介绍，通常所说的 BOT 模式有三种具体模式，即 BOT、BOOT 以及 BOO。实际上 BOT 模式的衍生模式并不仅仅局限于上述三种具体模式，每一种 BOT 形式及其变形，都体现了对基础设施部分政府所愿意提供的私有化程度。BOT 意味着一种很低的私有化程度，因为项目设施的所有权并不转移给私人；BOOT 代表了一种适中的私有化程度，因为设施的所有权在有限的时间内转给私人；最后，就项目设施没有任何时间限制地被私有化并转移给私人而言，BOO 代表的是一种最高级别的私有化。换句话说，一国政府所采纳的建设基础设施的不同模式，反映出其所愿意接受的使某一行业私有化的不同程度。由于基础设施项目通常直接对社会产生影响，并且要使用到公共资源，如土地、公路、铁路、管道、广播电视网等，因此，基础设施的私有化是一个特别重要的问题。

1) BOO 模式

BOO（Build-Own-Operate）即建设—拥有—经营，是指承包商根据政府赋予的特许权建设并经营某项产业项目，但是并不将此项基础产业项目移交给公共部门。

（1）BOO 与 BOT 的相同点

BOO 与 BOT 两种模式最重要的相同之处在于，它们都是利用私人投资承担公共基础设施项目。在这两种融资模式中，私人投资者根据东道国政府或政府机构授予的特许协议或许可证，以自己的名义从事授权项目的设计、融资、建设及经营。在特许期内，项目公司拥有项目的占有权、收益权，以及为特许项目进行投融资、工程设计、施工建设、设备采购、运营管理和合理收费等的权利，并承担对项目设施进行维修、保养的义务。在我国，为保证特许权项目的顺利实施，在特许期内，如因我国政府政策调整因素影响，使项目公司受到重大损失，允许项目公司合理提高经营收费或延长项目公司特许期，对项目公司偿还贷款本金、利息或红利所需要的外汇，国家保证兑换和外汇出境。但是，项目公司也要承担投融资以及建设、采购设备、维护等方面的风险，政府不提供固定投资回报率的保证，国内金融机构和非金融机构也不为其融资提供担保。

（2）BOO 与 BOT 的区别

在 BOT 项目中，项目公司在特许期结束后必须将项目设施交还给原始权益人；而在 BOO 项目中，项目公司有权不受任何时间限制地拥有并经营项目设施。由于基础设施国家独有，作为私人投资者在经济利益驱动下，本着高风险、高回报的原则，投资基础设施的开发建设。为收回投资并获得投资回报，私人投资者被授权在项目建成后的一定期限内对项目享有经营权，并获得经营收入；期限届满后，将项目设施经营权无偿移交给项目东道国政府。而对于 BOO 方式而言，项目的所有权不再交还给政府。

2）BOOT 模式

BOOT（Build-Own-Operate-Transfer）即建设—拥有—经营—转让，是指私人合伙或某国际财团融资建设基础产业项目，项目建成后，在规定的期限内拥有所有权并进行经营，在规定的期限届满后移交给当地政府部门。

（1）BOOT 与 BOT 的区别

①所有权的区别。采用 BOT 方式，项目建成后，私人只拥有所建成项目的经营权；而采用 BOOT 方式，在项目建成后，在规定的期限内，私人既有经营权也有所有权。

②时间上的差别。采取 BOT 方式，从项目建成到移交给政府的这一段时间一般比采取 BOOT 方式要短一些。

对比两种模式结构可以发现，在相同投入条件下，运用 BOOT 模式投资的项目，投资企业拥有的项目价值比 BOT 模式增加了产权价值。一般地，如果某一公共项目预期收益稳定可观，通常采用 BOT 模式；如果预期收益较低，选择 BOOT 模式就较为合适，因为产权价值可以弥补项目收益低的缺点。

（2）BOOT 模式的操作要点

作为投资主体的企业最关注的是项目效益的最大化，所以在项目策划时会考虑通过改良建筑设计、改善施工管理、改进运营模式等手段来增加项目的利润点，提高项目附加值。政府对项目通过 BOOT 模式招商引资建设的目标是既省钱省力，又促进项目的实施；而对于贷款银行来讲，就是确保贷款本息的回收。

政府机构、投资企业和金融机构所关注的 BOOT 工程项目融资的焦点问题在于如何实现 BOOT 项目产权价值的变现。通常预期效益低的公共项目产权很难在市场上公开交易成功，所以只有政府协议收购才能促进项目的合作成功。具体措施如下：

①资源配置调整

整合"类资源"，即政府通过对所辖区域类资源信息的全面真实掌握，发挥政府宏观统筹职能，科学规划、综合开发区域内项目类资源，杜绝零散开发。有条件的项目还可以策划成区域内的唯一性项目，以确保项目收益基本稳定。

②项目产权收购

为了保证投资者的基本收益，政府在协议期间以项目总投资为基价，根据其预期收益进行分析，可以选择计息分期、免息分期、折价分期等支付方式完成对项目产权的收购，这样政府同样可以达到缓解财政压力的目标。

③协议执行的保障

为了规避政府的信用风险,在签订合同协议时可以要求政府对投资保障、回购资金保障等重要问题在法律和经济上予以双重保证。

3)BT 模式

BT(Build-Transfer)即建设—转让,是指由业主通过公开招标的方式确定建设方,由建设方负责项目资金筹措和工程建设,项目建成竣工验收合格后由业主回购,并由业主向建设方支付回购价款的一种融资建设方式。

(1)采用 BT 模式的意义

①BT 模式使产业资本和金融资本全新对接,形成了新的融资格局,既为政府提供了一种解决基础设施建设项目资金周转困难的新融资模式,又为投资方提供了新的利润分配体系。

②BT 模式使银行或其他金融机构获得了稳定的融资贷款利息,分享了项目收益。

③模式倡导风险和收益在政府与投资方之间公平分担与共享,追求安全合理利润,强调各参与方发挥各自优势的主观能动性,提高了各方对项目抗政治风险、金融风险、债务风险的分析、识别、评价及转移能力。

④BT 模式不仅获取了较大的投资效益,还提高了项目管理的效率,提高了投资方的经营管理水平以及参与市场竞争的能力,积累了 BT 模式融资的经验,增加了施工业绩,为以后打入建筑市场创造了条件。

(2)BT 模式的优势

与传统的投资建设方式相比,采用 BT 模式具有以下优势:

①采用 BT 模式可为项目业主筹措建设资金,缓解建设期间的资金压力。同时,通过成立项目公司,项目建设方可采用工程项目融资的方式实现表外融资,可有效地提高资金使用效率,分散投资风险。

②采用 BT 模式可以降低工程实施难度,提高投资建设效率。BT 项目由建设方负责工程全过程,包括工程前期准备、设计、施工及监理等建设环节,因而可以有效实现设计、施工的紧密衔接,减少建设管理和协调环节,实现工程建设的一体化优势和规模效益。

③BT 模式一般采用固定价格合同,通过锁定工程造价和工期,可有效地降低工程造价,转移业主的投资建设风险。

④BT 项目回购资金有保证,投资风险小。BT 模式通过设置回购承诺和回购担保的方式,可降低投资回收风险,其投资回收期限较短。对于大型建筑企业而言,BT 项目是一种良好的投资渠道,通过 BT 模式参与工程项目的投资建设,既有利于避免与中小建筑企业的恶性竞争,又能发挥企业自身技术和资金的综合优势。

(3)BT 模式的法律特征

①参与主体的特殊性。参与 BT 项目的主体为业主和建设方,这两方主体均具有特殊性。在基础设施项目建设中,业主为特殊主体,即政府、政府组成部门,或者政府投资设立并承担基础设施建设职能的国有企业;建设方主要为具备一定投融资能力和建设资质的投资公司、建筑企业等。

②投资客体的特殊性。其特殊性在于:a. BT 项目的客体大部分为基础设施和公用事

业,如城市轨道交通、桥梁、公路等,不同于其他投资项目,属于社会公益事业,政府对其享有建设权和所有权;b.BT 投资客体的所有权存在转移性,即业主通过合同方式把某一重大项目的投资、建设的权利和责任转让给建设方,建设方在合同规定时间内拥有该项目的所有权,项目竣工验收合格后,业主回购项目并获得项目所有权。

③BT 参与主体法律关系的复杂性。BT 项目涉及融资、投资、建设、转让等一系列活动,参与人包括政府、项目业主、建设方、施工企业、原材料供应商、融资担保人、保险公司以及其他可能的参与人,从而形成了众多参与人纷繁复杂的法律关系。

④BT 方式所涉及当事人的权利义务关系是通过合同确立的,其中包括贷款合同、建设合同、回购协议、回购资金担保、完工履约担保以及联合体协议等,是一系列合同的有机组合。

(4)BT 模式的实施

①采用 BT 模式的前提条件

基础设施项目采用 BT 模式,应具备以下几个基本条件:

a.前期工作深入,设计方案稳定,建设标准明确。

b.工程建设难度适度,建设风险较小。

c.业主应具有充足的回购能力,能提供回购承诺函及相应担保。

d.工程规模适当,投资额度应在潜在投标人可承受的范围内。

e.项目成本应该能够较为准确地估算,以便于投标人估算和控制投资成本。

②BT 模式的实施方式

a.完全 BT 方式。完全 BT 方式是指通过招标确定项目建设方,建设方组建项目公司,由项目公司负责项目的融资、投资和建设,项目建成后由业主回购的形式。

此种方式的特点为:对建设方无特殊资质要求,只要其具有较强的投融资能力即可;按照工程项目融资的方式进行融资。建设方采取成立项目公司的方式,以项目公司为主体筹措建设资金,由建设方为项目公司的银行贷款提供担保,为便于项目公司融资,一般需要业主出具回购承诺函及第三者回购担保。

在建设过程中,完全 BT 方式适用于工程技术成熟、技术标准明确、投资规模较大,且业主不具有工程建设管理经验或能力的工程项目。

此种方式的主要优点为:一是有利于扩大投资者的选择范围;二是由项目公司作为主体进行融资,可降低投资者的投资风险,拓宽融资渠道;三是项目结构清晰,建设协调、管理的各个环节衔接紧密,业主进行工程管理的难度较小;四是建设风险全部转移给项目建设方承担,业主的建设风险较小,同时,建设方具有较大的自主权和利润空间。

b.BT 工程总承包方式。BT 工程总承包方式是指通过招标确定项目建设方,建设方按照合同约定对工程项目的勘察、设计、采购、施工、竣工验收等实行全过程的承包,并承担项目的全部投资,由业主委托指派工程监理,项目建成后由业主回购的形式。

此种方式的特点为:工程施工直接由建设方承担,无须进行二次招标,建设方必须为同时具有投融资能力和相应建设资质的工程总承包企业或联合体;业主直接与建设方签署投资建设合同及工程总承包合同,一般不组建项目公司;业主通过聘请工程监理公司或设立工程监管机构等方式对建设方进行履约管理。

BT 工程总承包方式适用于工程技术较为复杂、投资规模较大,且业主具有一定工程建设管理经验或能力的工程项目。

BT 工程总承包方式的优点与完全 BT 方式基本相同，主要区别在于建设方必须同时具有投融资能力和施工总承包资质，且一般不成立项目公司。

③BT 模式实施中应注意的问题

BT 模式的实施过程和传统建设方式基本相同，但应该特别注意以下几个问题：

a. 选择合适的项目实施结构，兼顾参与各方利益。在确定项目实施方案前，首先要对建设项目的工程特点、前期工作情况、业主的需求和管理能力以及潜在投资者进行深入分析，以选择合适的实施方案。同时，选择项目实施结构应把握"放而不乱，管而不死"的原则，做到既能保证建设方一定的建设自主权，又能最大限度地保证工程质量，维护项目业主的利益。

b. 严格投标人的资质标准，对投标联合体各方的关系要有明确的约定。根据建设项目的投资规模和建设特点，在项目招标时应对投标人的投融资能力和建设能力提出明确资质标准，投标人应具备承担项目投资建设的能力和经验。

由于城市基础设施项目投资大、项目实施难度大，在项目投标时，投标人常以组成联合体的方式参与项目投标。但在项目实施时，由于各投标联合体成员的利益不一致，经常会出现联合体内部纠纷，影响项目的顺利实施。

为避免此类情况的发生，在项目招标时，应在招标文件的联合体协议中明确约定各联合体成员的权利义务关系，特别是对各联合体成员的出资额、负责的工程内容等情况要明确约定，避免内部纠纷的发生。此外，各联合体成员的定位要明确，尽量引导优势互补的企业组成联合体。

c. 完善监管体系，杜绝分包和转包行为。在项目中，工程分包和转包情况比较普遍，是影响项目工程质量的重要风险因素。为避免此类问题的发生，可采取以下措施：一是在招标文件中对项目的分包和转包情况进行详细和明确的约定，禁止随意分包和转包；二是建立健全监管体系，业主应组建监管机构，对工程分包情况进行严格管理。

d. 扎实做好前期工作，明确建设标准和工程接口。要成功实施项目，必须在项目提出和规划、可行性研究、投资者的选择、设计方案规划、开工建设等各个环节保持一致性和前瞻性，扎实做好项目前期工作，明确项目建设标准以及项目与外部工程的接口。项目前期工作，特别是规划设计方案的稳定程度、设计深度，对项目能否成功实施影响极大。如果设计方案不稳定，就可能导致工程变更、洽商等一系列问题的出现，项目投资可能因此大幅度增加。此外，编制建设标准时要做到深度适当、可操作性强。

e. 重视专业中介机构的作用。在项目招标过程中，聘请中介咨询机构为工程项目融资结构设计、招标文件、合约起草谈判等方面提供专业化协助，可以更大限度地挖掘潜力、规避风险。

④BT 模式的运作过程

a. 项目的确定阶段：政府对项目立项，完成项目建设书、可行性研究、筹划报批等工作。

b. 项目的前期准备阶段：政府确定融资模式、贷款金额的时间及数量要求，完成偿还资金的计划安排以及合理确定招标标底等工作。

c. 项目的招标阶段：政府通过公开招标或邀请招标确定中标人（投资方），完成谈判商定双方的权利与义务等工作。

d.项目的建设阶段:参与各方按 BT 合同的要求行使权利、履行义务。

e.项目的移交阶段:竣工验收合格、合同期满,投资方有偿移交给政府;政府按约定总价(或计量总价加上合理回报),按比例分期偿还投资方的建设费用。

4)TOT 模式

TOT(Transfer-Operate-Transfer,TOT)即移交—经营—移交,是继 BOT 之后出现的一种全新的经营性政府工程投融资模式。该模式经过市场化运作,盘活存量资产,为政府需要建设大型项目而又资金不足提供了解决途径,还为各类资本投资于基础设施开辟了新的渠道,同时也为大型施工企业提供了拓展经营新领域和经营新方式的机会。

(1)TOT 模式的含义

所谓 TOT,就是指通过出售现有已建成项目在一定期限内的现金流量,从而获得资金来建设新项目的一种融资方式。具体说来,就是项目所在国政府将已经投产运行的项目在一定期限内移交(T)给外商经营(O),以项目在该期限内的现金流量为标的,一次性地从外国投资者或者本国私有资本处筹得资金,用于建设新的项目;待外商经营期满后,再将原来项目移交(T)给项目所在国政府,如图 7.4 所示。TOT 模式是将已建成的项目,经过产权界定、资产评估后,将其经营权在一定期限内转让给国内外经济组织。这一方面可以达到提前收回投资、为新项目筹集资金的目的,另一方面也为政府与私人之间的投资合作提供了一种新的途径,可以借助私营企业的经营管理经验,提高基础设施项目的运行效率。

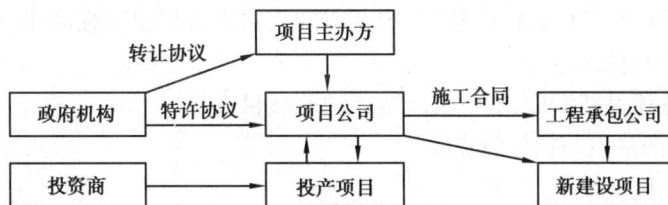

图 7.4 TOT 融资模式结构

TOT 融资方式引进了基础设施建设资金,使新的项目及时启动。从运转过程看,它是既不完全等同于传统方式也不同于融资租赁的一种新型工程项目融资方式,特别适合有稳定收益、长周期基础设施项目的建设融资,工程项目具有投资特别大、建设周期特别长、回收期长的特点。因此,这种融资方式在工程项目上具有很大的发展空间。

(2)TOT 模式的运作程序

TOT 模式的运作首先需要完成以下两方面工作:

首先,制订转让方案并报批。采用 TOT 模式转让国有资产时,转让方必须首先根据国家有关规定,编制项目建议书,在征求行业主管部门(或原投资部门)的意见后,按照现行的有关规定,上报有权审批部门批准。初步选定受让方后,还要编制可行性研究报告(或资产权益转让方案)并上报审批部门批准。

其次,确定受让方的选择方式。受让方的选择方式应该根据转让方的情况和项目特点综合确定。目前有三种方式:面对面协商谈判的方式、邀请招标方式和完全竞争性的公开招标方式。

根据各国已完成的 TOT 项目经验,完全竞争性的公开招标方式具有操作程序规范、项目条件成熟、转让价格合理、成功率高等优点,应该成为转让方选择 TOT 项目受让方的首选方式。

从政府实施方式进行基础设施建设项目融资的基本程序来看,一个完整的工程项目融资一般包括以下几个主要程序:

①融资方发起人(投产项目的所有者或政府机构)设定特殊目的公司(载体)SPC(Special Purpose Corporation,SPC;或 Special Purpose Vehicle,SPV),发起人把投产项目的所有权和新建项目的所有权均转让给 SPC,以确保有专门机构对两个项目的管理、转让、建造等享有权力,并在项目实施中进行协调和管理。这一步骤也就是建立项目法人制,以保证融资资金的有效利用。

②SPC 确定需要建设的拟建项目规模、建设周期和财务预算。

③以已有项目为基础,进行项目本身和财务收益宣传,向国内外相关投资商发出招标邀请,并确定转让内容和年限。

④投资商通过 SPC 的资格审查后,购买招标书(主要确定经营内容、年限、相关权利与义务等)并制订投标书。

⑤SPC 通过协商谈判(主要针对邀请招标)、公开招标评审或竞拍(主要针对一些竞争激烈的特定项目,如有稳定收入的桥梁或道路项目等)确定经营融资对象。这是整个工程项目融资的关键过程。

⑥与外商或国内民营企业最终达成转让投资运行项目在未来一定期限内全部或部分经营权的协议,项目移交,SPC 获得收益,并用获得的收益进行拟建工程的建设。

⑦新项目建成并投入运行。

⑧原转让经营项目期满后,SPC 收回转让的原项目。

(3)TOT 模式的优点与招标特点

①TOT 模式的优点如下:

a.投资风险小、见效快,可直接购买现正运营的存量资产产权和经营权,既逾越了建设期,又避免了各种风险。

b.可有效缓解政府压力,包括财政、引资、时间、管理等方面的压力。具有高度的灵活性,所转让的产权和经营权,既可针对完整的基础设施,也可针对其中某一部分;投资者既可是一个企业或个人,也可是多个企业或个人的联合。

c.市场化。可盘活现有国有资产存量,打破国家对基础设施的垄断经营,有利于市场化水平和技术管理水平的提高。

②采用招标方式选择 TOT 项目的受让方,TOT 项目具有以下特点:

a.转让方必须首先取得合法的转让权。国有企业的法人对其占有的国有资产只拥有使用权、经营权等权益,没有所有权,一般无权出售。地方政府和其他相关部门也只能行使行政管理职能。只有在获得国有资产管理部门的授权后,国有企业才能具备出让国有资产的合法主体地位,与受让方签订的国有资产转让合同才具有合法性。

b.需要进行国有资产评估。采用 TOT 模式,受让方需要买断某项资产的全部或部分产权和经营权,会发生产权的转让行为,要求对现有资产进行合理的估价。一般来讲,转让资产是基础设施,属于国有资产,估价过低,会造成国有资产流失;估价过高,则会影响受让方的积极性。这就需要处理好资产转让与国有资产正确估价的关系,聘请的评估机构应该具备相应资质,具有与转让资产相类似的项目的评估经验,而且在评估时最好与转让方和其聘请的融资顾问及时沟通,尽可能在形成正式评估报告之前就评估价格达成一致意见。评估的结果应该报请国有资产管理部门审核批准。

c.潜在投标人要求进行尽职调查。投标人在编制标书期间,为了尽可能降低投资风险,同时保证建议的投标价格具有竞争力,一般会要求对转让资产进行全面调查,包括现有经营状况、转让资产涉及的法律情况、员工状况、技术装备水平等。转让方在组织投标人进行现场考察期间,应该向投标人提供转让资产的有关资料,并安排投标人对转让资产进行调查。

d.转让必须符合转让方的战略目标。在采用TOT模式的情况下,投资人可能完全买断资产的经营权,也可能只是部分买断资产经营权;同时,转让方可能要求以现有资产的一部分与投资人进行合作或者合资,共同经营管理现有资产。这种情况下,转让方往往是在一个整体的战略构架基础上转让资产,要求受让方必须接受转让方提出的主要合作条件。因此,"人和"因素就显得十分重要。只有建立在互惠互利、平等友好的基础上,转让方和受让方在合作项目上具有一致的战略目标和共同的经营理念,合作才能取得完全成功,项目在合作期间才能顺利进行。

e.招标的主要标的可以是资产价格,也可以是产品价格。基础设施BOT项目招标的标的一般为产品或服务的价格,如净水厂BOT项目的标的为净水价格,污水处理厂BOT项目的标的为污水处理服务价格,垃圾处理厂BOT项目的标的为垃圾处理服务价格。TOT项目招标标的的选择则具有一定的灵活性,可以是转让资产的价格,也可以是项目产品或者项目运营服务的价格。

(4)TOT模式与BOT模式的对比

TOT模式引进了外资,使新项目及时启动,但又将外商与新建项目割裂开来。从T-O过程来看,它更像一种贸易,其标的为一定期限内的现金流量;但从T-O-T整个过程来看,它是一种既不同于以资信为基础的传统融资方式,也不同于BOT模式的新融资方式。

BOT与TOT两种融资方式都是解决我国基础设施和基础产业建设资金不足问题的途径。TOT模式与BOT模式相比,具有一定的相同点,但也有不同的特点。

①投资方的项目结构不同

BOT模式运作过程包括政府机构、项目发起人、项目公司、商业银行、担保受托人、出口信贷贷款方、项目承包商、分包商、项目所需设备的供货方等众多参与者。在项目立项建设过程中,这一复杂结构需要大量的协议和商业合同。这些协议和合同从准备、谈判直至签订生效,既需要一定的制度保证,也需要项目参与方的密切协作,基础设施和基础产业建设耗资巨大、建设周期长,要求众多参与方相互信任、相互协作、相互配合,这无疑增加了项目进展的复杂性和难度,相应地也会影响投资方的投资决心。可见,BOT模式中的建设环节是一项复杂的系统工程,项目的立项、实施需要复杂的技术和良好的环境作为保障,仅项目前期准备工作就需要耗费大量的资源。相比之下,TOT模式要简单一些,因为其运作过程省去了建设环节,项目的建设已完成,仅通过项目经营权移交来完成一次融资。同BOT模式相比较,TOT模式具有结构简化、时间缩短、前期准备工作减少、费用节省等优点。

②外商面临的风险程度不同

由于BOT投资项目的生产经营周期长,从与东道国政府谈判和进行可行性研究到经营周期结束,时间跨度往往历经数年甚至数十年,因此不可避免地存在多种风险。根据一些国家的实践,影响 BOT 项目风险的主要因素有融资的高成本和长周期、金融行市的变动、东道国政府的稳定性和政策的连续性、债务风险以及与经营方式相关的风险等。由于上述原因,在 BOT 模式的实施过程中,投资方对各种风险的考虑是十分慎重的。而 TOT 模式没有建设这个环节,投资方直接经营已建成的项目。由于累积大量风险的建设阶段和试生产阶段已经完成,所以 TOT 模式明显降低了外商面临的风险。TOT 模式是购买东道国已有的存量基础设施和经营权,既避免了建设超支、工程停建,或者不能正常运营、现金流量不足以偿还债务等风险,又能尽可能地取得收益。

③涉及法律环节较少,对法律环境的要求不同

一些发达国家在外资法等范围内就能解决 TOT 模式所产生的大部分问题。在我国投融资体制改革尚未到位的情况下,TOT 模式较 BOT 模式对法律环境的要求相对低一些,能更有效地吸引外方投资者。因为 TOT 模式有已建成的项目资产作为担保,即使在法律体系尚不健全的条件下,也能有效地吸引投资者。

④工程项目融资成本不同

BOT 模式的操作过程从项目建设开始便非常复杂,中间环节较多,其融资成本也随之增高。由于 BOT 模式包括项目建设期,因此不可避免要承担建设风险,主要包括项目不能完工、延期完工、成本超支等,而成本超支易使贷款人对项目的可行性产生疑问;如果项目不能按期竣工,则不仅会影响运营收入,而且会积累巨额利息,从而影响债务本息的偿还及投资的回收。采用 TOT 模式,由于只涉及项目运营阶段,投资者不承担建设阶段的风险,从而使投资风险大幅度下降。相应地,基于较低风险的 TOT 项目投资人的预期收益率会合理下调;加之项目实施过程简化,评估、谈判等方面的费用下降,也降低了项目的融资成本。

⑤项目实施的复杂程度与可操作性不同

从项目的运作过程看,采用 BOT 模式必须经过项目确定项目准备、招标、谈判、文件合同签署、建设、运营、维护、移交等阶段,涉及政府特许及外汇担保等诸多环节,牵扯范围广,操作过程复杂。而 TOT 模式是对已有项目转让经营权,仅涉及项目的生产运营阶段,而且不涉及所有权问题,运作过程大大简化。

⑥TOT 模式有助于项目产品的合理定价

相比较 BOT 模式,在 TOT 模式下,由于累积大量风险的建设阶段和试生产阶段已经完成,所以对于外商来说,风险降低幅度相当大。因此,一方面,外商预期收益率会合理下调;另一方面,涉及环节较少,评估、谈判等方面的从属费用势必大大降低,而东道国在组建 SPC、谈判等过程中的费用也有较大幅度下降。引资成本的降低必将有助于项目产品的合理定价。

⑦融资对象范围不同

在 BOT 模式下,融资对象多为外国大银行、大建筑公司或能源公司等。而 TOT 项目的融资对象更为广泛,其他金融机构、基金组织和私人资本等都有机会参与投资。

⑧对公共利益的影响不同

经营性政府工程在采用灵活多样的方式融资的同时,也必须考虑对公共利益的影响这一因素。采用 BOT 模式,项目的所有权和运营权在特许期内属于项目公司。因此,通过 BOT 项目引入外资进行基础设施建设,可以引进国外先进的技术和管理,但会使外商掌握项目控制权,所以对某些关系国计民生要害的项目不能采用 BOT 模式。

TOT 模式只涉及基础设施项目经营权的转让,不存在产权、股权的让渡,也不存在外商对国内基础设施永久控制的问题。同时,由于 TOT 项目经营期较长,外商受到利益驱动,常常会将先进的技术、管理引入投产项目中,并进行必要的维修,从而有助于投产项目的高效运行,使基础设施的建设、经营逐步走向市场化、国际化。

5) TBT 模式

(1) TBT 模式的含义

TBT 模式就是将 TOT 与 BOT 两种工程项目融资模式结合起来,但以 BOT 为主的一种融资模式。在 TBT 模式中,TOT 的实施是辅助性的,采用它主要是为了促成 BOT。

(2) TBT 模式的两种具体形式

TBT 模式有两种具体形式:一是有偿转让(TBT1),即公营机构通过 TOT 方式有偿转让已建项目的经营权,一次性融得资金后再将这笔资金入股项目公司,参与新建项目的建设与经营,直至最后收回经营权;二是无偿转让(TBT2),即公营机构将已建项目的经营权以 TOT 方式无偿转让给投资者,但条件是与项目公司按一个递增的比例分享拟建项目建成后的经营收益。

①TBT1 工程项目融资方式。TBT1 融资过程如图 7.5 所示。

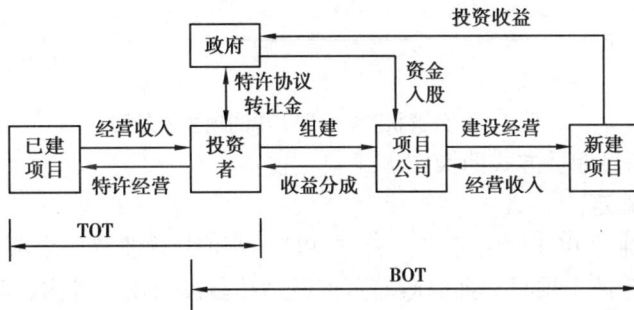

图 7.5　TBT1 融资过程

从图 7.5 中可知,投资者通过与公营机构签订 TOT 特许协议取得已建项目的特许经营权,同时公营机构从投资者手中一次性融得已建项目未来的收入,并可将部分资金入股项目公司,以 BOT 方式建设新的项目。政府与投资者在这个融资过程中扮演着双重角色,既是 TOT 的主体又是 BOT 的主体,要签署两份特许协议:一是在一定时期内转让已建项目的经营权;二是转让新建项目的建设与经营权。这两个看似独立的过程其实关系极为密切,它们相辅相成、互为补充,政府与投资者在这个过程都是受益者,达到了"双赢"的效果。政府在 TBTA 中的现金流量图如图 7.6 所示,其中,"0" 表示已建项目设施经营权转让时点,"n" 表示新建项目经营期结束时点。

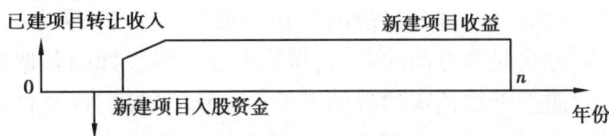

图 7.6　政府在 TBT1 中的现金流量图

②TBT2 工程项目融资方式。TBT2 融资过程如图 7.7 所示,若公营机构以 TOT 模式无偿将已建项目的经营权转让,则公营机构将与 BOT 项目公司共同分享新建项目建成后的运营收益。具体做法是将新建项目建成后的运营分成几个阶段,政府在这几个阶段中将建成项目的运营收入以逐渐递增的比例分成,直至最后收回经营权。公营机构在 TBT2 中的现金流量图如图 7.8 所示。

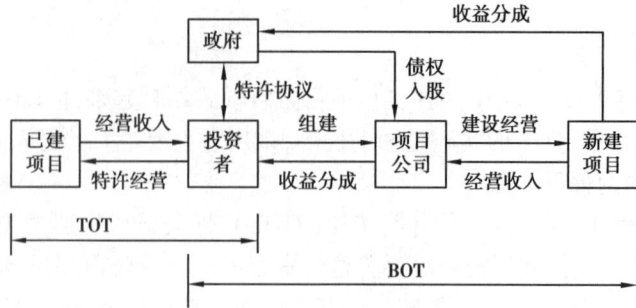

图 7.7 TBT2 融资过程

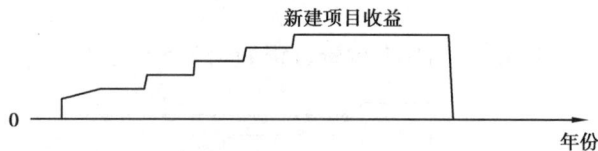

图 7.8 公营机构在 TBT2 中的现金流量图

(3)TBT 工程项目融资方式的操作步骤

①项目方案的确定。

TBT 项目与单纯的 BOT 项目不同。首先,单纯的 BOT 只涉及一个项目,而 TBT 则需要同时考虑已建和拟建两个项目。此时政府可以鼓励私营机构在项目构思和设计方面提出新的观点,为此,公营机构在设计工作开始之前就可邀请投标,而且标书只是轮廓性地列出项目应达到的要求,至于如何去满足这些要求,可留给私营投标者自行解决。这种处理方法可以令每一个投标者发挥设计技巧和优势,创造性地提出方案。

②TBT 项目的招标准备。

在项目招标之前,必须做好准备工作,其中最重要的是:a.项目技术参数研究,包括对所要解决问题的性质和规模做详细而清晰的说明;b.招标文件的准备,需描述技术研究中提出的大量信息,对投标的类型以及投标人在标书中应包括的内容做具体规定,还应清楚地规定评标准则。

③TBT 招标投标过程。TBT 招标投标过程主要包括资格预审、投标、评标与决标及合同谈判四个阶段。

a.资格预审阶段。邀请对项目有兴趣的公司参加资格预审,根据这些公司提交的包括技术力量、工程经验、财务状况等方面的资料,拟定参加最终投标的备选公司名单。

b.投标阶段。邀请通过资格预审的投标者投标,投标者按招标文件的要求,提出详细的建议书。建议书应详细说明项目的类型及所提供产品或服务的性能和水平,建议项目融资结构、价格调整公式和外汇安排,进行风险分析。

c.评标与决标阶段。为了在许多竞争者中做出选择,需要有一套标准来进行评标,以使项目相关指标达到最优。通常一开始就应让投标者明确知道评标方法会在招标文件中明文规定,从而使他们能据此来进行项目设计,并提出项目建议书。

d.合同谈判阶段。决标后,应邀请中标者与公营机构进行合同谈判。因为牵涉两个项目的一系列相关合同,TBT项目的合同谈判较单纯的BOT项目耗时更长且更为复杂。如果政府公营机构第一中标者未能达成协议,可转向第二中标者与之进行谈判,以此类推。除此之外,TBT融资模式中还必须签署其他许多协议,如与项目贷方的信贷协议、与建筑承包商的建设合同、与供应商的设备和原材料供应合同、与保险公司的保险合同等。为了保障TBT合同的顺利履行,政府应提供所需的一揽子基本保障体系。

6)BLT模式

(1)BLT模式的概念界定

BLT(Build-Lease-Transfer)即"建设—租赁—移交"模式,是传统BOT融资建设模式的一种发展延伸。该模式首先由政府出让项目建设权,项目公司负责工程项目融资和建设,项目建成后租赁给政府,并由政府(或其指定的机构)负责项目运行和日常维护,项目公司用政府付给的租金收入回收项目建设成本,并获得合理的回报,租赁期结束后,项目所有权移交给政府(或其指定的机构)。

该模式由建设、租赁、移交三个过程组成。其中,建设过程是指政府将项目建设权出让给项目公司,由项目公司负责筹集和提供建设资金来进行项目的建设,在项目建成后,其所有权归项目公司所有。根据特许权协议,租赁期内,项目公司拥有项目所有权并成为出租人,政府承诺将承租这个项目并支付租金成为承租人。项目移交是指双方约定的租赁期结束后,项目公司将无偿或以约定的回购价格将项目的所有权从项目公司转移至政府。

BLT模式内涵丰富,主要体现在以下三个方面。

①BLT模式是一种工程项目融资模式。BLT模式能否成功实施的必要条件是能否顺利筹得项目建设所需资金。以项目为担保,通过融资租赁的方式进行融资,是该模式较传统BOT融资方式的重要突破。

②BLT模式是一种投资模式。项目公司以承担相应风险为前提,通过利用投资者提供相应的股本资金或提供多种担保向银行等金融机构进行贷款等方式,融得BLT项目公司成立及项目后续建设所需资金;项目建成后,项目公司暂时拥有项目所有权,在租赁期内,政府仅拥有项目的经营权和使用权,项目公司以收取政府租金的方式回收建设成本并获得合理利润。项目所有权与经营权相分离是BLT模式的一大特色。

③BLT模式是一种项目建设管理模式。这种模式综合了多种经济因素和社会因素,引入竞争机制,体现了项目建设的市场化进程,使项目建设者对项目的建设管理范围更为广泛,管理手段更加灵活,管理效率也大大提高。

因此,BLT模式不仅是一种融资模式,还是一种投资、建设管理模式,可称为BLT融资建设模式。近年来,BLT模式主要在国际水利水电、校区开发等项目中应用。2008年,山东省烟台汽车工程职业学院新建新校区一期工程以BLT运作模式进行招标,现今该校区已经顺利建成。2016年4月,成都市中心城区首次尝试BLT模式修建武侯新城和万兴路进出城通道主车道并已通车。

（2）BLT模式与BOT模式的区别及优势

BLT模式作为BOT模式的衍生模式，既有其相似之处，又更具灵活性，存在许多优于传统BOT模式的优势。两者在主要参与方、融资方式、项目所有权归属、项目运营负责人、主体合同类型、项目收入来源、政府与私营部门的关系、运作程序及周期等方面进行对比分析，如表7.1所示。

表7.1　BOT模式与BLT模式的区别

融资建设模式		BOT	BLT
主要参与方		项目公司、政府、承包商、银行等金融机构	项目公司、政府，银行等金融机构
融资方式		传统BOT融资	融资租赁
项目所有权归属	施工阶段	项目公司拥有	项目公司拥有
	运营或租赁阶段	项目公司拥有	项目公司拥有
	移交阶段	政府拥有	政府拥有
项目运营负责人		项目公司	政府
主体合同类型		BOT特许经营协议、EPC承建合同、经营管理合同、项目移交合同、贷款合同	BLT特许协议、融资租赁合同、EPC总承包合同、项目移交合同、贷款合同
项目收入来源		项目运营现金流，一般为使用者支付	经营性项目一般为使用者支付，非经营性项目一般为政府财政支付
政府与私营部门的关系		委托代理关系	委托代理关系
运作程序及周期		确立项目→招标投标→成立项目公司→项目融资→项目建设→项目运营管理→项目移交	确立项目→招标投标→成立项目公司→项目融资→项目建设→项目租赁管理→项目移交

BLT模式与BOT模式有着基本一致的内涵：以引入私营资本或民营资本的方式实现政府行为；与政府形成委托代理关系，利用企业的高效率进行项目建设管理，通过特许授权使项目产权关系明晰化，从而实现资源最优配置，提高项目建设效率。在操作方式方面，特许期内的运营方式是两者最大的区别。BLT模式采用项目建设完工后直接交付政府进行运营的方式，项目公司在整个租赁期内按照合同约定收取租金，除提供一定年限的质保外，租赁期内只担负一定的非承租方原因的质量瑕疵修复责任。权责关系明确、相互制约严格等特点使BLT这种更为灵活的操作方式更容易为政府所接受。

（3）BLT模式与融资租赁的区别

①合同当事人及合同结构不同。融资租赁一般是指由出租人根据承租人对设备购买条件和要求，与供应商签订购买合同，购入承租人所需设备，并与承租人签订租赁合同，在约定时间内将租赁物交由承租人使用，通过按期收取租金的形式回收设备贷款、利息等支出，并

获得合理回报。通常情况下,融资租赁由出租人、承租人和供货商三方当事人和两个合同构成,即由出租人与供货商签订购买合同,出租人与承租人签订租赁合同。

而 BLT 模式中,由于租赁标的物具有特殊性,项目建设过程中参与方众多(主要涉及设计、勘察、施工、监理单位等)主要的三方当事人为政府部门、项目公司和总承包商。合同结构主要包括项目公司和总承包商分别以业主和总承包商身份签署的 EPC 总承包合同,以及项目公司和政府部门以出租方和承租方身份签署的融资租赁合同。

②租赁物瑕疵担保责任规定不同。在融资租赁情况下,出租人往往不承担租赁物瑕疵的担保责任,而租赁物的瑕疵担保责任通常由购买合同中规定的供应商承担。但在 BLT 模式下,租赁标的物是新建不动产工程,存在一个工程质量保证期和非承租人责任租赁物瑕疵的担保责任问题。在项目实施过程中,应在合同中约定租赁期间出租人对工程项目的质量保证期,以及非承租人原因的项目瑕疵修复责任。

③租赁标的物的提供过程不同。在融资租赁中,出租人和供应商签订购买合同,同时出租人与承租人签订租赁合同,因此,承租人和供应商双方并不是购买合同和租赁合同的当事人,但均应认可购买合同和租赁合同的有关条款,租赁标的物由供货商直接向承租人发货。

在 BLT 模式下,项目公司依据政府部门的要求选择 EPC 总承包商进行项目的建设,项目建成后作为租赁标的物,由项目公司以出租人的身份交付承租人,而政府以承租人的身份成为最终业主,负责检验和接受项目,项目验收合格后,开始进入租赁期。

7.2　ABS 模式

ABS(Asset Backed Securities)即资产证券化,20 世纪 70 年代产生于美国,最早起源于住房抵押贷款证券化,目前欧美国家的资产证券化市场仍然以住房按揭抵押贷款、企业应收账款等金融资产证券化为主。尽管 ABS 模式发展历史较短,但这一创新性极强的融资模式和高效的制度安排具有很大的发展潜力,是未来工程项目融资发展的一个主要趋势。

7.2.1　ABS 模式的含义及种类

1)ABS 模式的含义

ABS 模式是指以借款人所属的未来资产(收入)为支撑的证券化融资方法,即以借款人所拥有的未来资产(收入)作为基础,以这些资产将带来的预期收益为保证(交换),通过在资本市场发行债券来筹集资金的一种项目融资方式。

2)ABS 模式的种类

(1)根据基础资产不同划分

由于资产证券化以基础资产所产生的现金流为支持,资产证券化产品可以根据被选入证券化资产池(Assets Pool)的基础资产类别,分为住房抵押贷款证券(Mortgage-backed Securities,MBS)和资产支持证券(Asset-backed Securities,ABS)。前者以按揭贷款作为基础资产,后者则以除按揭贷款以外的其他资产作为基础资产。MBS 作为最早、最主要的资产证券化品种,根据抵押贷款标的物为商用不动产或住宅不动产,可将其划分为商业地产抵押贷款支持证券(Commercial Mortgage-backed Securities,CMBS)和住宅地产抵押贷款支持证券(Residential Mortgage-backed Securities,RMBS)两类。

(2)根据结构性重组划分

目前,北美、欧洲和其他新兴市场上证券化的资产种类很多,如住房抵押贷款、商业地产抵押贷款、人寿保险单、公共事业收费收入、信用卡应收款等。虽然被证券化的资产种类繁多,但是其基本组织结构一般被分为以下三种。

①过手证券。过手证券即将基础资产产生的现金流直接转移给投资者,并通过证券的出售,将基础资产的所有权转移给投资者。证券出售后,资产池不再作为发行人的资产出现在资产负债表中,所发行的证券同样不列为发行人的负债。发起人凭借资产管理方面的专业优势,往往担任资产池的服务人,定期向原债务人收取本息,扣除服务费和其他费用后将现金流转移给投资者。在这种结构中,发行人只是简单地对投资者转付,而不对现金流做任何主动管理,因此,投资者完全承担基础资产的提前偿付风险,现金流不稳定。过手证券在法律上占有较大优势,能够有效隔离发起人的破产风险。过手证券的发行过程如图7.9所示。

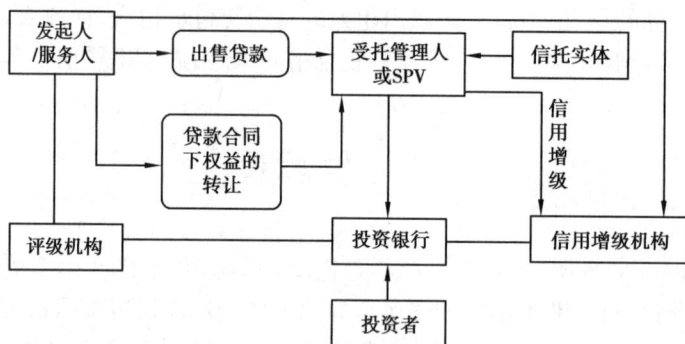

图7.9 过手证券的发行过程

②资产抵押证券。资产抵押证券是以整个资产池为抵押担保发行证券,发行人仍然对基础资产拥有所有权。资产抵押证券作为债务出现在发行人的资产负债表中,其实质是一种债权凭证。投资者按照合同约定的本息按时收取现金流,发行人要对从资产池中收取的现金流进行主动管理,承担一定的提前偿付风险。资产抵押证券的本息支付方式和基础资产不一致,为防止违约给投资者造成损失,一般要求提供超额抵押,通常为资产抵押证券面值的超额价值。资产抵押证券的一般结构如图7.10所示。

③转付证券。转付证券在基础资产所有权上与资产抵押证券类似,即资产池是发行人的资产,转付证券是发行人的负债;但在现金流支付上与过手证券类似,将基础资产的现金流直接付给投资者,由投资者承担提前偿付风险。与过手证券相比,该结构有较大灵活性,虽然不对现金流进行主动管理,但可以分割现金流,发行多档证券。转付证券可以由发起人自己持有次级证券,从而提升高级证券的信用等级,降低投资者风险,而同时发起人保留资产的剩余权益。因此,这种结构受到了市场的普遍欢迎。

(3)根据发行方分类

根据发行方的不同,资产证券化可以划分为金融机构发行的资产证券化产品和非金融

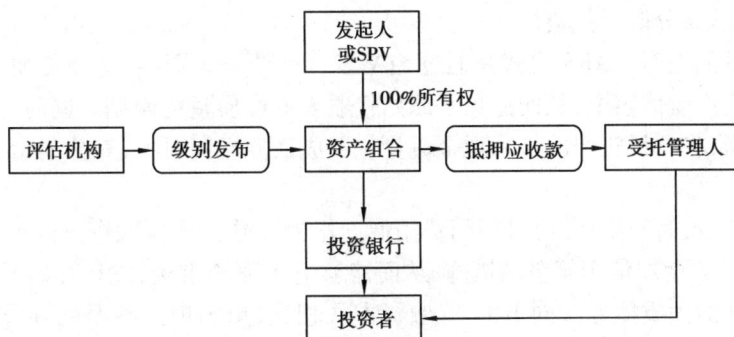

图 7.10 资产抵押证券的一般结构

机构发行的资产证券化产品。在美国等发达国家,资产证券化发展前期主要以金融机构发行居多,随即由非机构发行的资产证券化产品也开始在美国迅速增长,这主要是源于美国政府宽松的政策、追求自由灵活的证券化形式以及获取更高的经济效果。但是,在金融危机之后,非金融机构发行的资产证券化产品几乎全部消失,金融机构发行仍然占主力且规模变动不大。

7.2.2 ABS 模式的特点与优势

1) ABS 模式的特点

资产证券化是一种创新的融资方式,其适用范围较广,但并不是任何类型的资产都可以被证券化。资产证券化的特征主要有:

①与传统融资方式不同。资产证券化是资产支持融资,主要关注基础资产所产生的现金流,与原始权益人的信用和其他资产负债无关。

②资产证券化是结构性融资。设立的特殊目的公司(Special Purpose Vehicle,SPV)通过"真实出售"进行资产转移,实现了基础资产与发起人的破产隔离,分割了风险,最后对基础资产的现金流进行重组。

③资产证券化融资成本较低。资产证券化运用的交易架构和信用增级手段使得资产支持证券有较高的信用等级,一般都能以较高的价格发行,同时各项费用与交易总额的比率也很低。

2) ABS 模式的优势

①筹资规模大、成本低,资金来源广。ABS 模式的最大优势是通过在国际高档证券市场上发行证券筹集资金,证券利率一般较低,从而降低了筹资成本。而且证券市场容量大,资金来源渠道多样化,因此,ABS 模式特别适合大规模筹集资金。

②ABS 代表未来工程项目融资的发展方向。通过证券市场发行证券筹集资金是 ABS 模式不同于其他工程项目融资方式的一个显著特点。无论是产品支付项目融资,还是 BOT 模式,都不是通过证券化形式融资的。

③项目风险隔离,投资风险分散。ABS 模式隔断了项目原始权益人自身的风险,使其清偿债券本息的资金仅与项目资产的未来现金收入有关,加之在证券市场上发行的债券由众

多投资者购买,从而分散了投资风险。

④金融工具的创新。ABS 模式是通过 SPV 发行证券筹集资金,这种负债不反映在原始权益人自身的资产负债表上,从而避免了原始权益人资产质量的限制。同时,SPV 利用成熟的项目融资要素,将项目资产的未来现金流量包装成证券投资对象,充分显示了金融创新的优势。

⑤发行环节少,简便易行,而且中间费用低。作为证券化项目融资方式的 ABS 模式,由于采取了利用 SPV 增加信用等级的措施,从而能够进入证券市场,发行那些易于销售、转让以及贴现能力强的优质债券。同 BOT 等融资方式相比,ABS 模式涉及的环节较少,在很大程度上减少了酬金、手续费等中间费用。

⑥由于 ABS 模式是在证券市场筹资,其接触的多为一流的证券机构,按规范的操作规程行事,这将有助于培养东道国在国际工程项目融资方面的专门人才,规范国内证券市场。

7.2.3　ABS 模式的参与者及运作程序

1) ABS 模式的参与者

(1)资产证券化的发起人

资产证券化的发起人,通常也称原始权益人卖方,是被证券化资产的原所有者,也是资金的最终使用者。发起人的作用是确定资产组合,将其出售或者作为资产支持证券的抵押物。在资产证券化的发源地美国,发起人包括商业银行、财务公司、储蓄机构、保险公司、证券公司、其他金融公司、计算机公司、航空公司、制造企业等,这些发起人大多财力雄厚、信用卓著。

(2)资产证券化的特设机构

资产证券化的特设机构即发行人,通常也称特殊目的公司(SPV)。资产组合并不是由原始权益人直接转让给投资者,而是首先转让给一家独立中介机构,或者一个被称为"破产隔离"的公司。这些特殊目的公司是专门为发行 ABS 而组建的,具有独立法律地位。SPV 必须是无破产风险的实体,因此要满足以下条件:①目标与权力应受到限制;②债务应受到限制;③设有独立董事,维护投资者利益;④分立性;⑤不得进行重组兼并。特殊目的公司是发起人与投资者之间的桥梁,是资产证券化结构设计中的特点。

(3)资产证券化的代发行机构

资产证券化的代发行机构是指投资银行,在我国主要是综合性证券公司。投资银行为证券的公募发行和私募发行进行有效促销,确保 ABS 发行成功。在公募发行方式下,投资银行从发行人处买断证券,然后进行再销售;在私募发行方式下,投资银行并不买断证券,只作为 SPV 的销售代理人,为其成功发行 ABS 提供服务。但无论采用哪种方式,投资银行都要和发行者一起策划、组织证券化交易的整个过程,以使其符合相关法律、法规、会计和税收等方面的要求。

(4)资产证券化的信用担保机构

资产证券化除了以标的资产做担保外,还需要信用增级机构提供额外的信用支持。信用增级是减少 ABS 发行整体风险的有效途径,其目的是提高 ABS 的资信等级,提高定价和上市能力,降低发行成本。

（5）资产证券化的资信评级机构

资产证券化的资信评级机构需要给资产支持证券评定等级。信用评级是对信用风险的一种评估，其目的是对 ABS 的信用风险提供权威性意见，为投资者进行有效的投资决策提供合理、可靠的依据。实际操作中，由于 ABS 具有"有限追偿"的特殊性，资信评级机构只需对与 ABS 相联系的标的资产未来产生现金流量的能力进行评估，以判断可能给投资者带来的违约风险。正是因为这种评级的针对性，对那些由于自身资信不理想而难以涉足资本市场进行有效融资的企业意义非常重大。这种企业可以剥离出优质资产，采取相应的信用增级措施，从而获得远高于自身的资信等级，为通过资产证券化融资铺平道路。资信评级机构在完成初次评级后，还需要对该证券在整个存续期内的业绩进行追踪监督，及时发现新的风险因素，并做出是否需要升级、维持原状或降级的决定，以维护投资者的利益。

（6）资产证券化的投资者

投资者是购买 ABS 的市场交易者。由于投资者的风险偏好不同，因此不同风险程度的证券都有其市场。ABS 模式的风险-收益结构可以进行动态调节，能更好地满足投资者特定的风险-收益结构要求。投资者不仅包括大量机构投资者，也包括众多个人投资者。

（7）资产证券化的服务人

资产证券化的服务人通常由原始权益人兼任，负责定期向原始债务人收款，然后将源自证券化资产所产生的现金转交 SPV，使 SPV 能定期偿付投资者。同时，从 SPV 处定期获取服务费。

（8）资产证券化的受托管理机构

在 ABS 发行中，受托管理机构是服务人和投资者的中介，也是信用提高机构和投资者的中介。ABS 发行，无论是通过发行人进行证券销售，还是通过发行人担保债务，受托管理机构都不可缺少。受托管理机构一般由 SPV 指定，服务人从原始债务人收来的款项将全额存入受托管理机构的收款专户。受托管理机构按约定建立积累金，并对积累金进行资产管理，最后交给 SPV，对投资者还本付息。

2）资产证券化的运作程序

（1）发起人选定基础资产，构建资产池

资产证券化的发起人根据自身融资需求，首先确定融资规模，然后对自己现有的未来能产生现金流的资产进行清理和估算，选定用于证券化的基础资产。从发起人的资产负债表中剥离这些资产，汇集起来构建资产池。发起人必须对资产池的每项资产拥有完整所有权，一般来说，资产池的未来预期现金流要略大于证券化产品的还本付息额。

（2）组建特殊目的公司

实现真实出售特殊目的公司（SPV）是为资产证券化交易专门设立的，是证券化产品的发行人。SPV 作为一个有信托性质的实体，向投资者发行受益凭证（资产支持证券）募集资金，用这些资金从发起人手中购买基础资产。未来基础资产产生的现金流用于向投资者偿还利息和本金。设立 SPV 的目的就是实现与发起人的破产隔离。SPV 拥有一个特殊而严格的资产负债结构，其资产方只有从发起人处购买的基础资产，其负债方也只有发行证券化产品带来的债务。SPV 对基础资产拥有完整权益，当发起人破产时，基础资产不在清算范围之列。这样，发起人的经营风险不会影响到投资者。

SPV 的设立是资产证券化过程中的重要环节,要本着利润最大化的原则。SPV 不一定要在发起人所在地注册,主要看注册地有哪些法律监管方面的限制,是否有税收优惠等。为了保护投资者利益,确保真正的风险隔离,一般对 SPV 都有以下限制:经营范围严格限制在资产证券化业务;不承担除发行资产支持证券所带来的债务以外的其他债务;不对其他机构提供担保;运作过程中要做到财务独立,不与其他机构发生关联关系;对投资者还本付息之前,不进行任何形式的利益分配。

(3)完善交易结构,进行内部评级

设立 SPV 之后,SPV 需要与服务人签订服务协议。服务人的职能是对基础资产的现金流进行收集并按时转付给投资者,在实际操作中,很多时候发起人会承担服务人的角色。SPV 还要与投资银行达成承销协议,与托管银行签订托管合同,与银行达成资金周转协议,在必要时给 SPV 提供流动性支持。在完善了交易结构之后,需要请信用评级机构先进行一次内部评级。评级机构对基础资产的信用状况进行评估,对交易结构的安排进行分析,给出评级结果。如果得出的评级结果未达到预期,评级机构会提供信用增级的相关建议。

(4)信用增级

为了获得理想的信用级别,吸引更多的投资者,发行人要通过一定的措施实现信用增级。信用增级措施可分为自我保险和外部担保两类,在实践中要具体情况具体分析,根据每个项目的结构和交易特点决定采用哪种增级方式。信用增级改善了证券的发行条件,提高了其市场认可度,相应地降低了融资成本。

(5)进行发行评级,发行证券

信用增级之后,发行人请评级机构正式对资产支持证券进行发行评级,并将评级结果向资本市场公告。在金融市场上产品种类繁多,由于信息不对称,投资者无法完全准确地了解各产品的真实状况,所以债券的信用等级是投资者非常关注的一个因素。客观、公正的信用评级可以帮助投资者做出正确的抉择。获得正式的信用评级之后,由投资银行负责向投资者发行证券。证券的发行方式包括公募和私募两种。在公募方式下,证券面向不特定的投资群体公开发行,资本市场上的所有投资者都可以申购。公募发行对证券的资质要求较高,如果达不到这些要求,可以采用私募发行的方式。采用私募方式时,证券并不公开向所有投资者发行,而是由投资银行联系特定的、符合相关条件的投资者。私募发行的证券流动性较差,所以一般要提供较高的收益率作为补偿。证券发行结束后,发行人从承销商处获得发行收入,然后按约定的购买价格向发起人支付基础资产的购买款项。到此为止,发起人成功地实现了融资的目的。

(6)管理资产池,到期还本付息

服务人负责资产池的日常管理,主要是对基础资产产生的现金收入进行收取和记录,当债务人没有按时偿还时要通告催收。收取的现金全部存在托管银行的专用账户中,每到约定的时间,托管银行将资金划拨到投资者账户,偿付本息。证券本息全部偿还完毕后,若还有资金剩余,则按协议规定在发起人和发行人之间分配。

资产证券化的一般运作流程见图 7.11。整个过程涉及很多参与主体,需要各参与方的协同合作。

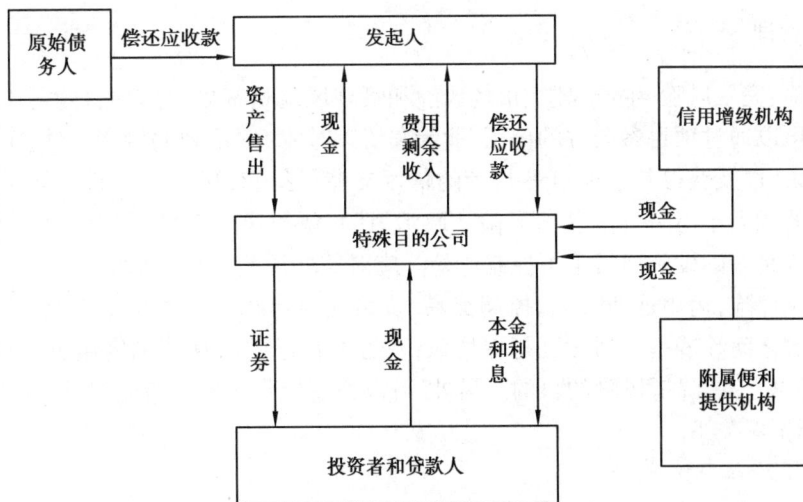

图 7.11　资产证券化运作流程图

7.2.4　利用 ABS 模式融资时应该注意的问题

1）SPV 的组建

利用 ABS 方式融资的前提条件是组建 SPV,但组建的 SPV 若要获得国际权威资信评估机构授予的较高资信等级,除了要具备雄厚的经济实力外,还要选择合适的国家或地区登记注册。因此,我国目前应选择一些实力雄厚、资信良好的金融机构,通过合资、合作等形式,与西方发达国家资信卓著的金融机构共同组建 SPV(或成为现在 SPV 的股东),为我国在国际证券市场上大规模开展项目证券融资奠定良好的基础。

2）基础设施项目的会计、税收和外汇管理

由于 ABS 工程项目融资本身的复杂性,涉及会计、税收和外汇管理等多方面问题,会存在诸多不完善的地方,有时甚至还存在一定的冲突。因此,在推行 ABS 基础设施项目融资时,建立和完善有关准则是一个亟待解决的问题。

3）规模化的市场投资者

为了实现降低成本的目的,证券化融资往往以较大规模的基础资产为支撑,这也就决定了证券化业务的成功运作离不开规模化的投资者参与。在我国目前的机构投资者中,社保基金、保险基金、证券投资基金和商业银行都因自身的经营管理水平、资金规模和法律规定以及出于对资金安全性方面的考虑,在短时间内不可能成为资产支持证券的有力承受者;而国外机构投资者可能碍于中资企业的信用风险和政策风险,在我国的证券化业务中也仅限于提供中介性质的代理、咨询服务,即便有实质性投资行为,也局限于有政府背景、能产生稳定现金流、拥有经营收费权的大型基础设施建设项目。

4) 风险管理

信用风险、完工风险、生产风险、市场风险和管理风险是基础设施项目的可控制风险。可以通过项目参与方的信用、业绩和管理技术,一系列的融资文件、信用担保协议,以及获得其他项目参与者的信用支持,形成金融、法律、行政等各专业组成的顾问小组来分散这些风险。政治风险、法律风险、金融风险和环境保护风险等是基础设施项目不可控制风险。应对这些风险,可以利用国内外保险公司提供保险,运用远期合同、掉期交易、货币互换等各种金融衍生工具,或东道国政府之间签署一系列相互担保协议,双方在自己的权利范围内做出某种担保或让步,以达到互惠互利、降低风险的目的。另外,可以通过风险分散化策略,加强基础设施项目的评估,协调担保关系。

7.3 PFI 模式

7.3.1 PFI 模式的含义及特点

1) PFI 模式的含义

PFI(Private Finance Iitiaive)即"私营部门主动融资",是指由私营企业进行项目的建设与运营,从政府方或接受服务方收取费用以回收成本。在这种方式下,政府以不同于传统的由政府负责提供公共产品的方式,而是采取促进私人资本有机会参与基础设施和公共物品的生产和提供公共服务的一种全新的公共产品产出方式。该方式是政府与私营部门合作,由私营部门承担部分政府公共物品的生产或提供公共服务,政府购买私营部门提供的产品和服务,或给予私营部门收费特许权,或政府与私营部门以合作方式共同运营等方式,实现政府公共物品产出中的资源配置最优化、效率和产出的最大化。

PFI 模式由英国政府于 1992 年提出,是继 BOT 模式之后的又一个优化和创新的公共项目融资方式。在 1979 年的大选中,撒切尔夫人带领的保守党获胜,英国政府致力于私人参与公共部门活动,最初的焦点是将服务业的运营向外发包给私人部门。1992 年,保守党政府推出了 PFI,旨在促使中央政府和地方当局方面都进一步加强公共部分与私人部分的合作伙伴关系。1997 年工党上台,工党政府继续推进 PFI。英国应用 PFI 的项目涉及领域非常宽广,在交通运输、教育文化、行政设施、情报信息、国防等领域均有涉及。

PFI 模式是这样一个过程:政府部门发起项目,由私人部门进行项目建设 – 运营,并按事先的规定提供所需的服务。政府采用 PFI 目的在于获得有效的服务,而并非旨在最终的建筑的所有权。在 PFI 模式下,公共部门在合同期限内因使用承包商提供的设施而向其付款。在合同结束时,有关资产的所有权或者留给私人部门承包商,或者交回公共部门,取决于原始合同条款规定。

从 PFI 的内涵来看,主要包括四个方面:

第一,在公共服务提供方面,最大限度地利用私人部门的专业性、创造性、技术力和管理运营能力。

第二,由私人部门来进行公共产品的设计、资金投入、建设以及运营。

第三,不是由公共部门直接提供公共设施的资产,而是购买私人部门提供的公共服务。

第四,公共部门仅限于政策计划的制订。

PFI 模式的一个基本特点是:私人部门设计、私人部门融资、私人部门的建设和运营。在英国以 PFI 为方案的项目已经越来越多,涉及几乎所有公共领域,如桥梁、道路、电力、铁路、监狱、国家医院、学校(包括 IT 体系)、政府机关的建筑物、上下水道、国防的相关设施(通信、训练设施)、社会保障的支付体系、政府机关的 IT 体系等。在这些领域,公共资本退出而私人资本介入,政府购买私人部门提供的公共服务。在政府固定预算的范围内,在现有的税收条件下,提供低成本高质量的公共产品是 PFI 追求的唯一目标。PFI 的着眼点在于公共服务的私人提供。PFI 强调的重点是私人投资活动的政府预算外优势,即在社会福利事业中,采取私人投资可以走出政府预算的限制。

PFI 在整个英国实施了很多年以后,针对 PFI 模式存在的可融资性偏低、透明度和灵活性不足等问题,英国政府希望创新合作方式,减轻财政负担。在改进 PFI 模式的基础上,2012 年 12 月英国财政部正式推出 PF2。

PF2 模式的创新性体现在三个方面:一是提高政府资本金比例,政府以小股东身份参与项目,并将项目的融资限额从 90% 降至 80%,抑制过度投机行为;二是改进招标流程,提高项目招标效率;三是提高信息透明度,满足公众对项目的信息需求。通过 PF2 的优化,公共部门和私人部门之间基本形成了风险共担、收益共享的长期稳定的公私合作关系。

PFI 可以理解为 PPP 模式在英国的发展,其含义与狭义的 PPP 模式概念非常类似,只不过 PFI 更强调私人部门的资本投入。PFI 也是一个概念范畴,它包括 DBFO(Design Build Finance and Operate)、BOO(Build Own Operate)等多种模式。由于英国的 PFI 主要以 DBFO 方式实现,因而在某些文献中 PFI 特指 DBFO 模式。

2)PFI 模式的特点

虽然 PFI 模式来源于 BOT 模式,也涉及项目的"建设—经营—转让"问题,但是作为一种独立的融资模式,与 BOT 相比,它具有以下特点:

①项目主体单一。PFI 项目的主体通常是本国民营企业的组合,体现出民营资金的力量。

②项目管理方式开放。首先,对项目建设方案,政府部分仅根据社会需求提出若干备选方案,最终方案通过在谈判过程中与私营部门协商确定;其次,对项目所在地的土地提供方式以及以后的运营收益分配和政府补贴额度等,都要综合当时政府与私营企业的财力、预计的经营效益以及合同期限等综合因素而定,具有较强的灵活性。

③实行全面代理制。PFI 公司通常自身不具有开发能力,在项目开发过程中,广泛运用各种代理关系,并且这种代理关系通常在招标书和合同中就予以明确,以确保项目开发安全。

④合同期满后项目运营权的处理方式灵活。PFI 模式在合同期满后,如果私营企业通过正常的经营未达到合同规定的收益,则可以继续拥有或通过续租的方式继续运营,这是在前期合同谈判中需要明确的。

7.3.2 PFI 模式的典型类型

根据资金回收方式的不同,PFI 模式通常有以下三种类型。

1)在经济上自立的项目

以这种方式实施的 PFI 项目,私营部门在提供公共服务时,政府不向其提供财政的支持,但是在政府的政策支持下,私营部门是通过项目的服务向最终使用者收费来回收成本和实现利润的。公共部门不承担项目建设费用和项目运营费用,但是私营部门可以在政府特许下,通过适当地调整对使用者的收费来补偿成本的增加。在这种模式下,公共部门对项目的作用是有限的,也许仅仅是承担项目最初的计划或按照法定程序,帮助项目公司开展前期工作和按照法律进行管理。

2)向公共部门出售服务的项目

私营部门提供项目服务所产生的成本,完全或主要是通过私营部门公共服务提供者向公共部门收费来补偿的。这样的项目主要包括私人融资兴建的监狱、医院和交通线路等。

3)合资经营

公共部门和私营部门共同出资,分担成本和共享收益。但是,为了使项目成为一个真正的 PFI 项目,项目的建设由私营部门进行,项目的控制权必须由私营部门来掌握,公共部门只是一个合伙人的角色。

7.3.3 PFI 模式的运作程序及要点

1)PFI 模式的运作程序

①事前分析。由政府部门确定可资经营的公共设施项目,通过成本费用、外部效果、国民经济等分析与评价进行民营化可行性研究,并确定政府的支援条件,如信用担保等。

②谈判签约阶段。由政府部门通过招标、投标、竞标,确定开发主体,进行谈判,并审查主体的开发能力,然后签订协议。PFI 公司进行可行性分析,制订开发计划,办理公司成立事宜。

③开发运营阶段。由 PFI 公司履行协议,负责设计、施工、运营,进行开发建设,而政府起指导、支援作用。

④转移、终止阶段。PFI 公司办理转移、清算等事宜,公司解散,然后由政府接管和运营。

2)PFI 模式的运作要点

(1)相关的法律法规以及体制环境

英国政府明确规定,英国政府和地方政府的公共项目,在建设计划阶段必须首先考虑 PFI 模式,除非政府的评估部门认可该项目不宜或不能或没有私营部门参与的情况下,才能采用传统的政府财政投资兴建的办法。

随着我国市场经济体系的不断完善,我国私人投资领域的范围限制得到了很大的放宽,近期颁布的若干吸引、刺激外资和私人投资的法规都明确了非财政性投资在大量基础设施项目中的作用,但在私人资本参与公共项目的领域、模式理论和方法上,尚缺乏细化的研究。

(2)PFI 项目的前期准备

PFI 项目一般涉及时间长、资金投入巨大、涉及社会效应显著,其成功与否关系到整个社会的效率与安定。所以,在前期做好详细的研究与周密的权利义务安排是十分必要的。在国外,PFI 项目的法律费用十分高昂,但是,正是因为在项目前期,有专业律师和顾问公司的参与,能避免许多潜在的纠纷和麻烦,保证项目的顺利开展,实际上可以大大节约各方面可能发生的为解决潜在争议的开支。

PFI 模式下的政府目标是引导私营部门参与公共项目,从而实现扩大公共项目融资渠道、提高公共产品和服务的效率。这显然与私营部门参与的目标存在差异。因此,必须通过对基础设施项目 PFI 立项问题的研究,在代表整个社会的政府和公司之间寻求利益平衡点,建立项目评估体系。

(3)PFI 项目各参与方的风险分配

风险分配研究的目的在于科学地评价项目的各类风险,均衡项目各参与方的风险分担。其核心内容包括风险分担原则的确立,以及确保该原则获得执行的机制设计。基础设施建设项目的风险涉及社会、政策、经济、管理、自然等方面,一个基本原则是以 PFI 公司作为市场主体来确定其风险和收益的分配,因此经营性风险应该主要由 PFI 公司承担;而政策及政府支付等风险,则不应该由 PFI 公司承担。此外,社会、自然不可抗力等风险,应该根据具体基础设施项目特征确立分担模式。

(4)PFI 项目的合同与协议安排

PFI 项目需要一系列的合同安排,而且各个合同环环相扣,合同之间的相关性使得整个项目合同群成为一个系统工程。

①项目协议(特许协议)。这是最关键的一份合同文件,通常通过该协议授予项目公司权利来进行整个项目的操作,包括设计、建设、融资和经营。项目公司会尽可能地将所有的风险转移给各种分包商。例如,将设计和建设风险转移给承包商;将运营维护风险转移给运营商。这种转移的理论基础就是让最能有效管理风险的组织来管理风险。

②建筑合同。PFI 项目中的建筑合同往往都是"交钥匙"合同,由承包商承担设计、建筑、供应、安装、调试与试运行等全部工作。

③运营与维护分包协议。该协议是从服务开始时开始执行的。通常运营商都是具有卓著业绩的运营者,因为运营是产生现金流的来源,只有良好的运营才能保证对投资者(贷款人)贷款的偿还。

④其他专业分包合同,如培训合同、物流合同等。

⑤附带保证(Collateral Warranty)/承包商直接协议(Direct Agreement)。这些文件并非在任何时候都是必需的。但是,当某个分包商的工作至关重要的时候,就需要这些文件来保证分包商工作的顺利完成。总的说来,这些文件能对合同顺利履行提供一定程度的额外保护。有的时候,政府与项目公司都需要类似的保证。直接协议是 PFI 项目的一个特色,它是指资金提供方(出贷方)与借款方(承/分包商)在 PFI 项目合同下的合同相对方签订直接协议,规定在借款方(承/分包商)违反 PFI 项目合同时,相对方不能直接终止与借款方的 PFI

项目合同,而必须给出贷方一个机会"介入",以纠正违约。

7.4 PPP 模式

随着城镇化建设和"一带一路"倡议的实施,政府部门将提供更多的公共物品,政府和社会资本合作(PPP)在我国基础设施建设中的作用将越发凸显。为促进经济转型升级、支持新型城镇化建设,党的十八届三中全会提出"允许社会资本通过特许经营等方式参与城市基础设施投资和运营"。自 2014 年 9 月财政部发布《关于推广运用政府和社会资本合作模式有关问题的通知》(财金〔2014〕76 号)起,国家各部委及地方政府纷纷出台各项政策为 PPP 模式发展保驾护航。

7.4.1 PPP 模式的含义及优势

1)PPP 模式的含义

PPP(Public Private Partnership)也称 3P 模式,即政府与社会资本合作模式,是公共基础设施的一种工程项目融资模式。在该模式下,鼓励私人企业与政府进行合作,参与公共基础设施建设。通过这种合作形式,合作各方可以达到与预期单独行动相比更为有利的结果。合作各方参与某个项目时,政府并不是把项目的责任全部转移给私人企业,而是由参与合作的各方共同承担责任和融资风险。双方首先通过协议的方式明确共同承担的责任和风险,其次明确各方在项目各个流程环节的权利和义务,最大限度地发挥各方优势,使项目建设既能摆脱政府行政的诸多干预和限制,又能充分发挥民营资本在资源整合与经营方面的优势,从而达到比预期单独行动更有利的结果。PPP 模式代表的是一个完整的工程项目融资的概念,如图 7.12 所示。

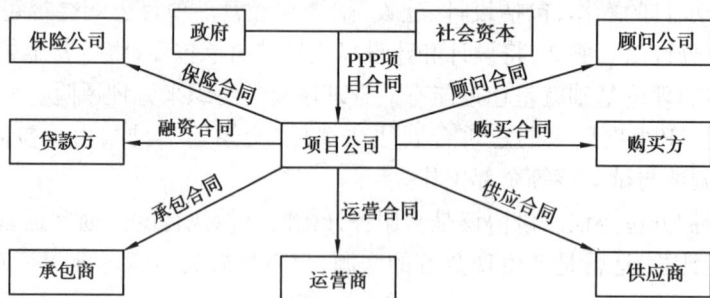

图 7.12 PPP 模式的结构

PPP 作为一种新兴的融资模式,于 20 世纪 90 年代被引入中国,与中国政府当时对外商投资的急切需求不谋而合。截至目前,广义 PPP 模式的具体实施模式包括 BOT、TOT、BOO、BOOT、ABS、PFI 等多种模式。

PPP 模式的主要特点如下:

(1)伙伴关系

伙伴关系是 PPP 模式的核心。政府与民营组织形成伙伴关系,并有着共同的目标。具体地说,就是合作双方努力以最合理的资源分配和最快的速度提供最优质的产品或服务。政府以此目标实现公共福利供给,而民营组织以此目标实现其自身利益追求。

(2)利益共享

在 PPP 模式下,政府获得社会成果,而民营组织获得长期、稳定、合理的投资回报。应注意的是,PPP 模式中政府与民营组织并不是简单的利润分享,政府还需要控制民营组织在项目执行过程中不至于形成超额利润。

(3)风险共担

PPP 模式中,政府与民营组织的风险分担原则为各种风险由较擅于应对该风险的一方承担,从而使得整个项目的风险最小化,并使资源达到最合理的分配。

2)PPP 模式的优势

(1)减轻政府财政负担

由于仅仅依靠国家投入已经无法满足经济对基础设施建设的要求,采用 PPP 模式引入民间资本,能使很大一部分政府性债务转由民营组织承担,从而降低政府的资产负债率,减轻政府财政负担。

(2)为民间资本提供投资机会

随着我国经济 30 余年的高速发展,人民日益富裕,民营企业日益壮大,民间巨额资本开始寻找投资机会。PPP 模式为民间资本提供了具有长期回报的投资机会。与此同时,只要配合适当的政策调整,PPP 模式也可成为政府在宏观上引导巨额民间资本流向的工具。

(3)转变政府职能

过去,政府是基础设施和公共服务的直接提供者和经营者,要花大量的资源在项目的建设和经营上。采用 PPP 模式,项目的建设和经营任务变为由民营组织承担,政府则只需对项目进行规划、协调和监管,从而大大提高了政府的工作效率,为政府精简机构提供了可能性。

(4)降低项目全寿命周期成本

采用 PPP 模式能充分发挥政府和民营组织的优势,使资源在项目的规划、建设和运营阶段都达到最合理的分配,从而最大限度地降低了项目的全寿命周期成本。在竞争中脱颖而出的优秀民营组织,其先进的管理技术和丰富的管理经验在降低项目全寿命周期成本中必然能起到积极的作用。

(5)降低项目的风险

风险共担是 PPP 模式的特征之一。由于各种风险由较擅于应对该风险的一方承担,有效地减小了各种风险发生的可能性和发生后可能造成的损失,从而使得整个项目的风险最小化。

(6)应用范围广泛

PPP 模式不仅适用于营利项目,也适用于非营利项目;不仅适用于工程建设领域,也适用于服务领域。因此,PPP 模式比许多传统融资模式的适用范围更为广泛。

【案例】

PPP 作为公私合作模式,可采取具体的合作形式,这些形式可以由不同的操作要素与环节组合而成。各种要素的组合,可以采取要素进行横向和纵向排列(表 7.2),分别进行组合,就形成了 PPP 的具体操作形式。

表 7.2　PPP 的要素组合表

要素分解	购买	设计	建设	发展	维修	更新	拥有	融资	租赁	经营	服务	补助	移交	转让	管理	总包
购买																
设计																
建设																
发展																
维修																
更新																
拥有																
融资																
租赁																
经营																
服务																
补助																
移交																
转让																
管理																
总包																

　　PPP 可以是以下要素的组合：购买（Buy）、设计（Design）、建设（Build）、发展（Develop）、维修（Maintain）、更新（Upgrade）、拥有（Own）、融资（Finance）、租赁（Lease）、经营（Operate）、服务（Service）、补助（Subsidize）、移交（Deliver）、转让（Transfer）、管理（Management）、总包（Whole-Transaction）。PPP 的具体形式就是这些要素的具体组合形式。

7.4.2　PPP 模式的信用担保结构

　　根据担保主体不同，在 PPP 项目中所采用的担保形式通常有两种，即私营企业作为项目担保人和政府作为项目担保人。

1）私营企业作为项目担保人

　　私营企业（包括私人或私人实体）作为项目担保人是指私营企业作为股东，以其自有财产作为抵押向银行提供担保，以获得贷款资金的担保形式。私营企业提供担保的范围通常限于在项目开发过程中发生的且 SPV 能够控制的风险，如设计风险、施工风险（预算超支、工程质量问题）等，在风险分配时，这类风险通常由私营企业或相关机构来承担。

2）政府作为项目担保人

政府作为项目担保人主要是间接的或非财务性的担保，如政府与 SPV 签订长期购买服务的协议，或是以某种定价公式为基础的远期供货协议等。政府担保的范围通常是非商业性风险部分，如法律风险、政策风险和金融风险等。在风险分配时，这类风险由政府承担。例如，在污水处理项目中，经水处理生产出的净化水必须输到政府统一的水网中才能提供给公众，政府是公共产品的唯一购买者。因此，政府必须与 SPV 签订长期购买协议，以保证项目投资的回收以及资金运作。

案例：PPP模式
助力长沙中低
磁浮工程建设

7.4.3 物有所值评价

按照财政部印发的《政府和社会资本合作模式操作指南（试行）》，PPP 项目识别阶段包含项目发起、项目筛选、物有所值评价和财政承受能力论证。财政部门（政府和社会资本合作中心）会同行业主管部门，从定性和定量两方面开展物有所值评价工作。

1）物有所值评价的内涵

物有所值（Value For Money，VFM）一词最早出现在英国。国际上没有关于 VFM 的统一定义。VFM 评价是国际上普遍采用的一种评价传统上由政府提供的公共产品和服务是否可运用 PPP 模式的评估体系，旨在实现公共资源配置利用效率最优化。

不同国家的 VFM 评价体系不同，但具有共同的评估标准，主要有支付能力、风险竞争和分摊。评价指标为最优风险转移、有效的公共服务、公共基金的利用率、创新设计、充分利用私人部门。

根据财政部印发的《政府和社会资本合作模式操作指南（试行）》，VFM 是指一个组织运用其可利用资源所能获得的长期最大利益。

在财政部印发的《PPP 物有所值评价指引（试行）》中，物有所值（VFM）评价是判断是否采用 PPP 模式代替政府传统投资运营方式提供公共服务项目的一种评价方法。

物有所值评价要进行评价准备工作，所涉及的资料主要有（初步）实施方案、项目产出说明、风险识别和分配情况、存量公共资产的历史资料、新建或改扩建项目的（预）可行性研究报告、设计文件等。

开展物有所值评价时，项目本级财政部门（或 PPP 中心）应会同行业主管部门，明确是否开展定量评价，并明确定性评价程序、指标及其权重、评分标准等基本要求。开展物有所值定量评价时，项目本级财政部门（或 PPP 中心）应会同行业主管部门，明确定量评价内容、测算指标和方法，以及定量评价结论是否作为采用 PPP 模式的决策依据。

2）物有所值评价的工作流程

物有所值评价（VFM）是判断是否采用 PPP 模式代替政府传统投资运营方式提供公共服务项目的一种评价方法，应遵循真实、客观、公开的原则。物有所值评价的工作流程如图 7.13 所示。

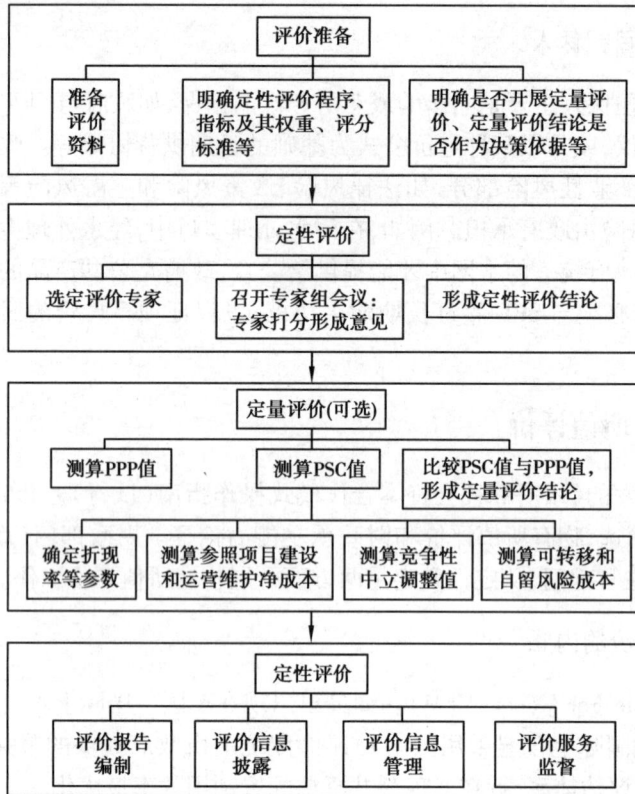

图 7.13　物有所值评价的工作流程
（资料来源:财政部《关于印发 PPP 物有所值评价指引(试行)》的通知）

物有所值评价包括定性评价和定量评价。定性评价是专家组根据项目情况进行打分,项目本级财政部门(或 PPP 中心)会同行业主管部门,根据专家组意见,做出定性评价结论的评价方法。定量评价可作为项目全生命周期内风险分配、成本测算和数据收集的重要手段,以及项目决策和绩效评价的参考依据。

物有所值评价结论应统筹定性评价和定量评价结论。物有所值评价结论分为"通过"和"未通过"。对"通过"的项目,可进行财政承受能力论证;对"未通过"的项目,可在调整实施方案后重新评价,仍未通过的则不宜采用 PPP 模式。

3)物有所值定性分析

物有所值定性评价一般通过专家咨询方式进行,侧重于考察项目的潜在发展能力、可能实现的期望值以及项目的可完成能力。定性评价的结果用于判断是否需要定量评价,如果定性评价的结果显示项目不适用于采用 PPP 模式,则可以直接进行传统采购模式的决策,不需要定量评价。

(1)定性评价内容

定性评价指标包括全生命周期整合程度、风险识别与分配、绩效导向与鼓励创新、潜在竞争程度、政府机构能力、可融资性六项基本评价指标。具体内容如下:

①全生命周期整合程度:主要考核在项目全生命周期内,项目设计、投融资、建造、运营和维护等环节能否实现长期、充分的整合。

②风险识别与分配：主要考核在项目全生命周期内，各风险因素能否得到充分识别并在政府和社会资本之间进行合理分配。

③绩效导向与鼓励创新：主要考核是否建立以基础设施及公共服务供给数量、质量和效率为导向的绩效标准和监管机制，能否落实节能环保、支持本国产业等政府采购政策，能否鼓励社会资本创新。

④潜在竞争程度：主要考核项目内容对社会资本参与竞争的吸引力。

⑤政府机构能力：主要考核政府转变职能、优化服务、依法履约、行政监管和项目执行管理等能力。

⑥可融资性：主要考核项目的市场融资能力。

项目本级财政部门（或PPP中心）会同行业主管部门，可根据具体情况设置补充评价指标。补充评价指标主要是6项基本评价指标未涵盖的其他影响因素，包括项目规模大小、预期使用寿命长短、主要固定资产种类、全生命周期成本测算准确性、运营收入增长潜力、行业示范性等。

（2）定性评价要求

①指标权重。在各项评价指标中，六项基本评价指标权重为80%，其中任一指标权重一般不超过20%；补充评价指标权重为20%，其中任一指标权重一般不超过10%。

②指标评分等级与标准。每项指标评分分为五个等级，即有利、较有利、一般、较不利、不利，对应分值分别为81～100、61～80、41～60、21～40、0～20分。

项目本级财政部门（或PPP中心）会同行业主管部门，按照评分等级对每项指标制订清晰准确的评分标准。

③专家要求。定性评价专家组包括财政、资产评估、会计、金融等经济方面专家，以及行业、工程技术、项目管理和法律方面专家等。

④专家组会议。专家组会议基本程序如下：专家在充分讨论后按评价指标逐项打分，专家打分表如表7.3所示；按照指标权重计算加权平均分，得到评分结果，形成专家组意见。

表7.3　物有所值定性评价专家打分表

指标		权重/%	评分
基本指标	全生命周期整合程度		
	风险识别与分配		
	绩效导向与鼓励创新		
	潜在竞争程度		
	政府机构能力		
	可融资性		
	基本指标小计	80	—
补充指标			
	补充指标小计	20	—
合计			
专家签字：　　　　年　　月　　日			

（3）定性评价结论

项目本级财政部门（或 PPP 中心）会同行业主管部门根据专家组意见，得出定性评价结论。原则上，评分结果在 60 分（含）以上的，通过定性评价；否则，未通过定性评价。

4）物有所值定量分析

（1）定量评价的概念

物有所值定量评价是比较 PPP 模式的总收益和总成本与传统公共采购模式的总收益和总成本，看哪种采购模式总成本低而总收益高。它是在假定采用 PPP 模式与政府传统投资方式产出绩效相同的前提下，通过对 PPP 项目全生命周期内政府方净成本的现值（PPP 值）与公共部门比较值（PSC 值）进行比较，判断 PPP 模式能否降低项目全生命周期成本。

实践中，一般假设不管采用哪种采购模式，都将得到相同的产出、效果和影响（如财务效益和社会经济效益），即定量评价建立在产出价格相同的基础上。基于这一假设，只需要比较不同采购模式下的净成本现值即可，净成本现值小的采购模式物有所值。

根据国际经验，PPP 项目的定量评价有两种不同的概念与计算方法：

①对项目采用传统模式下的全寿命周期成本，即公共部门参考标准（Public Sector Comparator，PSC），与采用 PPP 模式下的全寿命周期成本（Life Cycle Cost，LCC，指一个建构筑物系统在一段时间内拥有、运行、维护和拆除的总成本，通常由建设成本、建设期利息、运营管理费用、税金和风险控制成本构成）进行对比衡量，两者的差额部分体现的就是物有所值（VFM），即

$$VFM = PSC - LCC$$

这里的 LCC 值包含政府部门和私人部门两部分的成本。

②在假定采用 PPP 模式与政府传统投资方式产出绩效相同的前提下，通过对 PPP 项目全生命周期内政府方净成本的现值（PPP 值）与公共部门比较值（PSC 值）进行比较，判断 PPP 模式能否降低项目全生命周期成本，即

$$VFM = PSC - PPP$$

这里的 PPP 值只包含政府部门的成本。我国采用的就是这种方法。

（2）定量评价的计算公式

$$VFM = PSC - PPP$$

PSC 值是指在项目全寿命周期内，政府采用传统采购模式与 PPP 项目产出说明相同的公共产品和服务的全部成本的现值。

PSC 值是以下三项成本的全生命周期现值之和：

①参照项目的建设和运营维护净成本。

②竞争性中立调整值。

③项目全部风险成本。

参照项目可根据具体情况确定为：

①假设政府采用现实可行的、最有效的传统投资方式实施的、与 PPP 项目产出相同的虚拟项目。

②最近五年内，相同或相似地区采用政府传统投资方式实施的、与 PPP 项目产出相同或非常相似的项目。

建设净成本主要包括参照项目设计、建造、升级、改造、大修等方面投入的现金以及固定资产、土地使用权等实物和无形资产的价值,并扣除参照项目全生命周期内产生的转让、租赁或处置资产所获的收益。

运营维护净成本主要包括参照项目全生命周期内运营维护所需的原材料、设备、人工等成本,以及管理费用、销售费用和运营期财务费用等,并扣除假设参照项目与 PPP 项目付费机制相同情况下能够获得的使用者付费收入等。

竞争性中立调整值主要是采用政府传统投资方式比采用 PPP 模式实施项目少支出的费用,通常包括少支出的土地费用、行政审批费用、有关税费等。

项目全部风险成本包括可转移给社会资本的风险承担成本和政府自留风险的承担成本,参照财政承受能力论证有关规定测算。如果 PPP 合同约定保险赔款的第一受益人为政府,则风险承担支出应为扣除该等风险赔款金额的净额。政府自留风险承担成本等同于 PPP 值中的全生命周期风险承担支出责任,二者在 PSC 值与 PPP 值比较时可对等扣除。

在实际工作中,计算 PSC 值的难点主要在于:传统政府投资运营方式运作的项目数据很难得到,同时竞争性中立调整值和风险成本的定量化测算也需要大量数据支撑,尤其是竞争性中立调整值,还应包括公共服务的提供主体因所有制差异产生的行为差异导致的成本差异,其客观数据基本不可得。

PPP 值是指政府采用 PPP 模式实施项目并达到产出说明要求所应承担的全寿命周期净成本和自留风险承担成本之和的净现值。PPP 值可等同于 PPP 项目全生命周期内股权投资、运营补贴、风险承担和配套投入等各项财政支出责任的现值,参照财政承受能力论证及有关规定测算。

(3)定量评价的结论

VFM≥0,PPP 值小于或等于 PSC 值的,认定为通过定量评价;VFM<0,PPP 值大于 PSC 值的,认定为未通过定量评价。

通过物有所值评价,是财政承受能力论证的前提条件。

(4)物有所值评价主要参数及要素的确定

①折现率。物有所值评价计算中需要事先确定折现率,常见的折现率确定方法主要有:加权平均资金成本法、资本资产定价模型法、行业平均资产收益率法和无风险收益率法等。

加权平均资金成本法是 PPP 项目常用的一种方法,即将每种资本的成本乘以该种资本占总资本的比重进行汇总。例如,项目资本金为 30%,其余 70% 为银行借款,5 年期银行借款利率为 5%,股权投资收益率为 8%,则加权平均资金成本 = 折现率 = 8% × 30% + 5% × 70% = 5.9%。

资本资产定价模型法在实践中使用较少。

行业平均资产收益率法可参考国家发改委与住建部下发的《建设项目经济评价方法与参数》中的行业平均基准收益率。

无风险收益率法通常使用同期限的政府债券利率。目前,国内主要参照财政部印发的《政府和社会资本合作项目财政承受能力论证指引》。年度折现率应考虑财政补贴支出发生年份,并参照同期地方政府债券收益率合理确定;折现期应为项目的全寿命周期。

②风险分配与量化。PSC 值的计算需要确定可转移给社会资本的风险承担成本和政府自留风险的承担成本,因此,在 PPP 项目物有所值评价中,要进行风险分配与量化。

我国目前的风险分配通常是由政府承担法律、政策和最低需求等风险,社会资本承担设计、建造、运营、财务等风险,不可抗力风险双方共担。

根据《政府和社会资本合作项目财政承受能力论证指引》,风险量化可采用比例法、情景分析法及概率法进行测算。

比例法是在各类风险支出数额和概率难以进行准确测算的情况下,可以按照项目的全部建设成本和一定时期内的运营成本的一定比例确定风险承担支出。由于项目的各类风险支出金额和概率难以准确估算,我国目前一般采用比例法对风险承担成本进行定量,操作简单,但准确率不高。按照风险是否可以通过一定措施进行转移可划分为可转移风险、可分担风险以及不可转移分担风险三种。可转移风险是指事先通过一定的合同、保险以及风险交易工具等手段将项目风险转移给第三方的风险。在 PPP 项目中主要包括项目建设期间可能发生的组织机构、施工技术、工程、投资估算、资金、市场、财务等风险,项目公司通过参加商业保险后,风险大部分可以有效转移。在实际计算中,一般可转移风险占风险承担成本的80% 左右,不可转移风险占 20% 左右。可分担风险是指由政府和社会资本共同分担的风险,包括项目建设和运营期间可能发生的政治法律风险、自然灾害风险等不可抗力风险。应当在合同中事先约定可分担风险的比例以及政府和社会资本各自分担的比例。不可转移分担风险是指事先不能通过一定的合同、保险以及风险交易工具等手段将项目风险转移或分担给第三方的风险。其主要包括项目运营期间受消费物价指数、劳动力市场指数等影响可能发生的价格调整和利润等。

情景分析法是在各类风险支出数额可以进行测算、但出现概率难以确定的情况下,可针对影响风险的各类事件和变量进行"基本""不利""最坏"等情景假设,测算各类风险发生带来的风险承担支出。计算公式为:

$$风险承担支出金额 = 基本情景下财政支出金额 \times 基本情景出现的概率 +$$
$$不利情景下财政支出金额 \times 不利情景出现的概率 +$$
$$最坏情景下财政支出金额 \times 最坏情景出现的概率$$

概率法是在各类风险支出数额和发生概率均可进行测算的情况下,将所有可变风险参数作为变量,根据概率分布函数,计算各种风险发生带来的风险承担支出。

确定可转移风险成本时,需要比较完备的当前和历史数据作为估算基础。由于不同国家对相关数据的参考和采用程度不同,因此各国对转移风险的估计值也有所不同,英国平均转移风险成本占项目总投资的 10% ~ 15% ,平均值为 12% ,我国可转移风险成本一般占项目总成本的 14% ~ 17% 。

③合理利润率。对政府付费和可行性缺口补助项目,合理利润率的大小影响项目运营补贴支出的数额,政府对项目的运营补贴支出是 PPP 值的重要组成部分,因此,确定 PPP 值,应考虑合理利润率的大小。

合理利润率应以商业银行中长期贷款利率水平为基准,充分考虑可用性付费、使用量付费、绩效付费的不同情景,结合风险等因素确定。

④定价调价机制。对可行性缺口补助项目,运营补贴支出的大小受使用者付费数额的影响,而使用者付费数额受定价调价机制的影响,因此,计算 PPP 值时需要考虑定价调价机制。

PPP 项目产品或服务定价影响因素主要有:投资额、投资收益率、需求量、经营成本、通货膨胀率、利率、汇率、特许经营期、政府的补贴和优惠政策、替代品的竞争因素等。

PPP项目产品或服务应预先设定调价机制,确定调价方式、调价公式等。

5)物有所值评价报告内容

(1)项目基础信息

主要包括项目概况、项目产出说明和绩效标准、PPP运作方式、风险分配框架和付费机制等。

(2)评价方法

主要包括定性评价程序、指标及权重、评分标准、评分结果、专家组意见以及定量评价的PSC值、PPP值的测算依据、测算过程和结果等。

(3)评价结论

分为"通过"和"未通过"。

(4)附件

通常包括(初步)实施方案、项目产出说明、可行性研究报告、设计文件、存量公共资产的历史资料、PPP项目合同、绩效监测报告和中期评估报告等。

7.4.4 财政承受能力论证

1)财政承受能力论证的含义

财政承受能力论证是指识别、测算PPP项目的各项财政支出责任,科学评估项目实施对当前及今后年度财政支出的影响,为PPP项目财政管理提供依据。

财政承受能力论证包括财政支出能力评估以及行业和领域平衡性评估。

①财政支出能力评估,是根据PPP项目预算支出责任,评估PPP项目实施对当前及今后年度财政支出的影响。

②行业和领域均衡性评估,是根据PPP模式适用的行业和领域范围,以及经济社会发展需要和公众对公共服务的需求,平衡不同行业和领域PPP项目,防止某一行业和领域PPP项目过于集中。

在实际计算时,首先进行财政支出能力评估。若财政支出能力评估未通过,则不需要进行行业和领域平衡性评估;若财政支出能力评估通过,则进行行业和领域平衡性评估。

只有当财政支出能力评估和领域平衡性评估均通过时,PPP项目财政承受能力评估才能通过。

财政承受能力论证的结论分为"通过论证"和"未通过论证"。"通过论证"的项目,各级财政部门应当在编制年度预算和中期财政规划时,将项目财政支出责任纳入预算统筹安排。"未通过论证"的项目,则不宜采用PPP模式。

"通过论证"且经同级人民政府审核同意实施的PPP项目,各级财政部门应当将其列入PPP项目目录,并在编制中期财政规划时,将项目财政支出责任纳入预算统筹安排。

财政部门(或PPP中心)应当会同行业主管部门,共同开展PPP项目财政承受能力论证工作,必要时可通过政府采购方式聘请专业中介机构协助。

各级财政部门(或PPP中心)负责组织开展行政区域内PPP项目财政承受能力论证工

作。省级财政部门负有汇总统计行政区域内的全部 PPP 项目财政支出的责任,对财政预算编制、执行情况实施监督管理。

每一年度全部 PPP 项目需要从预算中安排的支出责任,应当不超过一般公共预算支出比例的 10%。省级财政部门可根据本地实际情况,因地制宜确定具体比例,并报财政部备案,同时对外公布。

财政承受能力论证是 PPP 项目入库和实施的前提条件。各级财政部门要对本地区拟实施的 PPP 项目出具财政承受能力论证报告审核意见,方可纳入 PPP 项目开发目录管理,即 PPP 项目入库。

财政承受能力论证只在政府付费和可行性缺口补助这两种付费模式下进行论证。对 PPP 项目进行财政承受能力论证,是财政安排 PPP 项目财政支出责任预算的重要依据。

2)财政支出责任测算

PPP 项目全生命周期过程的财政支出责任,主要包括股权投资、运营补贴、风险承担、配套投入等。财政支出责任测算的具体内容根据实际 PPP 项目而异。

(1)股权投资的测算

股权投资支出责任是指在政府与社会资本共同组建项目公司的情况下,政府承担的股权投资支出责任。如果社会资本单独组建项目公司,政府不承担股权投资支出责任。

股权投资支出应当依据项目资本金要求以及项目公司股权结构合理确定。股权投资支出责任中的土地等实物投入或无形资产投入,应依法进行评估,合理确定价值。计算公式为:

$$股权投资支出 = 项目资本金 \times 政府占项目公司股权比例$$

【例 7.1】某市拟采用 PPP 模式建设公路,项目预计总投资 10 亿元,项目资本金比例为 30%,政府出资比例为 10%,则项目股权投资支出为 $10 \times 30\% \times 10\% = 0.3$(亿元)。

(2)运营补贴支出的测算

运营补贴支出责任是指在项目运营期间,政府承担的直接付费责任。在不同付费模式下,政府承担的运营补贴支出责任不同。政府付费模式下,政府承担全部运营补贴支出责任;在可行性缺口补助模式下,政府承担部分运营补贴支出责任;在使用者付费模式下,政府不承担运营补贴支出责任。

运营补贴支出应当根据项目建设成本、运营成本及利润水平合理确定,并按照不同付费模式分别测算。

对政府付费模式的项目,在项目运营补贴期间,政府承担全部直接付费责任。

政府每年直接付费数额包括社会资本方承担的年均建设成本(折算成各年度现值)、年度运营成本和合理利润。计算公式为:

$$当年运营补贴支出数额 = \frac{项目全部建设成本 \times (1+合理利润率) \times (1+年度折现率)^n}{财政运营补贴周期(年)} + $$
$$年度运营成本 \times (1+合理利润率)$$

对可行性缺口补助模式的项目,在项目运营补贴期间,政府承担部分直接付费责任。政府每年直接付费数额包括社会资本方承担的年均建设成本(折算成各年度现值)、年度运营成本和合理利润,再减去当年使用者付费的数额。计算公式为:

$$当年运营补贴支出数额 = \frac{项目全部建设成本 \times (1+合理利润率) \times (1+年度折现率)^n}{财政运营补贴周期(年)} +$$

$$年度运营成本 \times (1+合理利润率) - 当年使用者付费数额$$

式中：n 代表折现年数；财政运营补贴周期指财政提供运营补贴的年数；年度折现率的计算同物有所值评价，考虑财政补贴支出发生年份，并参照同期地方政府债券收益率合理确定；合理利润率应以商业银行中长期贷款利率水平为基准，充分考虑可用性付费、使用量付费、绩效付费的不同情景，结合风险等因素确定。在当前实践中，资本金的合理利润率一般为8%～12%。在计算运营补贴支出数额时，应当充分考虑定价和调价机制的影响。

（3）风险承担支出的测算

风险承担支出责任是指项目实施方案中政府承担风险带来的财政或有支出责任。通常由政府承担的法律风险、政策风险、最低需求风险以及因政府方原因导致项目合同终止等突发情况，会产生财政或有支出责任。风险承担支出应充分考虑各类风险出现的概率和带来的支出责任，可采用比例法、情景分析法及概率法进行测算。如果 PPP 合同约定保险赔款的第一受益人为政府，则风险承担支出应为扣除该等风险赔款金额的净额。

（4）配套投入支出的测算

配套投入支出责任是指政府提供的项目配套工程等其他投入责任，通常包括土地征收和整理、建设部分项目配套措施、完成项目与现有相关基础设施和公用事业的对接、投资补助、贷款贴息等。配套投入支出应依据项目实施方案合理确定。

配套投入支出责任应综合考虑政府拟提供的其他投入总成本和社会资本方为此支付的费用。配套投入支出责任中的土地等实物投入或无形资产投入，应依法进行评估，合理确定价值。计算公式为：

配套投入支出数额 ＝ 政府拟提供的其他投入总成本 － 社会资本方支出的费用

3）财政承受能力论证操作流程

财政承受能力论证主要包括责任识别、支出测算、能力评估和信息披露四个步骤，详细流程如下：

（1）责任识别

在进行财政承受能力论证时，首先要对政府在 PPP 项目中承担的财政支出责任进行论证。财政支出责任主要包括股权投资、运营补贴、风险承担、配套投入等。不同项目，政府承担的财政支出责任是不同的，应根据实际情况进行责任识别。

（2）支出测算

在识别 PPP 项目对项目全生命周期过程的财政支出责任后，分别对各财政支出责任进行测算。在实际测算时应当结合 PPP 项目所处的行业与具体的投融资方案，选取正确的测量方法，尤其在测算风险承担支出时，要明确项目风险的种类与对应的承担主体与承担比例，然后选择适当的测算方法，测算相应的数值。

（3）能力评估

财政部门（或 PPP 中心）识别和测算单个项目的财政支出责任后，汇总年度全部已实施或拟实施的 PPP 项目，进行财政承受能力评估。每一年度全部 PPP 项目需要从预算中安排的支出责任，占一般公共预算支出比例应当不超过 10%。在进行财政支出能力评估时，未来年度一般公共预算支出数额可参照前五年相关数额的平均值及平均增长率计算,并根据实际情况进行适当调整。在 PPP 项目正式签订合同时,财政部门(或 PPP 中心)应当对合同进行审核,确保合同内容与财政承受能力论证保持一致,防止因合同内容调整导致财政支出责任出现重大变化。

(4)信息披露

省级财政部门应当汇总区域内的项目目录,及时向财政部报告,财政部通过统一信息平台(PPP 中心网站)发布。

案例：大连湾海底隧道及光明路延伸工程PPP项目财政承受能力论证

【本章小结】

本章对工程项目融资的 BOT、ABS、PFI 和 PPP 融资模式的含义、典型结构、操作流程和延伸模式进行剖析。

【习题研讨】

案例:XOD模式——EOD的主流投融资模式

1. 简述 BOT 融资模式的含义、典型结构、操作流程和延伸模式。
2. 简述 ABS 融资模式的含义、典型结构、操作流程和延伸模式。
3. 简述 PFI 融资模式的含义、典型结构、操作流程和延伸模式。
4. 简述 PPP 融资模式的含义、典型结构、操作流程和延伸模式。

案例：固安工业园区新型城镇化项目

第8章

工程项目融资的信用保证结构与资信管理

【本章导读】

★本章通过对项目融资资信构成的资产收益、合同协议和资信增级的构成分析,提出了项目融资资信结构设计应考虑的要素。

【本章重点】

★项目融资资产收益资信的构成内容;
★项目融资合同协议资信的构成内容;
★项目融资资信增级资信的构成内容;
★项目融资资信结构设计应考虑的要素。

从狭义上讲,资信(信用)指还本付息的能力;从广义上讲,资信(信用)指资金和信誉,即履行经济责任的能力及其可信任程度。在项目融资中,项目信用保证结构(资信结构)指在融资结构中法律的、合同的和其他机制为债权人提供的权利和保护,即债权受偿保障结构。从债权人的角度来看,债权风险指债权实现所存在的不确定性。任何债权人都非常关心自己的资金安全,资信结构不同,其贷款的安全程度也不同,因而资信结构是项目融资中最为关键的部分。债务人要想从债权人那里获得融资就要让债权人对债权保障措施满意。如果债权人对项目资信不满意,达不到所需的信用等级,则需要增加资信等级,或者重新设计投资结构、资金结构和资信结构。由于债权人不能自主决定债权所体现的利益目的,债权的实现主要依赖于债务人履行偿还债务的行为,而债务人履行偿还债务的行为受自身的资信状况和外部环境的影响。因此,需要详细分析资信结构及其管理。

8.1　工程项目融资的资信构成

债权可以由一般担保和特别担保一起作保障。一般担保指债务人以其全部财产担保债务的履行,债权人以债务人的全部财产作为其债权受偿的责任财产;特别担保是对债务人一般担保的附加,可以是人的担保如保证、保证保险和信用保险等,也可以是物的担保如抵押、质押、留置、定金等。二者共同组成一般债务的资信基础,如图8.1所示。

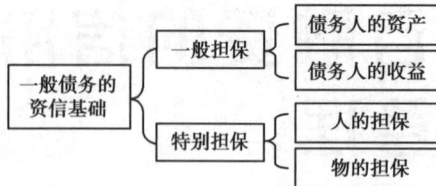

图8.1　一般债务的资信基础

根据项目融资的定义,项目融资中债务人的"财产"指项目设施及其预期收益,而这些"财产"在进行融资时常常表现为一系列合同协议如特许权协议(或称特许合同)、股东协议、设计施工合同、运行维护合同、销售合同、租赁合同、供应合同等的权益,"财产"不存在或还未形成。由此可见,在一般担保的概念上,项目资信表现为一系列合同协议和逐步实现的资产收益。如果债权人只依靠项目资产和预期收益或权益实现其债权受偿,则其债权受偿没有获得充分保障,因为当债务人的"财产"没有实现(如项目失败)或只是部分实现(如项目收益比预期的少)时,债权人则直接面临债权不能受偿或不能足额受偿的风险。为了减少债权受偿的风险,债权人需要借助特别担保的帮助。即使如此,在技术层面上,还需要其他的资信增级措施加以支持,如资金托管账户、政府的意向性支持、项目保险和其他措施。特别担保和技术性资信增级措施可以笼统地看作资信增级措施,即在项目本身资信的基础上增加它的资信。由此可见,项目融资的资信基础主要由资产收益、合同协议和资信增级组成,如图8.2所示。

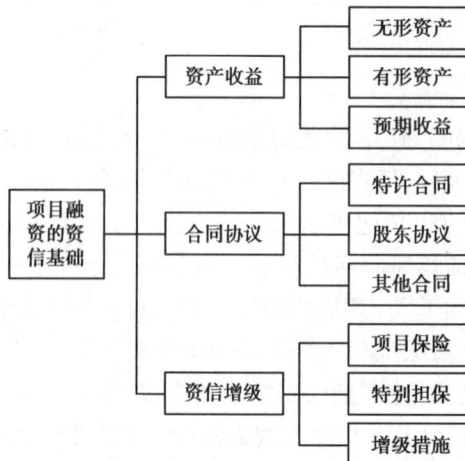

图8.2　项目融资的资信基础

资产收益、合同协议和资信增级三者之间的关系如图 8.3 所示。

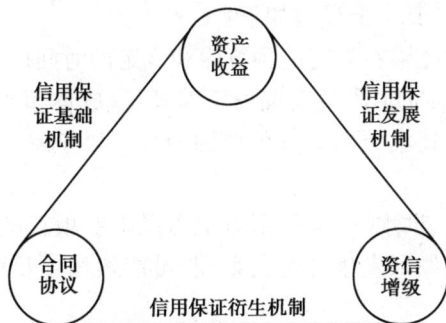

图 8.3　项目融资信用保证结构的要素

8.1.1　项目资产和项目收益

根据项目融资的定义,项目的资产和预期收益或权益被用作债务的抵质押品,因此项目资产和项目收益是贷款或项目收益债券和票据的资信基础。如果一个项目具有高价值的资产(特别是易于出售的资产),则债权人的债权受偿保障程度就高;如果一个项目具有可靠的现金收益,则其还贷付息的可靠性就高。因此,项目资产的特点和项目收益的特点决定了项目资信的特点。

1)项目资产的特点

项目资产按资产存在形态可分为有形资产和无形资产。有形资产指具有价值形态和实物形态的资产,包括固定资产、流动资产和资源性资产等;无形资产指不具备实物形态,却能在一定时期里提供收益的资产,包括知识产权、工业产权和金融性产权等。项目资产形式如图8.4所示。一般而言,在项目融资中,项目的固定资产占项目资产的绝大部分。

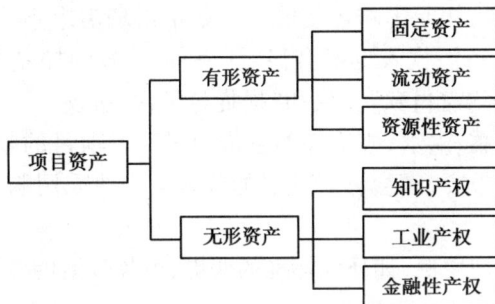

图 8.4　项目资产形式

采用项目融资的项目多数为基础设施项目,如电厂、水处理厂、公路、铁路、港口、机场等;少数为其他类型的项目,如煤矿、石油、天然气等资源开发项目,飞机、轮船等大型制造项目,医院、学校等大型建筑物项目。这些项目的特点是投资大、寿命长、风险多。

对于新建项目(特别是新建的基础设施项目)而言,在项目未建设之前,项目资产不存在,更不可能产生收益;未完工的项目其资产价值非常低,也不可能产生收益;完工后的项目能产生收益,但收益取决于许多市场因素。由于采用项目融资的项目多数为基础设施项目,如果将其出售的话,一般很难找到买家,其资产变现价值也不高。由此可见,以项目资产作抵押,债权人面临多种风险。其主要风险如下:

①完工风险。一个项目能够在规定的预算内和规定的时间内建成和投入运营,达到"商业完工"标准是还贷的基础。完工风险表现为工期延长、成本超支、质不能达到预定的设计标准等。如果项目因工程或技术原因或其他原因而停建以至最终放弃,则债权人无法收回贷款。

②不可抗力风险。地震、洪水、战争等不可抗力风险对项目的影响重大,如果发生在建设期间,会影响项目的完工;如果发生在运营期间,可能毁坏项目设施,轻者造成生产停顿,重者造成项目报废。

③政治风险。可能因得不到必要的许可或政府的同意,项目无法实施;完工后的项目可能被政府没收、国有化等,因而失去了还贷的资金来源。

在无追索权融资的情况下,项目资产的风险也就是贷款的风险。是否追索主办人项目之外的资产,在很大程度上取决于投资结构设计和贷款条件。

2)项目收益的特点

项目收益包括经营性收益和非经营性收益。项目收益的多少反映项目营运效益的好坏(经济强度),关系到还本付息的能力。在进行项目融资时,项目还未投入运营,其收益是预期的(预期收益),因而存在多种风险。其主要风险如下:

①运行管理风险。完工后的项目能否正常运行取决于运行管理。例如,保证获得运行所需的原材料、能源/燃料等是保证项目正常运行的前提条件。一种有效的控制方法是与提供项目生产所需要的主要原材料、能源和电力的供应商签订长期供应合同,保障供应的稳定性。

②现金流风险。进入正常生产阶段后,项目能否产生还贷所需的净现金流取决于两个主要因素:一是生产成本控制;二是销售收入。在销售收入一定的情况下,如果生产成本过高,项目的净现金流将减少,从而影响还贷能力。如果市场需求不稳定,销售收入也不会稳定;如果市场价格不稳定,销售收入也不会稳定。一种有效的控制方法是签订长期销售合同,特别是"无论提货与否均需付款"协议和"提货与付款"协议。

③不可抗力风险。地震、洪水、战争等不可抗力风险对项目的收入影响重大,无论是造成生产停顿还是造成项目报废,都会影响项目的收入。一般采用购买项目保险的方式来降低不可抗力的影响。

④政治风险。法律法规变更,如环保标准的变更、税收政策的变更等。这些风险影响项目的经营成本和利润。

⑤金融风险。汇率波动和外汇管制等影响实际的还贷能力;利率上涨,增加贷款的利息。

上述风险如果没有转移出去,则由项目公司承担,在有限追索权或无追索权的情况下,最终由贷款人承担。

8.1.2 项目合同的信用增级措施

项目资产和项目收益所共有的特点是在融资谈判时,都还不存在,将通过一系列合同协议来实现。因此,项目融资是许多各自独立的合同协议联结在一起的一个复合体,因而项目的合同结构是项目资信的构成成分之一。

为了实施项目而专门成立的项目公司一般不具备项目所需的技术和资源,都要通过各种合同来获得,如项目建设合同(设计施工合同,简称建设合同)、项目运行维护合同(简称运行维护合同、运维合同)、项目供应合同(简称供应合同)、项目销售协议(简称销售协议,如包销合同)等。相关的项目风险(如项目完工风险、市场需求风险、原料供应风险等)也由签约方分担。技术上,需要多家公司进行合作;资金上,需要多方的投资;风险上,需要多方进行风险分担。因而,项目一般有多方参与,除了政府外,主要参与方有项目主办人、项目公司、贷款人、建造承包商、保险提供人,以及其他参与人如包销商、原料供应商、运营商、咨询顾问、担保人等。项目公司从项目所在国政府获得"特许权协议"作为项目建设开发和安排融资的基础;项目公司以特许权协议为基础安排融资;在项目的建设阶段,工程承包集团以承包合同的形式建造项目;项目进入运营阶段之后,经营公司根据经营协议负责项目的运行和维护,收取项目营业收入;包销商向用户销售产品(或服务)并收取货款(或服务费)。典型项目合同架构如图8.5所示。

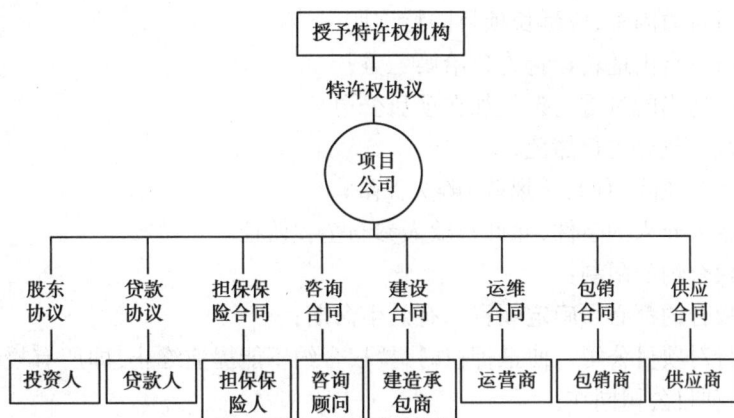

图8.5　典型项目合同架构

上述项目合同文件可分为四类:①特许权协议(有些类型的项目如电厂和水厂,可以用包销协议代替特许权协议);②项目实施合同(咨询、设计、施工、运行维护合同等);③融资文件(贷款协议、股本支持协议、账户协议等);④担保文件(政府支持信、保险合同、履约保函等)。这些合同文件的主要目的是用法律上可以实施的手段,把责任任务和项目相关风险分配到项目参与人。根据项目融资的特点,这些合同和协议都成为债权人贷款的一种担保。为了减少贷款人的风险,在项目相关的合同和协议中一般会附加某种承诺或提出一些限制条件,就贷款银行而言,这种承诺和限制条件同样构成了一种确定性的、无条件的财务责任。下面分别介绍主要合同及协议的资信增级措施。

1)特许权协议

特许权协议指政府与项目开发商之间签订关于特许经营权的协议,由政府机构授权,准许项目开发商在一定地区或特定的地点享有经营某种特许业务的权利,如准许项目开发商在政府规定的路线上,建设和经营收费公路。特许权协议一般应包括以下内容:

①缔约双方的名称、住所、注册地和法定代表人的姓名、国籍、职务;

②特许期限;

③项目预概算和收费标准、调整公式;

④项目设计、建造、运营和维护的标准;

⑤项目进度及项目延期、中止或者终止的后果;

⑥项目终止和项目期满时,项目设施及权益移交地方政府或授权机构的标准和程序;

⑦风险分担的原则;

⑧项目公司权利、义务的转让;

⑨特许权协议约定的地方政府或者授权机构的权利、义务;

⑩项目设施及权益的担保。

贷款人常常对特许权协议提出下列要求:

①特许权协议应保证项目一定程度的需求,如最低需求担保、无第二设施等;

②特许权协议的授予者应承担法律变更的风险;

③特许权协议不能因银行行使了抵押权而提前终止;

④由于不可抗力因素,应延长项目的特许期;

⑤银行应可以自由地转让特许权给第三方;

⑥不能将不适当的过重的条款加在项目公司身上;

⑦东道国政府放弃主权豁免;

⑧为一些重要风险(如政治风险)购买保险;

⑨设定贷款人介入的条件,允许贷款人参与全程监控。

对各种授权合约的限制:

①所有授权合约都必须确定项目的有效生命期;

②如果银行对项目公司行使抵押权时,授权合约不能提前终止,即所有授权合约与项目同在,而不是与项目公司同在;

③授予的权利应能全部转让。

2)投资协议或股东协议

投资协议或股东协议是项目主办人之间签订的协议,其内容主要是规定项目主办人同意向项目提供一定金额的财务支持。项目主办人提供资金的方式有两种:一是以参与股权的方式向项目公司注资;二是以次级债务(或称从属贷款、准股本资金)的方式向项目公司注资。二者的金额之和应当能使项目公司达到规定的股本 - 债务比指标。此外,对股东协议和所有权者权益分配附加一定的限制:项目主办人应认购分配给他的全部股份;项目主办人应以股本或准股本的形式准备备用资金,以防成本超支;股本资金先于债务资金投入,或按股本债务比的比例投入;在还贷之前不能分红;项目主办人应为项目购买必要的保险,为保险未能覆盖的部分提供资金保证;等等。

3)贷款协议

贷款协议指以金融机构为贷款人,接受借款人的申请向借款人提供贷款,由借款人到期返还贷款本金并支付贷款利息的协议。项目融资贷款协议一般包括以下条款:陈述与保证、前提条件、偿还贷款、担保与保障、抵销、违约、适用法律与争议解决等。出于贷款安全性的考虑,贷款人往往要求项目公司以其财产或其他权益作为抵押或质押,或者由其母公司提供某种形式的完工担保。贷款协议结构与项目资信等级如表8.1所示。

表8.1　贷款协议结构与项目资信等级

条款	行动
贷款协议中,应通过违约条款有效降低各种风险	如果条款能抵销(可能是部分的)风险,则可以调高项目资信等级
贷款协议中,没有制订合适的条款,或规定得相当不严密。即使在环境急剧恶化时,贷款银行也不能启动违约条款	调低项目资信等级
贷款协议中,贷款的安全性较低。银行贷款的求偿权排在其他债权人之后	调低项目资信等级
借款人严重依赖业务部门的现金流	调低项目资信等级

4)建设合同

项目的设计施工是项目资产形成的主要过程,因此建设合同是项目资产形成的关键合同,也是项目资信的关键组成部分,尤其是在一些工程项目中,贷款者在承担了部分或全部项目建设或完工风险的情况下,更是如此。理论上,建设合同很简单,就是一人(承建商)同意为另一人(项目公司)建设工程或安装设备并从中获得报酬;但在实际操作中是相当复杂的,有许多发包方式和合同形式。典型的建设合同一般包括以下条款和内容:项目规划设计的负责人条款、价格支付条款、完工条款、不可预见风险条款、保证条款、保险条款、纠纷处理条款等。

在项目融资中,项目公司有多种建设合同模式可供选择,如传统的设计-招标-施工合同、设计与施工合同、工程总承包合同等。为了降低项目公司的风险,常常采用的建设合同是项目总承包合同,或称"交钥匙"简称EPC合同(engineering procurement construction contract)。在这类合同中,通常采用固定总价的支付方式,由承建商负责项目的设计、施工和试运营等工作,并承诺在满足规定标准的前提下按时完成项目。通常由项目公司规定项目的产出标准,承建商承担包括规划设计、设备采购和施工在内的全部工作。在这种合同结构中,承建商的风险最大。为了进一步减轻项目公司的风险,通常还要求承建商提供全面的完工担保(履约保函)。债权人偏好EPC合同,通常会对建设合同提出一些限制:①建设合同一般应是EPC合同;②在建设合同中,应明确规定完工日期,固定合同价格;③不可抗力造成的延期应控制在有限的范围内;④承建商应提供广泛的担保合同(完工担保);⑤应有适当的奖惩措施。

5)运行维护合同

在项目融资实务中,项目主办人对项目的经营有两种选择:一是自己经营项目,如项目公司自己运营维护项目或投资设立专门公司运营维护项目;二是聘请一个经营公司经营项目或把项目经营外包给专业运营商(以下简称"运营商")。如果把项目运行维护外包给运营商,这时签订好项目运行维护合同就显得至关重要。运行维护合同在保证项目经营期的现金流量充足方面起着非常重要的作用,因而也是项目资信的一个重要组成部分。

运行维护合同一般包括下列关键条款:项目经营者和所有者双方的责任细则、补偿和支付条款、子合同、运营测试、纠纷处理条款、赔偿条款、任务分配条款、工作延误和提前终止条款、不可抗力条款等。

具体来说,签订运行维护合同的主要目的在于:确保项目设施在项目公司和贷款者认可的预算范围内正常经营和维护,并以适当的方式运营,从而实现收入最大化;将项目的经营和维护风险分配给项目的经营者,由此实现项目公司和贷款者与此风险的隔离。运行维护合同一般采用补偿式支付方式,从而形成三种运行维护合同。

①成本加利润率合同。在这种合同结构下,项目公司除了支付运营商运营维护项目发生的成本开支外,再按事先商定的比例支付给运营商服务费。运营商不承担任何风险,运营成本越高,获得的服务费越多。所以,在项目融资中该种合同较少采用。

②成本加固定费用合同。在这种合同结构下,项目公司除了支付运营商运营维护项目发生的成本开支外,再支付给运营商一笔固定服务费。此时,项目公司承担了经营成本增加的风险,运营商不关心项目运营成本,缺少提高效率的积极性。

③带有最高价格和激励费用的成本加费用合同。这是在成本加固定费用合同的基础上改进的一种合同形式。在这种合同结构下,经营者的报酬将严格地与其经营成本的高低挂钩。如果经营成本超出了最高价格,则经营者自己吸收这些成本,或者项目主办人有权更换经营者而提前终止协议。至于激励费用,只有经营者实现了规定的经营目标,才能获得一笔奖金;相反,如果经营者未实现规定的经营目标,则不得不接受一定的惩罚,此时项目公司支付给经营者的经营费用将会降低。

贷款者比较倾向于带有最高价格和激励费用的成本加费用形式的运营维护合同,因为它要求运营商分担运营风险,并且有确定的上限。此外,债权人还希望对运营维护合同提出限制:一是贷款人应有权对经营者行使开除权或建议开除权;二是应有适当的奖惩措施,激励经营者提高运营效率,实现项目的效益最大化。

6) 销售协议

销售协议在不同性质的项目下,有不同的合同形式:在生产型项目中,如电厂和水厂等,由于项目产品为有形产品,销售协议为产品购买协议;在服务型项目中,如输油管道,销售协议则为设施使用协议。项目是否有销售协议取决于项目特征。例如,收费公路(桥梁、隧道)一般没有销售协议,而电厂(水厂)项目通常都要有购电(购水)协议,输油管道通常都要有运输服务协议。对于债权人而言,适当的销售协议可以增加项目收益的稳定性和可靠性。

长期销售协议指项目公司与买方就负责销售一定数量的项目产品而签订的协议。这种协议是销售协议的最基本形式,买方所承担的付款责任义务取决于具体的条款。为了增加项目收益的稳定性和可靠性,长期销售协议中通常会附加一些特别要求,从而形成不同的销售协议。

在长期销售协议中加入"保证最小购买量"条款,从而形成所谓的"保证最小购买量合同"。在这种合同中,买方以市场价格为基础,定期购买不低于某一额定数量的项目产品。其特点在于需求量有最低保障。购买的最低数量由双方谈判决定,原则上,项目产品的最低销售量所获得的收入应不少于该项目生产经营费用和同期应偿还的债务之和。

在长期销售协议中加入"提货与付款"条款,从而形成所谓的"提货与付款"合同(take-and-pay sales contracts)。在这种合同中,买方在取得货物后,即在项目产品交付或项目劳务实际提供后,买方才支付某一最低数量的产品或劳务的金额给卖方。在这种合同结构中,货款的支付是有条件的,即只有当项目公司实际生产出产品或提供服务时,买方才履行这种义务。所以,这种合同有时被称为"如果提供就接收"(take-if-offered)合同。

在长期销售协议中加入"无论提货与否均需付款"条款,从而形成所谓的"不提货亦付款合同"或称"或取或付合同"(take-or-pay sales contracts)。在这种合同中,买方定期按规定的价格向卖方支付额定数量的项目产品所对应的销售金额,而不问事实上买方是否提走合同项下的产品。"不提货亦付款合同"的特点在于:①它是一种长期销售协议,即其期限应至少不短于项目融资的贷款期限;②买方在合同项下的支付义务是无条件的和不可撤销的,即使买方未提走合同项下的产品,仍要履行其支付义务,具有明显的强制性。

上述销售协议都是以长期销售协议为基础,在具体操作上,"提货与付款合同"与"不提货亦付款合同"十分相似。但是,在担保作用上,"提货与付款合同"不如"不提货亦付款合同",因为在"提货与付款合同"中,项目产品购买者(买方)承担的付款责任不是无条件的、绝对的,如果产品或设施不符合合同规定的要求,买方可以不付款。在项目产品的价格规定上,"提货与付款合同"没有最低限价的规定,一旦出现产品价格长期过低的情况时,就有导致现金流量不足以支付项目的生产费用和偿还到期债务的可能。显然,对于贷款银行来说,这种合同比"不提货亦付款合同"所提供担保的分量要轻得多。因此,在操作时,贷款银行一般会要求项目投资者提供一份资金缺额担保作为对"提货与付款合同"担保的一种补充。含有"无论提货与否均需付款"条款的合同相当于保证书,可以作为从金融机构获得贷款的依据。这种合同是项目的潜在用户从保障市场的角度为项目融资提供的间接担保。

对没有任何销售协议的项目,可要求政府提供最低回报率的保证,即政府保证项目的回报率不低于某一特定值,如果实际回报率低于保证值,则政府给予补贴,使之达到保证的回报率;或者要求政府提供最低需求量保证,即政府保证市场需求不低于某一特定值,如果实际需求低于保证值,则政府补偿差额损失或允许提高价格。

7)供应合同

项目是否有供应合同(supply contracts)取决于项目特征。例如,收费公路(桥梁、隧道)一般没有供应合同,而电厂(水厂)项目通常都要有燃料(原水)供应合同。对于债权人而言,适当的供应合同可以增加项目收益的稳定性和可靠性(例如,保证项目成本稳定,保障项目不因缺少供应而中断),因而也是项目资信的一个组成部分。

当项目的正常经营依赖于必需的原料(这里"原料"为统称,它包括原材料、燃料等)供应时,项目公司和贷款银行都十分关心项目在整个贷款期内是否有可靠的、稳定的原料供应。如果项目公司不能在事先协商的价格基础上签订一个长期的供应合同,它将面临两种风险:一是在即期市场上不能获得供应;二是原料价格波动。

供应合同的基本形式为所谓的单一供应合同(sole-supplier contracts)。在这种合同结构下,项目公司和一家供应商签订协议,项目公司承诺向该供应商购买项目所需的原料,但是可以事先规定或不规定具体的数量和价格。但在任何情况下,项目公司只支付其实际购买原料部分的款项,供应商也没有义务必须供应项目所需的全部原料。为了增加供应的可靠性,在合同中增加"无论提货与否均需付款"条款,从而形成所谓的"或取或付供应合同"(take-or-pay supply contracts)。在这种合同结构下,项目公司同意在指定日期内按协议价格向原料供应方(供应商)购买规定数量的原料,即使不向供应商提货,也必须向供应商付款;相应的供应商必须以协定价格供应规定数量的原料。二者相比,贷款银行一般偏好"或取或付供应合同",因为它使项目在协定价格基础上可获得稳定的原料供应。

8)保险合同

保险合同是投保人与保险人约定保险权利义务关系的协议,主要内容包括投保人的有关保险标的的情况、保险价值与保险金额、保险风险、保险费率、保险期限、违约责任与争议处理,以及双方当事人的应尽义务与享受的权利。在项目融资中,项目公司及其他相关参与方通常需要对项目融资、建设、运营等不同阶段的不同类型的风险分别进行投保,可能涉及的保险种类包括工程一切险、针对设计或其他专业服务的职业保障险、针对间接损失的保险、第三者责任险等。鉴于项目融资所涉风险的长期性和复杂性,为确保投保更有针对性和有效性,应在制订保险方案或签署保险合同前先咨询专业保险顾问的意见。

9)其他合同

项目融资主要用于特许经营项目,在整个交易结构中还可能会涉及其他合同,如与专业中介机构签署的投资、法律、技术、财务、税务等方面的咨询服务合同,与担保机构签署的担保合同,与政府签订的直接介入协议,等等。

案例:三峡工程左岸电站设备安装保险

8.2　项目资信增级

通过合同安排,将项目实施的责任及相应的风险分摊给不同的参与人,似乎只要按合同严格执行,贷款人的风险就降到最低。但是合同的履行取决于签约方的意愿和实力,签约方有可能违约或无力履行合同,特别是签约方是专门为项目新成立的子公司时,其自身资信能力不强,需要资信增级。

资信增级就是在项目资产和项目收益的资信基础上,通过担保和其他措施提高项目资信等级。广义上,任何有利于债权保障的措施都可以看作是资信增级措施(简称"增信措施")。根据资信增级的性质,资信增级措施分为内部增信措施、外部增信措施和其他增信措施。这些资信增级措施可同时混合使用,提高项目的可融资性。

8.2.1　内部增信的主要措施

内部增信指的是依靠调整交易结构自身为防范信用损失提供保证,其最大优点是成本较低。内部增信的主要措施包括增加股本资金、设置债务偿付顺序、设立偿债储备金账户、设立现金抵押账户、超额抵押、设立利差账户。

1) 增加股本资金

建成后的项目具有一定的价值。如果项目主办人增加股权投资,则项目收益债发行人的偿债负担就会降低。在债券偿还期间,只要项目资产的价值下降幅度不超过股权投资额,债券还是安全的。

2) 设置债务偿付顺序

在股权投资比例不变的情况下,对不同的债务在还本付息、损失分配等方面设置不同的优先顺序,使具有优先权的债务得到更好的保障,从而增进了资信等级。

如果是项目权益质押贷款,可以把贷款分为高级贷款和从属贷款(或称后偿贷款)。高级贷款在还本付息、损失分配等方面都享有某种优先权,高级贷款的偿债保障较高,但收益率相对较低;从属贷款在高级贷款之后偿还,其偿债保障相对低,但可能获得较高的收益率。高级债务的风险在很大程度上被次级债务所吸收,从而提高了高级债务的信用等级。通过对债的分档,可以满足不同投资者对不同风险和回报的不同偏好,扩大投资者队伍,降低综合成本,提高项目的可融资性。

如果是发行项目收益债券,可以将项目收益债券划分为优先级债券和次级债券或更多的级别(如优先级、中间级、劣后级)。在还本付息、损失分配等方面,优先级债券都享有某种优先权。例如,现金流首先用于偿还优先级债券的利息和本金,欠付次级或其他级别债券的本息则被累积起来。在这种结构安排下,优先级债券的风险在很大程度上被次级债券吸收,从而保证优先级债券能获得较高的信用级别。根据风险与回报权衡的原则,优先级债券的回报相应较低,次级债券的回报则相应较高。

如果是资产证券化融资,在资产证券化过程中,将资产支持证券按照受偿顺序分为不同档次。在这一分层结构中,较高档次的证券比较低档次的证券在本息支付上享有优先权,因此具有较高的信用评级;较低档次的证券先于较高档次的证券承担损失,以此为较高档次的证券提供信用保护。

3) 设立偿债储备金账户

偿债储备金账户的资金主要来源于两方面:一是项目收益,即项目产生的收益超出支付给投资者的本息及特殊目的载体运作费用的差额部分;二是特殊目的载体的自有资金。偿债储备金账户的资金累积越多,债权投资者的利益就越有保障。如果是发行项目收益债券,则项目收益债券的信用级别也就相应得到提高。

4) 设立现金抵押账户

在资产证券化融资中,设置专门的现金抵押账户:该账户资金由发起机构提供或来源于其他金融机构的贷款,用于弥补资产证券化业务活动中可能产生的损失,从而增进信用等级。

5) 超额抵押

如果是抵押贷款,则抵押贷款的金额一般不超过抵押物评估价的70%。如果是质押贷款,则质押贷款的金额一般不超过出质权利估价的80%,具体比例取决于出质标的的类型。在资产证券化过程中,如果资产池价值超过资产支持证券票面价值,则超出的部分可用于弥补资产证券化业务活动中可能会产生的损失,从而增进了信用等级。这种信用增级方式被称为超额抵押(或"基础资产超值入池")。

6) 设立利差账户

在资产证券化交易中,当基础资产的利息收入和其他证券化交易收入超过资产支持证券利息支出和其他证券化交易费用,则形成了超额利差。如果把该利差存放在专设的利差账户,并用于弥补资产证券化业务活动中可能产生的损失,则可以增进信用等级。

8.2.2 外部增信的主要措施

外部增信指的是依靠项目公司之外的第三方为防范信用损失提供保证,从而增加项目融资的信用等级。一般而言,项目面临多种风险,如完工风险、不可抗力风险、政治风险、需求/价格风险、金融风险、生产风险等。在项目融资中,一般通过合同把风险分配给相关的项目参与人,并在合同中订立担保条款或寻求第三方担保,进一步降低贷款人的风险。风险分配就是按照控制风险能力最适宜者或相对成本较低者承担风险的原则,通过协商在当事人之间确定和分配风险责任。表8.2为项目主要风险与担保措施。

表8.2 项目主要风险与担保措施

主要措施	主要抵押品	主要风险	合同措施	担保措施
资产收益	项目资产	完工风险	EPC合同	完工担保;备用金;履约保函
		不可抗力风险	合同相关条款	项目保险;备用金;还贷保险
		政治风险	安慰信;支持信	政治风险担保;还贷担保
	预期收益	需求/价格风险	购买合同;租赁合同	需求担保;调价机制
		金融风险	掉期合同;互换合同	外汇担保;外汇保险
		生产风险	运维合同;供应合同	履约保函;供货担保

贷款人希望从贷款中获得合理的回报并最终收回贷款本金,对贷款的安全非常重视。虽然项目公司(借款人)以项目的资产、预期收益或权益作抵押,但是项目的资产、预期收益或权益本身存在许多不确定因素及风险。为了减少这些不确定因素及风险的影响,贷款人一般要求项目融资包含一系列的担保安排。一是要求项目公司(借款人)为项目(资产)购买保险,并要求贷款人自身成为保险的受益人;如果贷款人不是受益人,则要求安排权益转让。二是要求项目公司转让它与第三方签订的合同和协议的权益,若第三方提供了担保或保险也一并转让,如特许合同中的权益、销售合同中的权益,以及相关的履约担保等。三是要求项目公司提供完工担保,一般是项目主办人直接提供(如信用担保、备用资金等)或者由第三方提供。此外,贷款人还可能自己安排保险或担保,如从世界银行等多边担保机构获得政治风险担保,从进出口信贷机构获得政治风险和商业风险担保等。图8.6是项目融资中的典型担保安排。

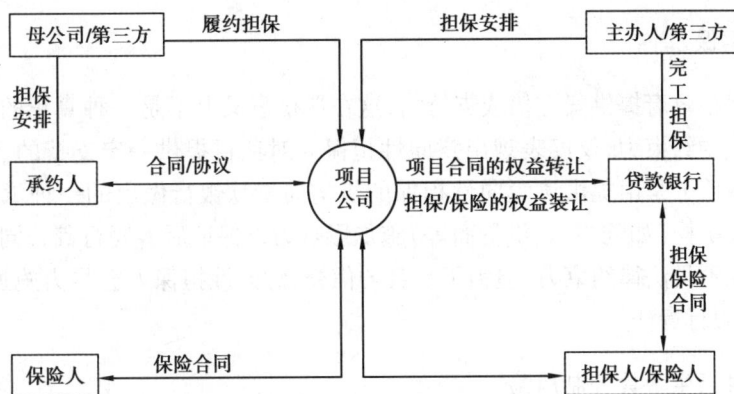

图8.6　项目融资中的典型担保安排

为了减少贷款的风险,项目融资中的债权人可以采取多种措施,例如:①抵押项目固定资产,包括土地、建筑物和其他固定资产等;②浮动抵押项目的动产,包括库存、应收款、无形资产等;③质押债务人在项目中的股权;④对项目代管账户的控制和现金流的留置权,包括运营收入、还贷储备金、大修账户等;⑤债务人有关合同(如合伙协议或股东协议、建设合同、运行维护合同、销售合同等)权益的质押,包括应收款权利、清算赔偿、留置金账户、履约保函、保险、担保等;⑥要求转让项目授权的权利,包括特许经营权、执照、许可等;⑦要求作为项目有关保险的受益人,如果贷款人不是受益人,则要求安排权益转让。

8.2.3　其他增信措施

除担保外,还有一些技术性资信增级措施可以增加项目资产和收益的保障。采取某些技术性资信增级措施主要是为了减少贷款人的风险,增加对项目资金的控制,引入资信优良、具有影响力的机构参与项目融资。常见的技术性资信增级措施如下。

1)项目资金的控制

通过技术性手段对项目本身进行信用增级,即信用增级是利用对项目产生的现金流进行控制来提供的。对项目资金的控制主要包括设立专用账户,所融资金专款专用。例如,贷款人直接把贷款汇给设置的专用账户,由该账户支付建设费用,避免项目主办人挪用项目资金。设立各种支付账户并确定支付顺序,保证优先还贷。例如,有些贷款协议要求项目公司在第一次提款前应设立并维持收益账户(项目收入归集专户)、运营费用账户、偿债支付账户、偿债储备账户、补偿账户、大修储备账户、限制支付账户、小额现金账户、争议支付账户等账户;要求项目公司将购买人(用户)支付的现金直接汇付到一个委托的收益账户上,由受托人将收入款项作为贷款偿还直接支付给贷款人,在还贷之前不能分红。

2)引入多边机构

多边机构的贷款或担保/保险均可提高项目资信。对于一个国家而言,因为多边机构常常参与多个项目,政府未来不可避免地要与该组织打交道,需要保持良好关系。因此,多边机构有较大的影响力,它们的参与间接提高了项目资信。

3）意向性担保

意向性担保指政府提供安慰信或支持信,这在严格意义上不是一种真正的担保,因其不具备法律意义上的约束力,仅仅表现出意向性担保人对项目提供一定支持的意愿。它起到的担保作用在本质上是由提供该意向性担保的机构向贷款银行做出的一种承诺,保证向意向性担保所涉及机构(如购买商、供货商等)施加影响力以保证后者履行其合同相关的责任。虽然意向性担保不具法律约束力,但为了自身的信誉,意向性担保人会尽力施加自己的影响力,促使债务人履行责任。

4）借助金融衍生工具控制风险

增加项目资信的另一途径是控制项目的金融风险,利用金融衍生工具对项目的金融风险进行主动、积极的管理。可运用的金融衍生工具有很多,但实质上都是由远期(forwards)合约、期货(futures)合约、期权(options)和互换(swaps)四种金融衍生工具组合而成。常见的金融衍生工具如表8.3所示。

表8.3　常见的金融衍生工具

金融衍生工具	利率	货币	商品
互换(掉期)	利率互换	货币互换	商品互换
期权	利率期权	货币期权	商品期权
远期合约	(远期利率)	远期外汇	远期商品
期货合约	利率期货	货币期货	商品期货

8.3　项目资信结构设计的主要考虑事项

在项目融资中,为了提高贷款的安全保障,贷款人可能:①要求对项目资产拥有第一抵押权,对项目的现金流量具有有效的控制;②要求把项目投资者的一切与项目有关的契约性权益转让给贷款银行;③要求项目成为一个单一业务的实体,除了项目融资安排外,限制该实体筹措其他债务资金;④要求项目投资者提供完工担保;⑤要求项目具有类似"无论提货与否均需付款"或"提货与付款"性质的市场合约安排,或者具有排他性承诺,保证项目产品/服务的垄断性或准垄断性。因此,在进行项目资信结构设计时,应考虑下列事项。

8.3.1　物权担保的局限性

在项目融资中,多数物权担保的主要作用是贷款人防止借款人的其他债权人在项目资产上取得不对称的利益,使自己处于不利的地位,是消极的、防御性的。由于项目资产的特殊性,在实际操作中物权担保还存在诸多不足之处,贷款人从物权担保中获取的保障有限,其主要不足之处表现在以下几个方面。

1）法律上的障碍

有些国家的法律（如英国担保法）承认浮动设押，但有些国家却不予承认，在这些国家贷款人设定担保物权时就受到限制，比如他们无法在项目公司的库存、设备及项目所必需的动产上设定担保物权。

2）实施上的障碍

强制执行的救济办法受到法律限制，尤其是在大陆法系国家，一般要求必须以公开拍卖的方式强制执行担保物权。但是，即使不采用拍卖的方式，由于采用项目融资的项目多数为基础设施，项目资产一般也是很难出售的，因为愿意购买这类设施（如一条公路、一座桥梁、输油管道等）的人非常少。债权人也可以选择介入项目的实施，继续经营该项目。但是，如果项目主办人经营失败，贷款人取得成功的可能性也不大。

3）政治上的障碍

由于政治原因，一般很难强制执行拍卖东道国的项目资产。

8.3.2　融资协议中的积极和消极保证条款

融资协议中的积极和消极保证条款主要是对将来行动的保证，有以下目的：保护项目资产和业务的完整性；保证项目实体的还款能力；保护债权人的抵押物不受损害；保证信息的畅通；在违约时，债权人有权取消贷款并处分抵押物。因此，要求债务人及时向债权人提供项目的财务、技术和经营情况，不变更业务或不采取使债权人的抵押利益受到负面影响的行动。

8.3.3　项目融资的主要资信基础

在项目融资中，贷款的偿还主要依赖于项目收益，因此与项目收益相关的协议是项目融资的主要资信基础。不同的项目具有不同的特性，资信基础不同。例如，在生产型项目如电厂和水厂项目中，产品购买协议（如购电合同和购水合同）是项目融资的主要资信基础；在服务型项目如输油管道项目中，设施使用协议（如运输服务协议）是项目融资的主要资信基础；有些服务型项目直接面向广大的用户，如收费公路（桥梁、隧道），一般只有特许经营权而没有销售协议，特许经营权下的市场是项目融资的资信基础。如果没有其他资信增级措施，资信评级机构（如标准普尔、穆迪）在进行评级时，对以产品购买协议为主要资信基础的项目融资，项目的资信等级一般不会超过包销商的资信等级；对以设施使用协议为主要资信基础的项目融资，项目的资信等级一般不会超过设施使用者的资信等级；对以租赁合同为主要资信基础的项目融资，项目的资信等级一般不会超过承租人的资信等级；对没有任何销售协议的项目，项目融资的资信等级取决于多种因素，其中市场活力是主要因素。应根据项目融资主要资信基础设计有特色的融资结构。

8.3.4　债权保障的连续有效

采用项目融资为新建项目融资时，因为建设期与运营期具有不同的现金流，应注意债权保障的持续有效性。无论是项目收益权抵(质)押贷款还是项目收益债券或票据都是以项目未来收益作为偿债资金来源,一个未完工的项目是不能产生现金流的,如果以未来收益作为唯一的债权保障措施,则在建设期的债权得不到保障。因此,一般用完工担保为建设期的债权提供保障,从而实现债权保障的连续有效。例如,新建收费公路项目一般以收费权质押进行项目融资,根据现行法律政策,只有在公路竣工投入运营后才授予公路收费权,这意味着在公路完工之前所谓的收费权质押不是真实有效的,债权没有得到有效的保障。如果用完工担保为公路完工前的债权提供保障,则债权在整个债权有效期内都得到了保障。

【案例】

乐山吉象木业项目融资担保

乐山吉象木业的前身是一家陷入经营困境的小型木材加工厂,乐山市林业局对其进行了改制,并准备转向需求旺盛的中高级林木产品加工。但中高级林木产品加工生产的技术含量较高,资金需求量较大,仅凭乐山地区自己的资金和技术条件难以解决这些问题。恰逢国际吉象木业人造林制品集团(International Plantation Timber Producets Group,IPTPG)为了开拓中国市场,在国内进行市场调研寻找合作伙伴。经过多轮谈判和沟通,1994 年春,在四川省年招商引资洽谈会上,双方签署了意向性合作协议。根据合作协议,由 IPTPG 和川南林业局共同投资兴建了一家专业生产中密度纤维板及其系列人造板产品的中外合资企业——乐山吉象人造林制品有限公司,合资经营期限为 30 年,公司注册资本 2 000 万美元,其中,IPTPG 出资 1 700 万美元(占 85%),川南林业局出资 300 万美元(占 15%)。

结合公司的具体情况,经过多方比较和论证,中外双方共同选择了总部位于华盛顿的国际金融公司(International Financial Corporation,IFC)进行融资。根据 IFC 的建议,乐山吉象人造林制品有限公司最终采取的是利用项目公司来安排工程项目融资的模式,即投资者根据股东协议共同出资组建一个项目公司,项目公司作为独立的生产经营者,签署一切与项目建设生产和市场有关的合同安排工程项目融资、建设、经营并拥有该项目。采用这种模式,工程项目融资由项目公司直接安排,主要的信用保证来自项目公司的现金流量、项目资产以及项目投资者所提供的与融资有关的担保和商业协议。该工程项目融资的担保结构如下:

①乐山吉象人造林制品有限公司向 IFC 和国际银团借入的 3 420 万美元都是抵押贷款,公司将下列资产抵押作为获得贷款的担保品:公司厂房所在地的土地使用权,有效期为自 1995 年 9 月 29 日起 50 年;所有在该土地上建造和现在或以后坐落于该土地的厂房和建筑物及其附属物房屋及建筑物;所有机器设备、运输设备、电子及办公用设备;一切因转让、出租土地使用权房屋及建筑物和所有设备的租赁而产生的收益。

②贷款方 IFC 和国际银团对公司的资产拥有第一抵押权。作为独立法人实体的乐山吉象人造林制品有限公司在贷款合同期内如要筹措其他股本或债务资金,必须经过贷款方的同意。

③为对项目的现金流量实行有效的控制,贷款方要求公司在指定银行开设监控账户以接受公司的销售收入,并在公司内设立财务总监和技术总监等职位,由贷款方委派人员担任,同时公司有义务接受贷款方人员不定期进行现场检查,包括对财务、生产等全方位的检查。

④公司除了定期向贷款方提供季度、半年和年度财务报表外,还要接受由贷款方指定的会计审计事务所的内外部审计,包括定期审计(一年两次,半年和年度审计)和不定期审计。

⑤其他有关的工程项目融资担保文件。例如，四川省政府、乐山市政府的安慰信，项目承建商提供的完工担保书，以及川南林业局乐山林业综合开发有限公司与乐山吉象人造林制品有限公司签订的原料供应承诺合同等。

（资料来源：吴凡.乐山吉象木业项目融资案例研究报告［D］.成都：西南财经大学,1999.）

【本章小结】

本章通过对项目融资增信的概念的解析,分析了项目融资增信构成的具体内容,随后对项目融资增信的资产收益、合同协议和资信增级的具体构成内容进行了解析,提出了项目融资增信结构设计应考虑的要素。

【习题研讨】

1. 简述项目融资资产收益增信的构成内容。
2. 简述项目融资合同协议增信的构成内容。
3. 简述项目融资资信增级增信的构成内容。
4. 简述项目融资增信结构设计应考虑的要素。

案例：金融产品结构设计之增信措施设计

第9章

工程项目融资担保

【本章导读】

★本章属于工程项目融资信用保证结构的内容之一,从工程项目融资担保的概念、范围和类型入手,分析了担保人、物权担保、信用担保和其他担保的具体构成内容。

【本章重点】

★担保的概念、范围和类型;

★担保人的具体构成内容;

★物权担保的具体构成内容;

★信用担保的具体构成内容;

★其他担保的具体构成内容。

工程项目融资担保是为确保工程项目融资过程中银行和其他债权人实现债权,由项目的投资者或与项目有直接或间接利益关系的其他主体提供的直接的财务保证,或间接的、非财务性的保证。构建严谨的工程项目融资担保体系,强化信用保证结构,是分配和规避工程项目融资风险的重要手段。

9.1 工程项目融资担保概述

9.1.1 工程项目融资担保的概念及特征

工程项目融资担保是指项目的借款方或第三方以自己的资产或信用向贷款方或租赁机

构做出的偿还保证。

在工程项目融资中,基于贷款人对项目以外的资产和收益无追索权这一特征,工程项目融资担保无论是在内容上还是形式上,都有不同于一般担保的独特之处。

1) 担保的目的

一般商业贷款人的担保要求是担保人应有足够的资产弥补借款人不能按期还款时可能带来的损失。而工程项目融资的贷款人关注的重点是项目能否成功,而不是现有担保资产的价值,其所要求的担保目的是保证项目按期完工、正常经营,获取足够的现金流来收回贷款。

2) 担保的基础

传统贷款的担保以借款人自身的资信为基础,由借款人以自身的全部或部分资产承担责任,或以第三人(担保人)的资产作为债权担保,或以特定的资产作为物权担保。而在工程项目融资中,项目发起人为避免项目失败而导致自己的财务状况恶化,一般都是先注册一个项目公司,由这个项目公司借款,并以项目公司的资产设定担保。项目发起人虽然是实际的借款人,但贷款人不能追索项目发起人本项目以外的其他资产。

3) 担保的方式

传统贷款的物权担保一般以借款所购财产以外的现存财产设定担保。而工程项目融资贷款人的风险很大,不可能完全依赖传统的担保方式,除了包括以项目资产作为抵押外,还可能包括:对项目现金流量使用和分配权的控制;对项目公司往来账户的控制;对有关项目的一切重要商业合同(如工程合同、市场销售合同、原材料供应合同等)权益的控制;对项目投资者(项目发起人)给予项目的担保或来自第三方给予项目的担保及其权益转让的控制等。

4) 担保的保证

在传统贷款中,无论是物权担保还是信用担保,其价值通常都大于借款数额,而且要求有良好的变现性。在工程项目融资中,虽然也会将项目的资产抵押,但项目的建设周期通常较长,未竣工前其商业价值较小,而且像道路、输油管、电厂等项目,即使按期建成,如果使用率不高,其交换价值也可能远低于建设成本。因此,以项目公司资产做担保的本意是为防止第三方主张权益,而不是用以提供实际的还款保证。

9.1.2 工程项目融资担保的范围

项目担保的范围取决于其所面对的风险,一个项目通常可能面对的风险主要有市场风险、政治风险、金融风险、环境风险、信用风险、生产风险(技术与管理风险、资源风险)等。在工程项目融资中,项目的担保不可能解决全部风险问题,只是有重点地解决融资双方尤其是贷款人最为关心的问题,主要是政治风险、商业风险、商业政治风险、金融风险、不可抗力风险等。项目除了存在商业风险、政治风险外,还可能遇到地震、水灾、火灾等风险,这类风险被称为不可预见风险或称为或有风险,避免这类风险主要采取商业保险的方法。

9.1.3　工程项目融资担保的类型

工程项目融资担保可基于不同分类标准分为不同类型。根据债务保证来源的不同,工程项目融资担保可分为物权担保和信用担保两大类。在工程项目融资中,物权担保是指以项目特定物产的价值或者某种权利的价值作为担保,如债务人不履行其义务,债权人可以行使其对担保物的权利来满足自己的债权。信用担保是指由资信状况好、实力雄厚的第三方作为保证人,向贷款人保证项目公司履行偿还贷款和支付利息以及其他有关费用的义务。一旦项目公司没有履行其还款和支付义务,经贷款人请求,保证人即需要代替项目公司向贷款人偿还拖欠的贷款、利息以及其他费用等。

根据项目担保在工程项目融资中承担的经济责任不同,工程项目融资担保可划分为四种基本类型:直接担保、间接担保、意向性担保和或有担保。无论是哪种类型的项目担保,其所承担的经济责任都是有限的,这是工程项目融资结构与传统公司融资结构的一个主要区别。

1)直接担保

直接担保是指担保的责任根据担保的金额或者担保的有效时间加以限制。

(1)有限金额的担保

在金额上进行限制的直接担保是在完成融资结构时就已事先规定了最大的担保金额,不论项目经营中出现任何意外情况,担保的最大经济责任只能在这个限定金额之内。这种担保在工程项目融资中通常采取的形式是资金缺额担保和第一损失担保。有限金额的直接担保可以用于防止生产超支或项目现金流量不足,因为一般来讲,贷款银行通常愿意在建设成本和生产成本可控的条件下进行有限追索的工程项目融资。为了防止因资金短缺导致的项目失败,就需要项目投资者来承担生产成本和建设成本超支带来的风险,即提供相应的担保。

如何确定担保金额是借贷双方谈判的焦点。通常的方法有两种:对防止生产成本超支或项目现金流量不足的有限担保,可根据项目的现金流量模型计算出维持项目运行的最少资金需要量,并以此确定担保金额;对防止建设成本超支的有限担保,由于多数贷款银行更倾向于接受没有金额限制而只有时间限制的完工担保,所以这类担保的最高金额可根据该类项目的一般情况来定。

(2)限制时间的担保

典型的在时间上加以限制的有限责任直接担保是项目建设期和试生产运营期的竣工担保,项目投资者和工程承包公司是主要的担保人。多数情况下,项目的竣工担保是在有限时间内的无限经济责任担保,有时竣工担保也可安排为有限金额的担保。项目投资者组织这类担保可通过在有限时间内的无限责任,避免或减少长期的直接项目担保。

2)间接担保

间接担保是指担保人不以直接的财务担保形式作为向项目提供的一种财务支持。它通常采取商业合同或政府特许协议的形式,最常见的是以"无论提货与否均需付款"或"提货与付款"的销售或购买协议为基础建立起来的一系列合同形式。

提供间接担保的项目投资者或其他项目参与者,投资项目并使用项目所提供的设施或产品不是盲目的,获得一定的产品供应是其投资的逻辑前提。间接担保所建立的一系列合同确保了项目市场的稳定和收入的稳定,同时也保证了贷款银行的基本利益,因为这类合同的定价是以项目产品的公平市场价格、品质标准为依据,其订立原则是在合同期内满足摊销债务的要求,是较为公平的商业交易。基于这一点,在国际通行的会计准则中,间接担保不作为担保人的一种直接债务责任体现在公司的资产负债表中。间接担保的具体形式包括:以产品销售协议提供的间接担保、以项目建设合同提供的间接担保、以经营和维护合同提供的间接担保、由供应合同提供的间接担保和以其他合同形式提供的项目担保。

3)意向性担保

这种担保仅是担保人有可能对项目提供一定支持的意愿。严格来说,意向性担保并不是一种真正意义上的担保,因为这种担保不具备法律上的约束力,也不需要体现在担保人公司的财务报告中,因而它受到担保人的普遍欢迎而在工程项目融资中经常得到应用。正因为如此,国际上对意向性担保所承担法律责任的要求也越来越严格。

(1)安慰信

意向性担保最常用的形式是安慰信(也称支持信)。在工程项目融资中,安慰信通常是由项目的母公司或项目的所在国政府写给贷款银团的,表示该公司或该国对该项目公司及工程项目融资的支持,并以此代替对该工程项目融资的财务担保。安慰信表明母公司确认了该工程项目融资的安排并将继续支持项目公司的经营与发展,具体体现在三个方面:

①在经营上的支持,如项目投资者将不会减少其在项目公司中的股权,在项目公司的名字中保留母公司的名称,以及所在国政府提供的未来将不重复建设类似项目的保证等。

②不剥夺项目资产,如所在国政府保证未来不会没收项目的资产或将项目国有化,或保证项目公司的国民待遇等。

③在适当的条件下给予项目公司必要的财务支持,从而保证项目公司按期履行贷款义务,如项目投资者保证在项目公司遇到财务困难时提供资金支持等。

(2)交叉担保

除了安慰信之外,贷款银行还可以利用项目投资者之间的相互制约关系,如"交叉担保"责任寻求意向性担保。"交叉担保"源于"交叉违约",是因为在一些合资项目中,投资者承担双重责任(既包括项目的建设、经营、市场销售责任,又包括项目贷款的偿还责任),一旦构成某一投资者对这些责任的违约,势必带来一系列的连锁反应,影响其他投资者和贷款银行的利益。通常情况下,项目投资者违约时往往也是项目最困难的时候,如出现市场疲软、项目资金周转困难、利率及汇率波动等,其他投资者也因不愿增加新的财务负担而拒绝继续投资该项目。对此,贷款银行在对项目中某一资金实力较弱的投资者安排工程项目融资时,很重要的一点就是要看该项目合资结构中有没有交叉担保的条款,有没有另外几家资信较强的投资者参与其中,这是贷款银行评价项目信用风险的一项重要指标。因为资信较强的投资者的参与将保证项目的正常运行,保证项目资产价值的安全,这本身就是一种意向性的担保,尽管这种交叉担保没有为贷款银行提供直接的财务保证。

(3)东道国政府的支持

东道国政府在工程项目融资中扮演的角色虽然是间接的,但很重要。在许多情况下,东道国政府授予的开发、运营的特许权和颁发的执照是项目开发的前提。虽然东道国政府一般不以借款人或项目公司股东的身份直接参与工程项目融资,但仍可能通过以下方式对项目提供间接担保:

①保证不对项目公司颁布不利的法律,坚持非歧视原则。

②保证项目公司能够获得用以偿还对外债务的外汇,即担保外汇的可获得性。

③保证不对项目实施没收或国有化政策。

④保证不实施歧视性的外汇管制措施。

⑤保证项目公司能得到必要的特许经营协议和其他政府许可权,如公路收费权。

⑥在可能的情况下,通过政府代理机构对项目进行必要的权益投资。

⑦可能成为项目产品的最大买主或用户。

(4)消极担保

所谓消极担保条款,是指借款方向贷款方承诺,将限制在自己的资产上设立有利于其他债权人的物权担保。消极担保条款是融资协议中的一项主要条款,它一般表述为:"只要在融资协议下尚有未偿还的贷款,借款人不得在其现在或将来的资产、收入或官方国际储备上为其他外债设定任何财产留置权,除非借款人立即使其融资协议下所有的未偿债务得到平等的、按比例的担保,或这种其他担保已经得到贷款人的同意。"

消极担保是一种有法律约束力的保证。不同于担保受益权,消极担保不允许对借款人资产提出所有权、占有权、控制权和销售权的要求,也不允许贷款人在借款人破产或清算时提出任何优先权。借款人如果违反消极担保条款,把其资产作为第三方的担保,按照绝大多数法律,这种担保是无效的。如果第三方知道或应该知道存在消极担保条款,贷款人也许能够指控任何使借款人做违约担保的有效性,但这取决于当时的环境和有关的法律系统。

4)或有风险担保

或有风险担保是指对由于项目面对的不可抗拒力或不可预测因素造成项目损失的风险所提供的担保。由于主观和客观原因,或有风险的种类繁多,有些具有共性,有的又是某个项目所特有的,这使或有担保的难度较大且形式容易不规范。因此,为使工程项目融资能够顺利进行,项目投资者应重视安排和组织有关项目的或有风险担保。

或有风险担保因其风险的性质不同,可分为以下类型:

(1)不可抗拒力造成的风险

如火山爆发、飓风、火灾、工程施工中的塌方、煤矿中的瓦斯爆炸等,这类风险的发生将给工程项目造成巨大损失,提供这类或有风险的或有担保人通常是商业保险公司。

(2)政治风险

政治风险同样具有不可预见性,如战争、军事政变等。因此,减少这类风险的担保也可列入或有风险担保。一些多边担保机构可能提供这方面的保险或担保。

(3)环境风险

这主要是针对与工程项目融资结构特性有关的、一旦发生变化将严重改变项目经济强度的风险,如因政府的税收政策改变造成项目税收的收益改变,从而使贷款银行获得的利益减少。例如,以税务结构为基础建立起来的杠杆融资租赁模式,如果政府对税收政策做出任何不利于杠杆租赁结构的调整,都会减少贷款银行的利益,甚至影响工程项目融资结构的调整。此外,项目所在地的能源、原材料供应由于当地政府特许权的改变而改变,如以优惠价格提供原材料、额外划拨土地使用权等模式建立起来的融资模式,一旦政府的优惠政策发生改变,则必然导致项目的经济强度减弱。这些都需要项目投资者提供或有担保,从而在上述情况发生的情况下,由项目投资者提供必要的财务支持。

9.2 工程项目融资担保人

项目担保人包括三个方面:项目投资者、商业担保人和与项目利益有关的第三方担保人。

9.2.1 项目投资者

工程项目融资中最主要和常见的一种形式是项目的直接投资者和主办人作为担保人(图9.1)。通常情况下,项目投资者以建立一个专门的项目公司的方式来经营项目和安排融资。但是,由于项目公司可能在资金、经营经验、资信水平等多方面存在不足以支持融资的问题,所以大多数的贷款银行会要求借款人提供来自项目公司以外的担保作为附加的债权保证,以降低贷款风险。因此,除非项目投资者能提供其他可以被贷款人接受的担保人,否则项目投资者自己必须提供一定的项目担保。

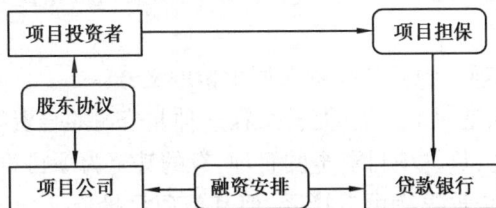

图9.1 项目投资者作为担保人

工程项目融资谈判能否成功,关键是项目投资者和贷款人之间实现各方都能接受的风险分担。贷款人可能要求项目投资者保证项目至少达到生产阶段,否则项目投资者保证偿还所欠债务;贷款人也可能要求项目投资者担保在整个项目有效寿命周期内偿还贷款,即使这种担保是通过另一安排实现的。项目投资者可以有自己特殊的融资安排和税收、会计目标,这将影响其对项目支持的类型和担保方式。

运用项目投资者提供的直接的、非直接的担保,或者以预防不可预见风险因素为主体的项目担保,加上其他方面的担保,可以形成贷款人能够接受的信用保证结构。如果项目投资者提供的是直接担保,即直接担保项目公司的一部分债务,根据国际通行的会计准则,这种担保需要以一种债务形式体现在项目投资者的资产负债表中;如果项目投资者提供的担保以非直接的形式或以预防不可预见风险因素的形式出现,则对项目投资者本身的资产负债表影响较小,这种对公司资产负债结构影响的考虑对于一个公司,尤其是上市公司和跨国公司具有特别重要的意义。由于某一项目的债务并入项目投资者总公司的资产负债表而造成该公司的资产负债结构恶化,会产生一系列严重的后果,如影响公司的信誉和筹资能力,导致公司的股票在证券市场的价格波动,以及降低公司承受财务风险和金融风险的能力等。

因此,项目投资者希望所提供的担保能够以商业协议的形式出现,从而减少负债对其资产负债结构的影响。当然,提供哪种形式的担保不是完全由项目投资者自己的意愿决定的,还要取决于贷款方的要求。通常在项目开发建设阶段,由于融资项目的风险较大,贷款方通常要求项目的投资者承担直接的财务责任,此时项目投资者提供的担保就要记入其资产负债表。

9.2.2 商业担保人

商业担保人以营利为目的提供担保,承担项目风险并收取服务费用。商业担保人以分散经营来降低经营风险,这些担保人通常包括银行、保险公司及其他从事商业担保的金融机构等。

商业担保提供的服务有两种基本方式。一种是担保项目投资者在项目中或者工程项目融资中所必须承担的义务。这种方式下的担保人一般为商业银行、投资公司和一些专业化的金融机构,担保形式多为银行担保和银行信用证。这种担保方式的作用主要有以下三个方面。

(1)担保资金不足或资产不足的项目公司对其贷款所承担的义务

例如,在房地产项目融资时,如果贷款银行认为该项目的房地产价值及贷款期内的现金流量不足以支持一个有限追索的融资结构,借款人可以远低于房地产市场价格的契约价格从专业化的金融机构手中购入一个卖出期权作为工程项目融资的附加担保。在贷款期间,一旦借款人违约,贷款银行可执行该期权,将房地产以契约价格出售给期权合约的另一方,维护其权利。

(2)担保项目公司对项目中其他投资者所承担的义务

由于项目投资者往往是两个以上的公司,在这种非公司的合资结构中,各公司以一定比例投资并成立项目子公司,负责项目资金的管理,有的甚至为项目投资安排了有限追索的工程项目融资。对此,虽然贷款银行可以接受,但其他项目投资者却不能接受,因为有限追索的融资结构限制了对母公司的追索能力,这对于其他项目投资者来说,无疑是潜在的风险。因为在这种非法人式契约型合资协议中经常存在这样的条款,即在项目运营过程中,一旦项目中的一方表示无力支付项目的生产费用或资本开支时,其他各方要承担该违约方应支付的费用,直到违约事件被改正或违约方资产被出售为止。一般而言,项目各方都不希望这种情况出现,因为一旦一方由于市场等问题出现支付困难时,其他各方也面临同样的局面,只是程度不同而已。基于这种情况,在非公司型合资工程项目融资结构中,资本不足的公司通常会被要求由国际性银行提供一般信用证额度为3~9个月的项目生产费用的备用信用证作为项目担保。

(3)作为担保提供人和担保受益人之间的中介

假设一个公司到另外一个国家或地区投资,不为当地的银行和公司所熟悉,则该公司的直接担保就很难被接受。为此,需要选择一家或多家既为当地的银行和公司所接受,又为项目投资者所认可的国际商业性银行提供担保,承担项目投资者在项目中所需承担的责任。

商业担保的另一种基本方式是为防止项目意外事件的发生而进行的担保。在这类担保中,项目保险是融资文件中不可缺少的内容,担保人往往是各种类型的保险公司,保险公司提供的项目保险内容广泛,除项目资产保险外,还有项目的政治风险保险等。

9.2.3 第三方担保人

第三方担保人是指在项目的直接投资者之外寻找与项目开发有直接或间接利益关系的为项目提供担保的机构。由于这些机构的参与在不同程度上分担了一部分项目的风险,为工程项目融资设计一个强有力的信用保证结构创造了有利条件,对项目的投资者具有很大的吸引力;同时,第三方担保人也能在担保交易中得到益处。能够提供第三方担保的机构大致可分为以下几种类型。

1)政府担保

在工程项目融资中,政府机构作担保人是很常见的,尤其是一些大型工程项目的建设,如高速公路、大型港口、矿产资源开发、石化项目等。这些大型工程项目的建设有利于项目所在国的经济发展、政治稳定,促进当地人口就业,改善经济环境,因此,政府机构很愿意为工程项目融资提供担保。政府机构介入作为项目担保人可减少项目的政治风险和经济政策风险,增强投资者的信心,这种担保作用是其他方式所不可替代的。例如,在 BOT 模式中,政府以特许权协议形式做出担保是投资者利用该模式进行工程项目融资的重要前提。同时,政府机构作工程项目融资担保人可避免政府的直接参与。基于政治、财务方面的考虑和立法上的限制,政府很难直接参与项目投资,但为促进项目的开发,政府多以提供贷款、贷款担保或项目产品长期购买协议等形式的担保作为对项目的间接参与。

政府担保的好处显而易见:能增强投资者的投资信心,保证项目的顺利实施,缓解国内经济建设所需巨额资金的压力,用较少的建设资金和信贷就可以达到促进经济发展的目的。

但其带来的弊端也不容忽视:首先,政府在某个项目中提供了相关法律或管制的担保,但在某些情况下,政府又必须对其加以改变,则会限制自己在此领域颁布新法规、实施新管制的自由性,造成与国家根本利益相悖的局面。其次,政府过多的担保会削弱引入私人资本所产生的益处。工程项目融资中积极引入私人资本的作用,就在于私人资本可以更好地管理风险和控制成本,对市场需求的刺激有更灵敏的反应速度,经济效率较高等。若政府过多地为项目提供担保,如提供有关项目投资回报率的担保,则项目公司就会丧失降低项目成本和高效运营项目的动力,从而使项目成本远高于正常水平,这显然与引入私人资本的目的不符。最后,政府过多的担保会加大政府的守信成本,并且侵蚀国家财政的健康。

2)与项目开发有直接利益关系的商业机构

这些商业机构通过为工程项目融资提供担保而获得自身的长期商业利益,具体包括:获得项目所需设备的供应、安装权;获得项目的建设权;获得其自身长期稳定的原材料、能源供应;获得其自身产品长期稳定的市场;保证其对项目设施的长期使用权等。能够提供这种第三方担保的商业机构可以归纳为以下三种。

(1)承包商

为了获得大型工程项目的承包合同,很多承包商愿意提供项目担保。例如,他们可以固定价格合同的形式支持项目的长期融资。如果承包商接受固定价格,意味着他们为项目的施工提供了担保。

（2）供应商

供应商主要指项目设备或主要原材料的供应商。项目设备供应商通常提供的担保有卖方信贷、出口信贷以及项目设备质量（运营）等形式。原材料供应商主要以长期、稳定、价格优惠的供应协议作为对项目的支持。这种协议往往带有"无论提货与否均需付款"类型合同的性质，一般以"供货或付款"合同的形式出现。

（3）项目产品（设施）的用户

需求某种产品或服务的用户愿意为生产该种产品或提供该种服务的建设项目提供担保。在一般情况下，产品用户采取长期"无货亦付款"合同或"产量"合同的形式。这种形式是指买卖双方达成协议，买方承担按期根据规定的价格向卖方支付最低数量项目产品销售金额的义务，而不问事实上买方是否收到合同项下的产品。"无货亦付款"合同或"产量"合同相当于保证书，可作为担保从其他金融机构获得贷款。因此，这种担保是项目的用户从保障项目市场的角度为工程项目融资提供一定的担保或财务支持。这种类型的担保多集中在能源、原材料和基础设施项目中。

3）世界银行、地区开发银行等国际性金融机构

这类机构虽然与项目的开发并没有直接的利益关系，但是为了促进发展中国家的经济建设，对一些重要的项目，有时可以寻求这类机构的贷款担保。这类机构在项目中的参与同样可以起到政府机构的作用，减少项目的政治、商业风险，增强商业银行对工程项目融资的信心。

9.3　工程项目融资的物权担保

工程项目融资的物权担保是指项目公司或第三方以自身资产为履行贷款债务提供担保。国内信贷活动虽然广泛使用物权担保，但在工程项目融资这种国际融资活动中，却较少使用物权担保，作用也不明显。这不仅是因为贷款方不易控制跨国担保物，而且更重要的是因为工程项目融资追索权有限。项目公司自身的资产一般不能使贷款方放心，因为贷款方看重的是项目本身，而非项目公司目前的资产。

虽然物权担保对借款方并没有特别大的压力，但是它仍然能够约束项目有关参与方认真履行合同，保证项目的顺利建成和运营。此外，在项目融资中，借款方以项目资产做担保，使贷款方能够控制项目的经营，进而顺利地收回贷款。

工程项目融资物权担保按担保标的物的性质可分为不动产担保和动产担保；按担保方式可分为固定担保和浮动担保。

9.3.1　不动产担保与动产担保

不动产通常是指土地以及依附于土地上的建筑物、构筑物等难以移动的财产。工程项目融资中，项目公司一般以项目资产作为不动产担保，而且这种不动产担保仅限于项目公司的不动产范围，而不涉及或很少涉及项目投资者的不动产。这就是工程项目融资的有限追索性的体现。项目公司一旦违约，贷款银行有权接管项目，或重新经营，或拍卖项目资产，弥

补其贷款损失。可这种弥补对于巨额的贷款来说,是微不足道的。尤其是在项目失败的情形下,不动产担保对贷款银行的意义更是不大。例如,一高速公路工程,如果建成后,实际的车流量远远低于原来预测的车流量,那么当项目公司无法还本付息时,即使将该高速公路的所有权移转于贷款银行,但对于贷款银行来说,意义何在呢? 同时,由于项目资产的专用性一般较强,要想将项目资产出售变现还是比较困难的,更何况项目资产的出售变现还可能存在政治上的障碍。

动产担保是指借款人(工程项目融资中一般指项目公司)以自己或第三方的动产作为履约的保证。可用于提供担保的动产在各国法律中有不同的规定,但归纳起来,不外乎分为有形动产和无形动产两大类。有形动产有船舶、飞机、设备、存货等;无形动产有专利权、票据、应收账款、证券、保险单、银行账户和特许权等。由于处理动产担保在技术上比不动产担保方便,故在工程项目融资中使用较多。

工程项目融资中,无形资产担保的意义更大些。一方面,有形动产价值往往因为项目的失败而大大减少;另一方面,也因为无形动产涉及多个项目参与方,其权利具有可追溯性,而且这种追溯是有合同文件作为书面保证的。可以说,工程项目融资中的许多信用担保最后都作为无形动产担保而成为对贷款银行的一种可靠担保。例如,"无论供货与否皆需付款"的合同本身是项目产品用户提供的一种信用担保,但当该合同下的权益在一定时期内转移给贷款银行时,此时该合同下的权益就成了贷款银行的无形动产,于是信用担保变成了无形动产担保。

需要指出的是,动产担保的典型形式之一动产抵押在英美法系国家中早就存在,而且专门立法予以承认,如美国的《统一动产抵押法》。但在大陆法系国家中,有些对动产抵押是持否定态度的,如《法国民法典》第2119条明确规定"不得就动产设定抵押权",《德国民法典》规定动产担保只能采取质权的方式设立,且必须移转担保物的占有。为了适应经济发展的需要,德国的动产担保又派生出两种非典型形式:保留所有权和让与担保。所谓保留所有权,是指在动产买卖过程中,出卖人在买受人支付全部价款前,仍保留原标的物的所有权,而买受人在买卖合同成立后有权对该动产进行占有与使用;让与担保是指动产所有权人在担保债务的同时,仍占有、使用其动产,只是将动产的所有权转移给债权人,待还清债务后再收回所有权。

2021年1月1日起施行的《中华人民共和国民法典》第二编物权,第十七章抵押权规定,债务人或者第三人有权处分的下列财产:生产设备、原材料、半成品、产品;正在建造的建筑物、船舶、航空器;交通运输工具等,可以抵押。第十八章质权,第一节动产质权,第二节权利质权等明确规定,允许动产和汇票,应收账款等权利出质。

9.3.2　固定担保与浮动担保

前面所说的动产担保和不动产担保皆属于固定担保。所谓"固定",是指借款方作为还款保证的资产是确定的,如特定的土地、厂房或特定的股份、特许权、商品等。当借款方违约或项目失败时,贷款方一般只能从这些担保物受偿。固定担保一般是在固定的资产上设定的,即设定抵押时就固定在具体的财产上,且必须遵守设定担保的必要手续。固定担保也可以在未收资金及流动资产上设定,担保人在没有解除担保责任或者得到担保受益人的同意之前不能出售或者以其他形式处置该项资产。如果置于固定担保下的资产属于生产性资产,则担保人只能根据担保协议的规定对该项资产进行正常的生产性使用;如果担保资产是不动产或银行存款,则担保人原则上是无权使用该项资产的。当借款方违约或者项目失败时,贷款方一般只能从这些担保物受偿。

浮动担保也称浮动抵押(Floating Charge)、浮动债务负担,始创于英国,是指债务人(主要是项目公司)与债权人(通常为银行)达成协议,债务人以其现存及将来获得的全部财产作为债的担保;当债务人不履行债务时,债权人就债务人不履行债务时拥有的全部财产的变卖价款优先受偿的法律制度。后来,该担保方式在其他一些国家也得到普及。由于这种担保方式不以特定的动产或不动产为担保标的,只有当特定事件发生时才能最后确定受偿资产,所以被形象地称为"浮动设押"。

在浮动担保中,借款人(即担保人)对浮动担保物享有占有权、使用权和处分权。浮动担保无须转移担保物的占有,在借款人违约或破产之前,借款人有权在其正常的业务活动中自由使用和处分担保物。借款人对担保物的处分无须征得贷款人的同意,经借款人处分后的担保物自动退出担保物范围;反之,借款人在设定浮动担保后所取得的一切财产(或某一类财产)也自动进入担保范围。可见,在贷款人实际行使浮动担保权之前,担保物一直处于不确定的浮动状态,所以一旦项目的经营者在经营中有恶意地处分财产,对于贷款人而言,其担保权的实现就有相当大的风险。

固定担保下的标的处分是受很大限制的,而浮动担保的处分则几乎不受任何限制。对于项目公司来说,不愿设立较多的固定担保,因为这样会对其自主经营施加一定的限制,对资产的处理会束手束脚;对于贷款人而言,固定担保则对其比较有利,便于其实现抵押权。但是,需要注意的是,工程项目融资中工程投资大,只倚仗固定担保完成对其贷款的保证是不可能的,在工程项目融资中也不具有可行性或可操作性。因此,为了保证项目公司(或项目经营者)的利益,不宜设立较多的固定担保;为了保证贷款人的利益,又要设定一定的固定担保。或者从另一角度来说,对于两种担保的选择而言,项目公司愿意使用浮动担保,而贷款人则愿意使用固定担保。

浮动担保具有以下三个特征:

①以债务人(借款人)现有及未来的全部财产作为担保标的物。

②担保标的物的形态或价值在日常经营过程中不停地变化,如价值形态由货币形态转化为生产资料、生产资料转化为产品形态,而价值则或增或减或等值转换。

③在结晶条款规定的条件成立或出现以前,债务人的日常营业业务不受浮动担保设立的影响。其最本质的特征在于设立担保后,债务人仍可享有自由处理担保物的权利,可以最大限度地发挥担保物的增值功能。

结晶条款是浮动担保的核心。结晶是指终止债务人处置担保物的权力,使浮动担保变为固定担保,而债权人变卖担保物以实现其债权。导致结晶的情形有以下三种:

①因债务人停止营业而结晶。一旦颁发清算令开始清算债务人公司,无论所担保的义务是否到期,浮动担保自动结晶。

②因债务人违约而结晶。

③债权人与债务人双方约定结晶。无论是自动结晶还是通知结晶,其目的均是取得优先权并规避其他优先权。

浮动担保在融资担保中得到了广泛应用,如贷款银行对项目公司银行账户的控制,但一般情况下,项目公司的银行账户通常由第三方托管。1983年5月,合和电力与深圳电力公司签订的10期电厂投资建设合作合同约定,以电厂全部资产对贷款银行做浮动抵押,且适用香港的法律。这是我国第一例浮动担保。

浮动担保之所以应用广泛,是因为它能够让债务人充分自由地处分已作为担保物的财产,同时又能维护债权人的权益。但在某些大陆法系国家(如一些拉美国家等),以浮动担保损害了债务人的其他债权人的利益为由,否认浮动担保制度。同时,一些接受浮动担保的国家也因浮动担保涉及范围太广,而对浮动担保采取了相应的限制措施。例如,大陆法系的法国就做了如下规定:公司的存货与应收账目不得列入该公司设"保"的范围之内。又如,浮动担保的发源地英国缩小了采用浮动担保的范围,规定只有股权式企业才能采用浮动担保,除此以外的任何个人或合伙组织均不得采用浮动担保。

浮动担保是物权担保中唯一的非固定担保,它与其他债权的关系一般如下:

①如果在浮动担保的资产上再设立固定物权担保,那么固定物权担保受益人和浮动担保受益人之间的优先关系,要视固定担保受益人是否知晓浮动担保中的限制性条款——禁止担保人设立优先于该浮动担保权得到清偿,或与该浮动担保权按比例同时受偿的固定担保的条款而定。大多数国家认为,只要将限制性条款提交注册登记,就可推定第三人已经知道限制性条款的存在。

②假如无担保的债权人诉诸法律要求司法救济,并且胜诉,获得法院的执行令,在这种情况下,浮动担保受益人与无担保债权人之间的优先关系如何,各国可能有不同的处理,但主流观点是:若在浮动担保结晶之前,执行程序已经完毕,那么执行权人(即无担保债权人)就享有优先权;而若在浮动担保结晶的时候,执行程序还没有结束,那么执行权人的优先权就必须让位于浮动担保受益人。

③有一些特殊的规定优先于浮动担保,如国家与地方政府的各种税收、雇员的薪金等,都是优先于浮动担保的债权。

④在浮动担保范围内早已设立的其他优先担保物权和先于浮动担保之前就已经行使的债权,均优于浮动担保权利。

9.4 工程项目融资的信用担保

工程项目融资中的信用担保也称人的担保,是当事人之间的一种合同关系。其主要作用是由担保人为某一项目参与方向贷款人提供担保,当该项目参与方无法履行合同义务时,由担保人负责代其履行义务或承担赔偿责任。在信用担保中,担保人的信用是至关重要的,往往是贷款人决定是否给予贷款所要考虑的关键因素。在工程项目融资中,担保人通常是法人,包括借款人以外的其他公司、商业银行、政府、官方信贷机构等。

9.4.1 项目完工担保

1)项目完工担保概述

由于项目融资以项目资产作抵押或者项目权益作质押,而一个未完工的基础设施项目没有什么抵押价值,因此在建设期内债权人有三个需要担忧的主要问题:一是项目主办人可能在项目竣工前主动放弃项目;二是项目根本无法竣工,项目主办人被迫放弃项目;三是出现延期完工,建设资金不足,不能正常运行,或达不到设计标准等。因此,债权人要求项目主办人提供项目完工担保,进行有限追索。项目完工担保可以由项目主办人作为担保人直接提供,也可以由项目公司安排商业担保人提供。由项目主办人直接提供担保具有形式简单和不需要明确的费用等优势,但缺点是如果项目主办人的信用等级不高,则难以被贷款人所接受。商业担保人一般为专业担保机构、商业银行、投资公司和一些专业化金融机构,所提供的担保一般为银行信用证。商业担保人提供担保的优点是信用等级比较高,但需要支付一定金额的担保费。

完工担保是一种有限责任的直接担保形式。大多数的项目完工担保属于仅仅在时间上有所限制的担保形式,即在一定的时间范围内(通常在项目的建设期和试生产或试运行期间),项目完工担保人对贷款银行承担着全面追索的经济责任。在这一期间,项目完工担保人需要尽一切努力促使项目达到"商业完工"的标准,并支付所有的成本超支费用。

由于完工担保的直接财务责任在项目达到"商业完工"标准后就立即终止,工程项目融资结构也从"全面追索"转变成为"有限追索"性质,贷款银行此后只能单纯(或绝大部分)地依赖于项目的经营,或者依赖于项目的经营加上"无货亦付款"等类型的有限信用保证支持来满足债务偿还的要求,所以对项目"商业完工"的标准及检验是相当具体和严格的。这其中包括对生产成本的要求、对原材料消耗水平的要求、对生产效率的要求以及对产品质量和产品产出量的要求。无论哪项指标不符合在融资文件中所规定的指标要求,都会被认为是没有达到项目完工担保的条件,项目完工担保的责任也就不能解除,除非贷款银行同意重新制订或放弃部分"商业完工"标准。

项目完工有以下多种标准:①技术完工标准(按设计要求完成了项目施工);②商业完工标准(项目完工并投入商业运行);③现金流量完工标准(项目投入运行达到指定的现金流入量——项目收入水平);④其他形式的完工标准。

项目完工担保形式包括:①无条件完工保证;②债务承购保证;③单纯的技术完工保证;④完工保证基金;⑤最佳努力承诺。

无论采用哪种形式,项目完工担保一般包括以下3个方面的基本内容:①完工担保责任;②项目投资者履行完工担保义务的方式;③保证项目主办人履行完工担保义务的措施。

2)项目完工担保的特点

项目完工担保协议指完工担保人向贷款人就拟建项目可以按照约定的工期、约定的成本和约定的商业完工标准实现完工和正式运营提供完全信用保证的协议。依此保证,在拟建项目不能按约定的工期和成本实现商业完工标准时,完工担保人(通常由项目主办人或投资人担任)将负有支付赔偿金、追加项目股权投资和提前偿还项目贷款的责任。项目完工担保协议不同于传统的信用保证协议,它是国际项目融资信用保障机制中重要的一环。其基本特点包括以下方面。

①项目完工担保协议是对拟建项目将按照约定的工期和成本实现商业完工标准提供保证,而非对借款人按期还贷提供保证。也就是说,引起完工担保人保证责任的事实仅为协议所限定的项目拖期、成本超支、不能按商业完工标准正式运营(包括不符合标准及项目停建)

等违约事件,它是一种特定事实保证。

②违反项目完工担保协议所引起的责任具有复杂的构成:根据违约后果的不同,完工担保人将按约负有支付违约赔偿,追加对项目公司的股权投资,增加对项目公司提供从属性贷款支持,直至提前独立偿还国际贷款(例如,在项目停建的情况下)等责任,这显然也不同于一般的信用保证协议。

③项目完工担保协议可以是一种全额信用保证协议,在违反项目完工担保协议的情况下,国际贷款人可以对已经投入的全部贷款损失具有完全追索权。只有在建设项目实现了商业完工标准而正式运营后,国际贷款人才对贷款担保人具有有限追索权,才产生项目贷款的有限担保责任或无担保责任问题。

④项目完工担保协议不仅须采取信用保证协议形式,而且通常要求完工担保人向指定的银行机构存入担保存款,提供以国际贷款人为受益人的备用信用证或保函。在发生违反项目完工担保协议的事件时,国际贷款人可按约要求以该信用额补足超支或用于填补损失。

⑤完工担保人通常由项目主办人或投资人担任(也可以由项目工程总承包人担任),但此项完工担保与项目工程担保有着密切的联系。通常情况下,完工担保人在项目工程发包时亦要求设计承包人、建设工程承包人、设备安装调试承包人和项目运营管理人提供相应的完工担保,以分散其完工担保风险。

3)由项目投资者提供的完工担保

由直接投资者作为项目完工担保人是最常用也最容易被贷款银行所接受的方式。因为项目的投资者不仅是项目的最终受益人,而且由于股本资金的投入,使其对项目的建设和运行成功与否有着最直接的经济利益关系。所以,如果由项目投资者作为担保人,就会想方设法使项目按照预订的计划完成;同时,由项目投资者作为完工担保人也可以增加贷款银行对项目前途的信心。

在工程项目融资结构中,完工担保既可以是一个独立协议,也可以是贷款协议的一个组成部分。完工担保通常包含以下三个方面的基本内容。

(1)完工担保的责任

具体来说,就是项目投资者向贷款银行做出保证,除计划内的资金安排外,必须提供建设期成本超支的资金或为达到"商业完工"标准而超过原定计划资金安排之外的任何所需资金。如果项目投资者不履行其提供资金的担保义务而导致项目不能完工,则需偿还贷款银行的贷款。

由于有这种严格的规定,因此在项目完工担保协议中对"商业完工"的概念有着十分明确的定义。这种定义主要包括:

①对项目具体生产技术指标的规定(包括对单位生产量的能源、原材料甚至劳动力消耗指标的规定)。

②对项目生产或服务质量的规定。

③对项目产品的单位产出量(或服务量)的规定。

④对在一定时间内项目稳定生产或运行的指标规定。

(2)完工担保的义务

一旦项目出现工期延误和成本超支现象,项目投资者应采取相应的行动履行其担保义务。一般有两种可供选择的方式：一种是项目公司追加股本资金的投入；另一种是项目投资者自己或通过其他金融机构向项目公司提供无担保贷款（准股本资金或次级债务），只有在高级债务得到偿还后，无担保贷款方才有权要求清偿。

（3）保证项目投资者履行担保义务的措施

国际上大型工程项目融资经常会出现贷款银团与项目投资者分散在不同国家的情况，这种情况使得一旦项目担保人不履行其完工担保义务，就会给贷款银团采取法律行动造成许多不便；即使贷款银团与项目担保人同属于一个法律管辖区域，为了能够在需要时顺利、及时地启动项目完工担保，贷款银团也需要在完工担保协议中规定具体的确保担保人履行担保义务的措施。比较通行的做法是，项目投资者（担保人）被要求在指定银行的账户上存入一笔预订的担保存款，或者从指定的金融机构中开出一张以贷款银行为受益人的、相当于上述金额的备用信用证，以此作为贷款银行支付第一期贷款的先决条件。一旦出现需要动用项目完工担保资金的情况，贷款银行将直接从上述担保存款或备用信用证中提取资金。在这种情况下，根据完工担保协议，如果项目投资者（担保人）在建设期承担的是完全追索责任，则会被要求随时将其担保存款或备用信用证补足到原来的金额。

4）由工程承包公司或保险公司提供的完工担保

由工程承包公司及其背后的金融机构提供的项目完工担保，是包括在工程承包合同中的一种附加条件，实质上是项目投资者将部分或全部完工风险转移给了工程承包公司，因此，引入这种担保条件在某种程度上减轻了项目投资者在完工担保方面所承担的压力。

当项目是由具有较高资信和丰富管理经验的工程公司承建时，特别是技术比较成熟的资源性、能源性和基础设施性工程项目，可以增强贷款银行对项目完工的信心。然而，在大多数工程项目融资中，投资者是不可能彻底摆脱其完工担保责任的，但可以通过在工程合同中引入若干种完工担保条件转移一部分完工风险给工程承包公司，起到对项目投资者一定的保护作用。

实践中，这种完工风险转移的方式有两种：一种是与工程承包公司签订固定价格的承包合同；另一种是要求工程承包公司提供工程担保。常见的工程担保有履约担保、预付款担保、保留金担保和缺陷责任担保。为了不影响工程承包公司的履约能力，上述工程担保通常是由工程承包公司通过金融机构提供的，具体表现形式为金融机构开出的银行保函或备用信用证。目前工程建设市场中，工程担保既有有条件的（即从属性担保），也有无条件的（即独立担保）。具体采用有条件的工程担保还是无条件的工程担保，要视各国的制度环境而定。

（1）履约担保

履约担保是与工程承包合同连在一起的一种信用担保方式，即工程承包公司向项目公司保证一定履行工程承包合同承建项目。一般项目公司再将其转让给贷款人，也就是说，贷款人是履约担保的最终受益人。履约担保的作用是保证中标的工程承包公司按合同条件建成项目。一旦工程承包公司不能履行其合同义务，担保人就要向担保受益人提供一定的资金补偿。世界银行贷款项目中规定，履约担保金额为合同价的5%。

（2）预付款担保

预付款的作用是帮助工程承包公司安排流动资金用于在项目开工前购买设备、材料以及调遣施工队伍进场等,使项目可以按时开工。由于项目公司支付预付款时工程尚未开工,为保证预付款的合理使用,因此要求工程承包公司提供预付款担保。将来随着预付款的逐步扣回,预付款担保金额会随之减少,但一般而言,预付款担保最高金额为合同价的10%。

(3)保留金担保

在工程实践中,项目业主通常会在每次进度款支付时扣留进度款的5%,直至扣留金额达到合同价的5%,这就是所谓的保留金。项目业主扣留保留金的初衷是保证工程承包公司履行其修补缺陷的义务。但是,工程承包公司希望尽快回收资金,因此愿意提供保留金担保替代实际保留金,以解决资金周转问题。显然,保留金担保金额为合同价的5%。

(4)缺陷责任担保

工程承包合同一般规定项目完工并移交后,在一定时间内(通常为1年),工程承包商要承担工程维修的义务。缺陷责任担保便是为保证承包商进行工程维修的目的而设立的。但在实践中,履约担保和保留金担保将自动转成缺陷责任担保。上述各种担保形式一般是由工程公司背后的金融机构作为担保人提供的,其目的是保证工程公司有足够实力按期完成项目的建设工程,并确保一旦工程公司无法继续执行其合同,根据担保受益人(项目投资者或工程项目融资中的贷款银行)的要求,由担保人无条件地按照合同规定向受益人支付一定的资金补偿。这种完工担保经常以银行或其他金融机构的无条件信用证形式出现。这种担保和项目投资者完工担保的区别是:项目投资者的完工担保要求尽全力去执行融资协议,实现项目完工;而工程公司的完工担保只是在工程合同违约时,支付工程合同款项的一部分(通常是5%~30%。在美国,由保险公司提供的工程履约担保有时可以达到100%的合同金额)给予担保受益人。因此,这种担保只能作为项目投资者完工担保的一种补充,并且和项目投资者提供的担保一样,其担保信用在很大程度上依赖于提供担保人的资信状况。

5)项目完工担保协议的内容

项目完工担保协议的主要内容通常包括以下几方面:

①完工担保人。该条款不仅须明确全体完工担保人的主体特征,而且须明确各完工担保人的连带责任或个别责任性质。

②先决条件。该条款通常须明确对项目完工担保协议具有支持和基础意义的法律文件,特别是有效签发的备用信用证或完工担保存款文件。

③完工期限条款。该条款须明确建设项目为实现商业完工所需的工程完工期限、试运营期限、验收程序和正式运营期限等。

④完工成本条款。该条款须明确建设项目按期实现商业完工标准时所需的成本限额,包括建设工程期间成本、设备安装期间成本、试运营期间成本等。

⑤商业完工标准。该条款须对商业完工加以定义性规定,主要须明确项目运营的具体生产技术指标(包括单位生产量的能耗、原材料消耗、劳动力消耗等),项目产品的质量指标,项目产品的单位产出量指标,项目在开始试运营后的一定时期内稳定生产的指标等。

⑥试运营与验收条款。该条款须详细列举试运营程序与管理、试运营期间、试运营争议解决、验收机构、验收程序、验收文件等。

⑦完工担保范围与数额。该条款须明确完工担保人承担的担保责任范围、在不同时期的担保责任限额、是否为完全追索权担保等。

⑧违反完工担保的义务。该条款须明确完工担保人在发生项目拖期、成本超支或不符合商业完工标准等事件时所应承担的基本责任,并应明确规定完工担保人负担追加投资、支付赔偿金、增加成本超支贷款、提前偿还贷款等责任的具体程序。

⑨违约事件。该条款须对不同程度的违反担保事件加以定义性规定,并须对违约事件的其他救济手段(特别是贷款人提前解约权)加以规定,在许多情况下,贷款人还要求明确累加救济手段。

⑩担保存款条款。该条款须明确完工担保人担保存款的数额、指定银行、担保存款提取条件、备用信用证的签发和交付等事项。在项目主办人提供项目完工担保的情况下,该完工担保人通常要求工程承包人及与之关联的工程金融保险机构,对商业完工中的可分割内容提供部分性担保,如工程设计完工担保、工程建设完工担保、设备安装完工担保等。此种担保通常被纳入工程承包合同内容,并且通常表现为违反完工担保的索赔条款和押金条款。这一做法可以有效地分散商业完工担保风险,为国际项目融资广泛接受。商业完工担保人在要求工程承包人提供部分性担保时,往往按照合同的约定也要求部分性担保人交纳投标押金、履约保证金、预付款保证金等,以确保承包合同的履行。当然,项目完工担保人不可能以此来完全免除其信用担保责任。

9.4.2 资金缺额担保

1)资金缺额担保概述

资金缺额担保,有时也称现金流量缺额担保,是一种在担保资金额上有所限制的直接担保,主要作为一种有限担保,支持已经进入生产阶段的项目融资结构。这种担保有两个目的:一是保证项目具有正常运行所必需的最低现金流量,即至少具有支付生产成本和偿付到期债务的能力;二是在项目投资者出现违约时,或者重组及出售项目资产时,保护贷款银行的利益,保证债务的回收。

采用项目资金缺额担保(也称现金流量缺额担保)的担保金额在工程项目融资中没有统一的标准,一般取该项目年正常运行费用总额的25% ~75%,主要取决于贷款银行对项目风险的认识和判断。项目年正常运行费用应至少考虑以下三个方面的内容:日常生产经营性开支;必要的大修、更新改造等资本性开支;若有项目贷款,还有到期债务利息和本金的偿还。

2)资金缺额担保的形式

(1)项目投资者提供担保存款或以贷款银行为受益人的备用信用证

这在新建项目安排融资时较为常见。由于新建项目没有经营历史,也没有相应的资金积累,抗意外风险的能力比经营多年的项目要脆弱得多,因而贷款银行多会要求由项目投资者提供一个固定金额的资金缺额担保,或要求项目投资者在指定的银行中存入一笔预先确定的资金作为担保存款,或要求项目投资者由指定银行以贷款银团为受益人开出一张备用信用证。这种方法与提供完工担保的方法类似。在一定年限内,投资者不能撤销或将担保存款和备用担保信用证挪作他用,担保存款或备用信用证额度通常随着利息的增加而增加,直至一个规定的额度。当项目在某一时期现金流量出现不足以支付生产成本、资本开支或者偿还到期债务时,贷款银团就可以从担保存款或备用信用证中提取资金。

（2）建立留置基金

建立留置基金是指项目的年度收入在扣除全部的生产费用、资本开支以及到期债务本息和税收之后的净现金流量,不能被项目投资者以分红或其他形式从项目公司中提走,而是全部或大部分被放置在一个被称为"留置基金"的账户中,以备项目出现任何不可预见的问题时使用。留置基金账户通常规定一个最低资金限额。如果账户中的实际可支配资金总额低于该最低资金限额,则该账户中资金不得以任何形式为项目投资者所提走;反之,则该账户中的资金便可释放,用于项目投资者的分红等。最低留置基金金额的额度必须满足3~6个月生产费用准备金和偿还3~9个月到期债务的要求。对新建项目,通常将留置基金与担保存款或备用信用证共同使用,作为工程项目融资的资金缺额担保。

（3）由投资者提供对项目最小净现金流量的担保

该种方法是保证项目有一个最低的净收益,但关键是项目投资者和贷款银行对项目总收入和总支出如何进行合理预测。一旦双方对项目最小净现金流量指标达成一致,便将之写入资金缺额担保协议中;若实际项目净现金流量在未来某一时期低于这一最低水平,项目投资者就必须负责将其缺额补上,以保证项目的正常运行。

3）资金缺额担保协议的主要内容

资金缺额担保协议的主要内容通常包括以下几方面:

①担保人条款。明确担保人的名称和主体特征,如果是多个担保人,还须明确各担保人的责任形式和性质。

②项目现金流量指标。明确每个检查期的现金流量总额、可用于还贷的净现金流量额和最低现金流量额标准。

③项目运营成本与费用指标。该条款须明确项目在正式运营阶段的最高成本费用限额及其构成,在正常运营情况下,项目运营成本通常应包括生产经营成本、维修与大修费用、更新改造投资费用、营业税费、管理费用、财务费用等。

④担保信用额。根据可能产生的资金缺额确定担保人负担的备用担保额及其计算方法,这通常是按项目现金流量总额的一定比例计算。

⑤违约事件及违反担保的责任。对造成资金缺额的各种情况加以定义,并明确不同违约事件的后果,这主要为担保清偿贷款、追加项目股权投资、向项目公司提供贷款、允许权利人动用担保留置金等责任。

⑥担保金条款。明确担保人存入担保金的方式、存款银行、信用证安排、担保金执行条件和程序等内容。

9.4.3 以"无论提货与否均需付款"协议和"提货与付款"协议为基础的项目担保

"无论提货与否均需付款"协议和"提货与付款"协议是两类既有共性又有区别,并且是国际工程项目融资所特有的项目担保形式。"无论提货与否均需付款"协议和"提货与付款"协议,是工程项目融资结构中的项目产品（或服务）的长期市场销售合约的统称,这类合约形式几乎在所有类型的工程项目融资中都得到广泛应用,从各种各样的工业项目,如煤矿、有色金属矿、铁矿、各种金属冶炼厂、石油化工联合企业、造纸、纸浆项目，一直到公用设施和基础设施项目，如海运码头、石油运输管道、铁路集散中心、火力发电厂等，因而它在某种意义上已经成为工程项目融资结构中不可缺少的一个组成部分。同时，这类合约形式在一些工程项目融资结构中也被用于处理项目公司与其主要原材料、能源供应商之间的关系。"无论提货与否均需付款"协议和"提货与付款"协议在法律上体现的是项目买方与卖方之间的商业合同关系。尽管实质上是由项目买方对工程项目融资提供的一种担保，但是这类协议仍被视为商业合约，因而是一种间接担保形式。

项目贷款银行在提供贷款资金时，相当关心项目收入的稳定性，因此，融资结构的构建必须考虑项目产品有稳定的销售或项目设施有可靠的用户，同时也要考虑项目原材料、燃料等上游产品供给的稳定性。一般情况下，项目公司通过与项目产品（设施）的购买者（用户）或原材料、能源供应商签订长期销售（供应）协议来实现。所谓长期协议，是指项目产品（设施）的购买者（用户）或原材料、能源供应商承担的责任应至少不短于工程项目融资的贷款期限。

从项目公司的角度来说，根据项目的性质以及双方在项目中的地位，这类合约具体可分为以下四种形式。

1)"无论提货与否均需付款"协议

该协议表现的是项目公司与项目产品购买者之间的长期销售合同关系。对于工业项目而言，类似矿山、油田、冶炼厂、发电厂等有实体的产品被生产出来的项目，这种长期销售合同就是购买项目产品的一种特殊协议；对于服务性项目而言，类似输油管道、码头、高速公路等没有实体的产品被生产出来的项目，这种合同则是购买项目设施所提供服务的协议。因此，可以将"无论提货与否均需付款"协议定义为一种由项目公司与项目的有形产品或无形产品的购买者之间签订的长期、无条件的供销协议。长期协议，是指项目产品购买者承担的责任应不短于工程项目融资的贷款期限（有时可长达十几年），因而这种协议比一般商业合同的期限要长得多；无条件协议，是指项目产品购买者承担的无条件付款责任，是根据规定的日期、按照确定的价格向项目公司支付事先确定数量产品的货款，而无论项目公司能否交货。产品的定价以市场价格为基础，可以是固定价格或浮动价格，但往往规定最低限价；产品的数量以达到设计生产指标时的产量为基础，但有时也根据实际项目的预期债务覆盖比率加以调整。总之，确定"无论提货与否均需付款"协议的基本原则是项目产品购买者所承诺支付的最低金额应不低于该项目生产经营费用和债务偿还费用的总和。

"无论提货与否均需付款"协议与传统的贸易合同相比，除了协议中规定的持续时间更长（有的长达几十年）以外，更本质的区别在于项目产品购买者对购买产品义务的绝对性和无条件性。传统的贸易合同是以买卖双方的对等交换作为基础的，即"一手交钱，一手交货"，如果卖方交不出产品，买方可以不履行其付款的义务；但是，在"无论提货与否均需付款"协议中，项目产品购买者承担的是绝对的、无条件的根据合同付款的义务，即使是出现由于项目毁灭、爆发战争、项目财产被没收或征用等不可抗力而导致项目公司不能交货的情形，只要在协议中没有做出相应规定，项目产品购买者仍须按合同规定付款。例如，在印度的电力开发工程项目融资中，若印度发生政治性事件，国家电力局或国家电力公司有责任继续向项目公司支付电费，最长可达 270 日。又如，某工业项目融资中，项目投资者与项目公司签订了项目产品的长期购买协议,并且保证在任何年度内,只要项目生产出产品,投资者就必须保证项目公司具有协议规定的净现金流量水平。显然,在该工业项目中,项目投资者承担的是典型的"无论提货与否均需付款"性质的担保义务。

"无论提货与否均需付款"协议中的产品购买者可以是项目投资者,也可以是其他与项目利益有关的第三方担保人,但是在多数情况下,项目产品购买者中往往至少有一个是项目投资者。从贷款银行的角度看,由于项目投资者同时具有产品购买者和项目公司所有人的双重身份,所以在工程项目融资结构中通常设有受托管理人或融资经理,由其代表银行独立监督项目公司的资金使用,以确保工程项目融资结构的平稳运行。

2)"提货与付款"协议

由于"无论提货与否均需付款"协议的绝对性和无条件性,许多项目购买者不愿意接受这样一种财务担保责任,而更倾向于采用"提货与付款"协议。与"无论提货与否均需付款"协议不同的是,"提货与付款"协议中项目产品购买者承担的不是绝对的、无条件的付款责任,而只承担在取得产品的条件下才履行协议确定的付款义务。例如,在供水项目中,只有供水公司供水,自来水公司才会付款;在电力项目中,只有电厂发电输送至电网,电力公司才会向项目公司付款。

由于"提货与付款"协议具有这个特点,使之在性质上更接近传统的长期销售合同,故在形式上更容易被项目产品的购买者(特别是那些对项目产品具有长期需求的购买者)所接受,因而在工程项目融资中得到越来越广泛的应用,有逐步取代"无论提货与否均需付款"协议的趋势。但是,另一方面,由于"提货与付款"协议在工程项目融资中所起到的担保作用是有条件的,因而从贷款银行的角度看,这种协议与"无论提货与否均需付款"协议相比,所提供的项目担保分量要相对轻一些。在某些经济强度较差的工程项目融资中,贷款银行可能会要求项目投资者提供附加的资金缺额担保作为"提货与付款"协议担保的一种补充。但若项目经济强度很好,并且其项目经理有良好的管理能力和管理记录,即使仅有"提货与付款"协议这种间接担保,贷款银行也可能接受而提供贷款。

3)运输量协议

当被融资项目是生产服务型项目,如输油管道,那么提供长期运输服务的"无论提货与否均需付款"协议被称为运输量协议。运输量协议有多种形式,但基本原则是一致的,即如果使用这种合同作为生产服务设施(输油管道)的工程项目融资担保,则这种服务的付款义务是无条件的,被贷款银行视为一种有保证的收入来源,而不管这种服务能否被使用和实际上是否被使用了。运输量协议也有"提货与付款"类型,其区别是只要生产服务性设施是可以使用的,项目服务的使用者就必须支付预订使用费,而不管是否真正使用。不同性质项目的服务使用协议的名称不尽相同,在有些项目中,这种协议也被称为委托加工协议或服务成本收费等。

4)"供货与付款"协议

一些项目需要具有长期稳定的原材料、能源供应,以保证其生产连续运行。根据"供货与付款"协议,项目所需原材料、能源的供应者承担着按照合同向项目定期提供产品的责任;

如果不能履行责任,就需要向项目公司支付该公司从其他来源购买所需原材料或能源的价格差额。这类合同比较少见,只有在一家公司十分希望为产品开发长期稳定的下游市场情况时,才会同意签订此类协议。

9.4.4 销售和供应担保协议的主要内容

销售和供应担保协议的核心条款主要包括关于合同期限、产品数量、产品质量和价格等方面的有关规定。

1) 合同期限

合同期限要求与工程项目融资的贷款期限一致。

2) 产品数量

合同中产品数量的确定有两种方式:一种方式是采用合同期内项目产品固定的总数量(其依据是在预测的合同价格条件下,这部分固定数量产品的收入将足以支付生产成本和偿还债务);另一种方式是包括100%的项目公司产品,而不论其生产数量在贷款期间是否发生变化。但是,对每一种合同产品,要注意其特殊的计量单位和要求。例如,铁矿砂价格是按其中的铁含量计算的,铜精矿价格是按其中的铜含量计算并考虑到冶炼和精炼费的扣减。这是因为有时虽然产品的数量确定了,但含量的变化会大大影响其实际价值。

在矿产资源类型项目中,对于那些承担"无论提货与否均需付款"或"提货与付款"义务的产品购买者来说,特别是那些非项目投资者的第三方购买者,由于他们对项目产品有实际需求,所以往往会要求项目公司具备足够的资源储量来履行合同,并要求在项目资产由于各种原因而转手时,项目资产的收购者要继续履行这一合同。

3) 产品质量

在"无论提货与否均需付款"协议与"提货与付款"协议中,产品的质量规定一般均采用工业部门通常使用的本国标准或者国际标准,因为该产品在本国市场或国际市场上的竞争力最为重要。但是,在一个项目建成投产的过程中,由于产品质量标准不仅与合同购买者是否执行合同有关,而且与项目完工担保能否按期结束有着重要关系,因而如何确定一个合理的产品质量标准,是产品购买者和贷款银行都必须认真对待的问题。从贷款银行的角度来说,一般希望能够制订相较一般标准更低的质量标准,使得项目产品购买协议可以尽早启动;而从产品购买者角度来说,则往往希望产品质量可以达到较高的标准。

在处理合同产品的质量问题上,"无论提货与否均需付款"协议与"提货与付款"协议是不同的。对于前者而言,贷款银行的注意力放在排除项目公司在履行合同中有关基本违约的责任,而对合同产品质量问题的关注是放在第二位的。基本违约是指一种重大的违约行为(如卖方所交货物并非合同所规定的货物),合同一方可以根据合同另一方的基本违约行为解除合约。但是,由于合同购买者承担的是绝对的无条件的付款义务,从理论上讲,买方对项目公司所提供的项目产品(无论其质量是否符合规定)都是必须接受的。然而,对于后者,即"提货与付款"协议则有所区别,合同购买者承担的是有条件的义务,而这些条件中就包括对产品质量的明确规定。

4)交货地点与交货期

此类合同的交货地点通常规定在刚刚跨越项目所属范围的那一点上。例如,煤的交货地点可定义在矿山铁路货场,发电站的电力交货地点可定义在电站高压输电网的起始端等。在交货地点,产品所有权就由项目公司转给了合同的买主。对产品的交货期问题,虽然产品的购买者总是希望合同交货期与产品的实际需求时间或者与自己的再销售合同一致,但是,从贷款银行债务安排和项目公司正常经营的角度,则要求根据协议所得收入具有稳定的周期性,因而绝大部分的合同交货期都是按照这一原则设计的。

5)价格的确定与调整

产品(或服务)价格的确定有三种形式:

(1)完全按照国际市场价格制订价格公式

从理论上讲,这是最合理的定价原则,但这种价格仅适用于具有统一国际市场定价标准的产品,如铜、铝、铅、锌、石油等。同时,产出品为上述产品的项目中,其能源和原材料供应价格一般会与产品的国际市场价格直接挂钩,即能源和原材料价格指数化。

(2)采用可调价格的定价公式

由于工程项目融资期限较长,产品价格并不是在整个融资期限中固定不变的,而是要考虑通货膨胀因素,在一定时期后要进行价格调整。

(3)采用实际生产成本加固定投资收益的定价公式

不管是项目公司还是贷款银行,通常都更愿意采用第二、三种定价公式。当然,上述协议下,项目公司享有的权益被要求转让给贷款银行或贷款银行指定的受益人,并且对该权益的优先请求权要求不受到任何挑战,具有时效连续性。

6)生产的中断与对不可抗力事件的处理

为了使此类合同成为工程项目融资的一种有效的担保,贷款银行和项目公司需要将项目公司所承担的合同义务降到最低限度,从而减少合同购买者以项目公司违约为理由提出反要求或撤销合同的风险。由于某些不可抗力的原因而导致生产的暂时性中断或永久性中断,可以说是一个正在运行中的项目可能遇到的最大风险。因为,如果发生意外情况导致项目生产出现中断,使合同的履行成为不可能,"无论提货与否均需付款"协议与"提货与付款"协议的有效性就告终止,此项合同所体现的担保义务亦随之终止。所以,项目公司应拒绝使用含义广泛的不可抗力事件条款,并在生产中断问题上明确规定生产中断的期限以及对执行合同的影响力。但是,另一方面,为了给予合同购买方一定的补偿,有些合同也规定在生产中断期间由项目公司从其他来源为购买方提供相似的产品。另外,对由于不可抗力因素而导致的合同不能履行以及相应的处理方法,在合同中都需要做出明确规定,以防止项目产品购买者对不可抗力的范围做广义或扩大的解释,借以回避其付款的义务。

7)合同权益的转让

由于此类合同是工程项目融资结构中的一项重要担保措施,所以贷款银行对合同权益的可转让性以及有效连续性均有明确的规定和严格的限制:①合同权益要求能够以抵押、担保等法律形式转让给贷款银行或贷款银行指定的受益人;②合同权益由于合同双方发生变化(如项目资产转让或合同转让等)而出现的转让要求,需要得到贷款银行的事先批准;③在合同权益转让时,贷款银行对合同权益的优先请求权不得受到任何挑战,具有连续有效性。

9.4.5 工程项目融资的其他信用担保形式

1)差额补偿

当项目产生的现金流不足以覆盖债务本息时,由差额补偿人提供资金补足差额部分,从而保证按时偿还债务(贷款、债券等)本息,以此增进信用等级。由此可见,差额补偿人的偿付能力决定了债券偿还的保障程度,因此最终债券的信用等级一般为最终差额补偿人的主体信用等级。差额补偿人可以是项目主办人,也可以是项目公司安排的第三方信用增级机构。差额补偿增信措施由差额补偿协议来实现,该协议由发行人、差额补偿人、债权代理人、监管银行等共同签署,主要内容通常包括发行人的本息偿还责任、差额补偿人的补偿责任、差额补偿责任的履行、通知方式,以及协议各方的陈述与保证、违约责任、不可抗力情况、争议解决办法、协议终止条件等事项。在项目收益债融资和资产证券化过程中,常常引入差额支付义务人,增进信用等级。

2)最低回报率担保

在一些基础设施项目中,项目产品或服务直接面向广大用户,没有任何销售协议,市场需求和价格风险非常高。为了提高项目的资信,政府可能提供最低回报率担保,即政府保证项目的投资回报率不低于某一特定值。

3)贷款担保

既然采用项目融资,项目主办人就一般不会为项目债务提供担保。按照国际惯例,项目融资借款不纳入所在国政府的外汇收支表,因而不构成所在国债务;而如果作出贷款偿还保证,则将构成该国政府外债负担。因此,东道国政府一般也不愿意为国际商业贷款提供担保,而我国担保法律法规则明确禁止政府为商业贷款担保。出于改善基础设施建设、完善投资环境,进而发展本国经济、增加就业、促进出口等方面的考虑,在个别 PPP 项目中,政府为部分贷款安排了担保。此外,在由多边机构(如世界银行)提供担保的项目融资中,政府有时被要求提供反担保。

4)现金支付担保

现金支付担保是在产品购买保证基础上进一步发展形成的担保形式,是项目主办人为保证其项目经营收入及时变现,针对基础产品购买者可能发生的无支付能力的情况(暂时的或长期的),由第三方向项目公司作出的现金支付信用保证。一般而言,项目主办人并不十分担心收购其产品的政府所属企业会破产倒闭,其要求担保的直接目的是防止政府所属企业因现金流量不足而影响项目公司收入的及时变现,间接目的则是及时充分地满足贷款偿还和投资回报的资金需要。例如,上海市自来水公司与上海大场水厂项目公司签订的供水合同约定由上海城投(集团)有限公司(以下简称"上海城投")为其提供"支付担保",担保书第八条确认:"我方(指上海城投)同意你方(指上海大场水厂项目公司)可将本担保书中的全部或任何权利和义务转让予专营合同所述融资协议定义的、为水处理厂提供借款融资的银团之代理行(指中国建设银行上海分行)。上述转让仅为向银团付款担保的目的,银团仅在与专营公司主张其在本担保书中的权利时相同的条件下,有权主张本担保书的权利。"

5) 不可抗力风险担保和保险

在项目实施过程中,主要项目合同可能涉及三种类型的不可抗力事件:①政治不可抗力事件,如战争、动乱、暴动、罢工等;②其他不可抗力事件,自然灾害如雷电、地震、洪灾、海啸等;③与东道国政府无关但受其负面影响的政治不可抗力事件,如他国的战争行为、禁运、封锁等。不可抗力事件的发生常使合同当事人无法履行义务。如果不可抗力使合同一方回避了合同义务,由于关联作用,可能会影响到其他合同的执行,因而分摊不可抗力责任对于项目融资来说非常关键。对于项目公司而言,可以要求政府承担不可抗力的责任,但更多的情况是安排合适的担保和保险。政治不可抗力风险一般由世界银行的多边投资担保机构(Multilateral Investment Guarantee Agency,MIGA),以及一些工业国家的出口信贷和海外投资机构,如美国的海外私人投资公司(Overseas Private Investment Corporation,OPIC)等提供担保或保险,其他不可抗力风险可以通过购买保险的方式转移给保险公司。

9.5 其他担保形式

在工程项目融资中,除了上述各种形式,还有许多类似担保的交易。这些交易一般在法律上被排除在物权担保范围之外,而被视为贸易交易。但由于这些交易的经济效果类似物权担保,而且在很大程度上是为了规避物权担保的限制而进行的,故也应归入广义的"担保"范围内。

9.5.1 租赁

卖方(名义上是出租人)将设备租给买方(名义上的承租人),卖方仍保留对设备的所有权,买方则拥有设备的使用权;或者卖方将设备出售给一家金融公司或租赁公司并立即得到价款,然后该金融公司或租赁公司再将设备租给买方。无论以何种形式出租,卖方都足以在租期内收回成本。这实际上是一种商业信用,买方以定期交租金的方式得到融资,而设备本身则起到担保物的作用。

9.5.2 出售和租回

借款方将资产卖给金融公司,然后按与资产使用寿命相应的租期重新租回。在这里,价款起到了贷款的作用,租金分期缴纳就是分期还款,而设备则是担保物。

9.5.3 出售和购回

借款方将资产卖给金融公司而获得价款,然后按事先约定的条件和时间购回。购回实际上就是还款,而资产在此也起到了担保作用。

9.5.4 所有权保留

所有权保留也称有条件出售,即卖方将资产卖给债务人,条件是债务人只有在偿付资产债务后才能获得资产所有权。这里资产同样也称为担保物。

9.5.5 从属债

从属债是指一个债权人同意在另一债权人受偿之前不请求清偿自己的债务。前者称为从债权人,其债权称为从债权,可由一切种类的债权构成;后者称为主债权人,即工程项目融资的贷款方。从经济效果看,从债权对主债权的清偿提供了一定程度的保证;从属债也对主债务提供了一定的担保。

【案例】

中海壳牌南海项目融资担保

中海壳牌南海项目是由壳牌公司(外方)与中海油和广东省投资发展公司(中方)合资开发的项目,该项目为炼油石化综合项目。1998年初,该项目的可行性研究正式获得国务院的批准,总投资额为43亿美元。中海壳牌南海项目的巨额投资刷新了中外合资企业的投资规模纪录。

壳牌公司、中海油和广东省投资发展公司合资成立的项目公司——中海壳牌石油化工有限公司(以下简称"中海壳牌")宣称,中海壳牌南海项目所需资金的60%来自项目融资。由于该项目的融资额度要比其他项目,如中石化与英国石油在上海的合资项目上海赛科BP、中石化与德国巴斯夫股份公司在南京的合资项目扬子-巴斯夫等项目的融资额度大,因此财务顾问——意大利联合商业银行建议采用以下项目担保方式:

(1)投资者担保逐级降低的担保方式

如果像上海赛科BP采取股东完全担保的方式,将会增加中海油和壳牌在或有负债方面的风险;因为石化产品不能像电力那样可以签署包销协议,所以如果像扬子-巴斯夫那样采取完工担保的方式银行涉及的风险太大。因此,中海壳牌南海项目最后采取了介于上述两者之间的一种妥协——投资者担保逐级降低的担保方式。该种担保方式的具体内容如下:

①项目第一阶段,即项目建设期,预计工期2.5年。在该阶段项目没有现金流,投资者对银行贷款进行百分之百担保,或银行对项目投资者拥有完全追索权。项目建设期的结束,取决于物理试验、生产试验以及财务试验是否顺利通过。

②项目第二阶段,即项目完工到项目可以达到全部的生产能力,预计时间为2~3年。该阶段投资者对银行贷款的担保率下降到50%。

③项目第三阶段,即项目公司开发市场、生产和销售等环节相互协调期间。该阶段投资者对银行贷款的担保率再次下降,为35%。

④项目第四阶段,即项目完全进入正常经营阶段。该阶段投资者的担保责任将最终被取消,贷款全部由项目本身产生的现金流偿付。衡量这一阶段结束的标准,包括营运产量等生产性指标以及偿贷比等财务性指标,其中表征项目现金收益和当期要偿付的贷款之比的偿贷比是最为重要的指标。

（2）出口信贷机构担保的方式

中海壳牌还采取了大型基建项目中常用的出口信贷机构担保方式,最后中标的机构为美国进出口银行、日本国际协力银行以及日本贸易保险公司等。采用出口信贷机构担保,使投资者争取到了期限长达15.5年的银行贷款,从而缓解了投资者的资金压力。

（资料来源：刘亚臣,白丽华.工程项目融资［M］.北京：机械工业出版社,2013：223-224.）

【本章小结】

本章属于工程项目融资信用保证结构的内容之一,从工程项目融资担保的概念、范围和类型入手,分析了担保人、物权担保、信用担保和其他担保的具体构成内容,为工程项目融资的信用保证结构设计和实施提供了具体的方案和技术。

【习题研讨】

案例：明股实债的案例及其报表影响分析

1.简述担保的概念、范围和类型。

2.简述担保人的具体构成内容。

3.简述物权担保的具体构成内容。

4.简述信用担保的具体构成内容。

5.简述其他担保的具体构成内容。

第 10 章

GONGCHENG XIANGMU
RONGZI
FENGXIAN GUANLI

工程项目融资风险管理

【本章导读】

★本章分析了工程项目融资风险的分类和识别技术,剖析了工程项目融资风险的分担机制和管理措施。

【本章重点】

★工程项目融资风险的分类;
★工程项目融资风险的识别技术;
★工程项目融资风险的分担机制;
★工程项目融资风险的管理措施。

  由于工程项目融资涉及的资金规模大、期限长、参与方众多且结构复杂,因此,任何外部经济环境和内部项目操作中的意外变动都会给工程项目融资带来极大的风险。除此之外,工程项目融资还具有"有限追索"的特点,这进一步加大了工程项目融资的风险。因此,如何识别工程项目融资中的风险,参与方之间如何合理分担风险并做好风险管理,对确保工程项目融资的合理、顺利完成具有重要意义。

  工程项目融资风险管理是指通过对工程项目融资的风险识别及评估,采用合理的经济及技术手段,对项目所涉及的风险加以分担和处理,以最大限度地避免或减少风险事件导致的项目实际效益与预期效益的偏差,从而保证项目投资者的预期收益及项目贷款人的追索权得以顺利实现的一种管理活动。风险管理的宗旨是以最小的成本获得最大的安全保障。在工程项目融资风险管理中,风险的准确识别、量化评估、公平分担和合理规避防范是项目成功的关键,也是项目各参与方谈判阶段的核心问题。

10.1　工程项目融资风险的识别

工程项目融资风险识别是指通过对大量来源可靠的信息资料进行系统的了解和分析，认清项目存在的各种融资风险因素后，进而确定项目所面临的融资风险及其性质，并把握其发展趋势的行为。工程项目融资风险识别是工程项目融资风险管理的基础，此后的融资风险评估和分担，应对措施的制订是否有效等，均取决于融资风险识别的准确程度。工程项目融资风险识别主要解决两个问题：一是项目面临哪些风险，这些风险是由哪些因素引起的；二是这些风险对项目的影响程度有多大。

10.1.1　工程项目融资风险的分类

认识工程项目融资风险是工程项目融资活动最重要的内容之一。可从不同角度对工程项目融资风险加以分类。

1) 根据项目建设阶段划分融资风险

工程项目融资风险根据项目建设阶段可划分为项目开发建设阶段的融资风险、项目试生产阶段的融资风险和项目正常生产经营阶段的融资风险。项目所处阶段不同，就有相应的不同融资风险，如图 10.1 所示。

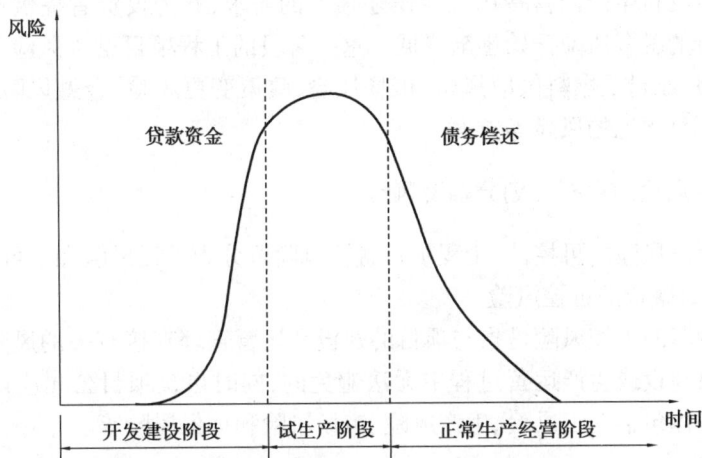

图 10.1　根据项目建设阶段划分工程项目融资风险

（1）项目开发建设阶段的融资风险

项目开发建设阶段的融资风险是从项目正式开始动工建设到项目竣工时止所发生的风险。在此阶段，由于项目建设的需要，要用大量的资金购买项目用地、各种机器设备和支付工程价款，同时贷款利息也开始计入资金成本。随着项目建设的进展，投入的资金额不断增加，项目的风险也随之加大，直到项目建设接近完工时，项目风险达到或接近最高点。此阶段涉及信用风险、完工风险、市场风险、金融风险等，但对项目承包商影响最大的风险是完工风险，从风险承担的角度看，投资方和贷款银行所承担的风险也最大。

从贷款银行的角度,在这一阶段必须考虑以下因素的可能性和影响:①由于工程、设计或技术方面的缺陷,或不可预见的因素,造成生产能力不足或产量和效率低于计划指标;②能源、机器设备、原材料及承包商劳务支出超支等,造成项目建设成本超支,不能按照预定时间完工,甚至项目无法完成;③由于各种因素造成竣工延期而导致的附加利息支出;④土地、建筑材料、燃料、原材料、运输、劳动和管理人员以及可靠的承包商的可获得性;⑤其他不可抗力因素引发的风险。

（2）项目试生产阶段的融资风险

项目试生产阶段的融资风险是从项目竣工到项目达到设计生产能力时止所发生的风险。项目建成投产后,如果不能生产出合格的产品或达不到设计生产能力,就意味着先前对项目现金流量所做的分析和预测是不准确的,项目就没有足够的能力支付日常生产费用和偿还融资债务的可能性。因此,工程项目融资这一阶段的风险仍然是很高的。

贷款银行一般不把项目的建设结束作为项目完工的标志。这里引入一个"商业完工"的概念,即在指定的时间内,按一定技术指标生产出了合格产量、质量和消耗定额的产品。根据这一概念,在融资文件中具体规定项目产品的产量和质量、原材料、能源消耗定额以及其他一些技术经济指标作为完工指标,并且将项目达到这些指标的下限也作为一项指标。项目只有在规定的时间范围内满足这些指标,才被贷款银行接受为正式完工。

（3）项目正常生产经营阶段的融资风险

项目正常生产经营阶段的融资风险是从项目满足"商业完工"标准后进入正常生产经营为止所发生的风险。从这一阶段起,项目进入正常运转,正常情况下应该能够创造出足够的现金流量来满足支付生产经营费用以及偿还债务的需求,并为投资者提供理想的收益。这时带给贷款银行的融资风险开始逐渐降低。这一阶段的工程项目融资风险主要表现在项目的生产经营风险、原料及燃料供应风险、市场风险、政策变更风险、金融风险、环境保护风险以及其他一些不可预见的风险等方面。

2)根据项目风险的可控性划分融资风险

根据投资者对风险的可控性,工程项目融资风险可分为可控风险和不可控风险。

（1）工程项目融资的可控风险

工程项目融资的可控风险是指与项目的建设和运营管理直接有关的风险。这类风险是项目公司在项目建设或生产运营过程中无法避免的,同时也是项目公司应该知道如何去管理和控制的。具体包括完工风险、生产风险、市场风险和环保风险等。

①完工风险

完工风险是指因项目无法完工、延期完工或者完工后无法达到预期运行标准而带来的风险。项目的完工风险存在于项目建设阶段和试生产阶段,它是工程项目融资的核心风险之一。完工风险对于项目公司来说,意味着利息支出的增加、贷款偿还期限的延长和市场机会的错过,极端的情况下还可能造成项目的被迫停工或放弃;对于贷款方而言,则意味着贷款不能在规定期限内安全收回。

完工风险的形成主要有以下原因:项目的设计未达到要求;承包商的建设能力不足和资金匮乏;承包商所做承诺的法律效力及其履行承诺的能力不足;政府干预等。很显然,项目建设过程中,预计的工程量未完成、预计的费用超支和预计的工程质量不合格三大要素成为

延长工期的主要成因。因此,完工风险包括以下几种情况:

a.不能按时完工。这种风险指的是虽然工程项目达到了规定的质量标准,但由于技术力量不足等原因在时间上延迟,也将对贷款的还本付息产生影响。因此,贷款人都要求得到工程项目完工具体日期的保证。

b.中途停建。即使具备完成工程建造的足够资金,也可能由于技术、政治或其他经济原因致使工程建造中途停顿,从而导致偿还贷款的资金来源中断。为防止这类偶然事件的发生,贷款人常要求工程项目主建单位或项目产品的购买人或设施用户或其他信誉良好的机构给予担保,即工程若中途停建,由担保人承担对贷款的归还责任。

c.成本超支。成本超支指工程的实际费用超出原先估计的数字,其原因可能是建造方面的问题,或者是通货膨胀、环境和技术方面的问题,也可能是政府干预或货币贬值的波动。有些项目的成本超支高达300%~400%,以致整个项目被迫停建。因此,在工程项目融资方案中,对超支部分的资金来源必须做出妥善安排,以保证工程项目不因资金缺乏半途而废。例如,20世纪70年代建成的横跨美国阿拉斯加州的输油管道工程,其成本超支就高达400%。又如,我国香港的西区海底隧道项目和连接港粤的南北高速公路项目,建设中在挖掘第3条海底隧道的水底建设工地时发现了受污染的泥土,从事该项目的公司及承建商必须将受污染的泥土转运到特别指定的地点以免周围的海洋生态环境受到污染,而这对项目造成的直接影响就是额外的开支及时间上的延误。

项目建设期出现完工风险的概率一般是比较高的。根据已有统计资料,无论是在发展中国家还是发达国家,均有大量项目不能按照规定的时间或者预算建成投产,导致工程项目融资成本大幅度上升乃至失败。在一些发展中国家,工业技术水平、管理水平相对落后是造成项目完工风险的一个重要因素,但这并不是说在发达国家进行投资就不需要考虑这个问题了。根据实践经验,在美国、加拿大和澳大利亚等发达工业国家进行工程项目融资,应该把项目的完工风险作为一个重要的因素加以考虑。在这些国家,造成完工风险的一个重要原因是工业关系和劳资纠纷问题。

从贷款银行角度来说,对完工风险越大的项目,会要求项目投资者承担更大的"商业完工"责任。一些典型的"商业完工"标准包括:

a.完工和运行标准。项目需要在规定的时间内达到商业完工的标准,并且在一定时期内(通常为3~6个月)保持在这个水平上运行。

b.技术完工标准。这一标准比完工和运行标准的约束性要差一点,因为没有规定对项目运行时间的检验。采用这一标准,贷款银行实际上承担了一部分项目生产的技术风险。

c.现金流量完工标准。这是另一种类型的完工标准,贷款银行不考虑项目的技术完工和实际运行情况,只要求项目在一定时期内(一般为3~6个月)达到预期的最低现金流量水平,即认为项目通过了完工检验。

d.其他形式的完工标准。有些项目由于时间关系,工程项目融资还没有完全安排好就需要进行提款。在这种情况下,贷款银行为了减少项目风险,往往会要求确定一些特殊的完工标准。例如,如果产品销售合同在提款前还未能最后确定下来,贷款银行就有可能规定以某种价格条件销售最低数量的产品作为项目完工标准的一部分。

为了限制及转移项目的完工风险,贷款银行通常要求投资者或项目公司等其他项目参与者提供相应的"完工担保"作为保证。

②生产风险

生产风险是指在项目试生产阶段和生产运营阶段中存在的技术、资源储量、能源和原材料供应、生产经营、劳动力状况等风险因素的总称。它是工程项目融资的另一个主要核心风险。生产风险一般由项目公司和贷款银行共同承担,生产风险主要表现在技术风险、资源风险、能源和原材料供应风险以及经营管理风险。

a. 技术风险。银行贷款的原则是只对采用经市场分析、证实的能占领市场份额的成熟技术的项目进行融资。项目公司在防范和控制此类风险时,应特别注意下列因素:成熟的技术、合格的承包商和有经验的运营者。如果技术故障是由承包商造成的,可用承包商的履约保证来限制和转移此类风险。承包商的履约保证一般要延续到完工后的几个月或几年。技术维修和更新风险一般由负责项目运营的公司通过运营应急费、备用贷款和支持贷款来承担。项目公司还可制订一项综合的、定期的、严密的监测检查计划。

b. 资源风险。对于依赖某种自然资源的生产项目而言,一个先决条件是要求项目的可供开采的已证实资源总储量与项目融资期间内所计划采取或消耗的资源量之比要保持在风险警戒线之下。

c. 能源和原材料供应风险。对依赖于某种能源和原料的项目,特别是 BOT 项目,在项目的生产和运营阶段,如果没有足够的能源和原料供应保证,则可能形成很大的风险。能源和原材料供应主要由两个要素组成:价格和供应的可靠性。当前经济社会,通货膨胀的现象是很普遍的,所以能源和原材料的价格也会不断波动,这种波动会引起项目产品的成本也随着变化,从而影响整个项目的正常运转。例如,在电厂项目中,如果煤价提高,那么发电的成本就会增加,电价就应该上调。但是,如果电厂在与购买商的销售协议中没有调价指标这一项,项目公司就会承受巨大的经济损失。

解决这一风险的途径就是与供应商签订一份长期的能源和原料供应协议。这种安排可以保证项目按照一定的价格,稳定地得到重要能源和原材料供应。在一些特殊情况下,如原材料市场不景气,甚至有可能进一步将供应协议设计成“供货或付款”类型的合同,这样,项目的经济强度就能够得到更强有力的支持。十几年来,面对变化莫测的国际原材料和能源市场,投资者们把如何降低能源和原材料风险作为一个重要的课题加以研究。其中一种值得重视的发展趋势是能源和原材料价格指数化,将能源和原材料的供应价格与项目产出品的国际市场价格直接挂钩,并随着项目产出品价格的变化浮动。这种做法特别适用于项目产出品是具有国际统一定价标准的大宗资源性商品的项目。

d. 经营管理风险。经营管理风险是指在项目经营和维护过程中,由于运营商的疏忽,发生重大经营问题,如设备安装、使用不合理、产品质量低劣等。经营管理风险主要是评价项目投资者对所开发项目的经营管理能力,而这种能力是决定项目的质量控制、成本控制和生产效率的一个重要因素。其中包括三个方面:项目经理是否具有在同一领域的工作经验和资信;项目经理是否为项目投资者之一;除项目经理的直接投资外,项目经理是否具有利润成本或成本控制奖励等激励机制。

③市场风险

项目投产后的效益主要取决于其产品在市场中的销售情况和其他表现,除非运营商在项目建成之前就能以一个合适的价位将产品全部销售出去,如 BOT 项目的售水协议、售电协议,否则必须直接面对市场风险。市场风险主要有价格风险、竞争风险和需求风险。这三种风险很难截然分开,它们之间是相互关联、相互影响的。市场风险不仅同产品销售有关,而且还存在于项目原材料及燃料的供应方面。如果项目投产后原材料及燃料价格的涨幅超过了项目产品价格的增幅,那么项目的效益势必下降。

④环保风险

近年来,工业对自然环境及人们生活和工作环境的破坏已经越来越引起社会公众的关注,许多国家的政府都制定了严格的环境保护法律来限制工业污染对环境的破坏,并强制肇事者对自己造成的污染进行清理,缴纳巨额罚款。对于运营商来说,要满足环保法的各项要求,就意味着成本支出的增加,尤其是对于那些利用自然资源或生产过程中污染较为严重的项目来说更是如此。但从长远来看,项目必须自行消化增加的成本,这就意味着提高生产效益,努力开发符合环保标准的新技术和新产品。

⑤信用风险

工程项目融资中,项目各参与方都存在信用风险问题,且此类风险贯穿于项目的各个阶段。信用风险表现在工程项目融资各参与方对合同规定的职责是否有履行能力,能否根据法律规定在必要时履行其应承担的对工程项目融资的信用保证责任。信用风险评价指标包括项目参与者(政府、项目投资者、承建商、运营商、供应商等)的资信状况、技术和资金能力、以往项目的表现和技术管理水平等。

(2)工程项目融资的不可控风险

不可控风险是指项目的建设运营由于受到超出项目参与方可以控制范围的经济环境的影响而受损失的风险。此类风险一般无法准确预测,只能采取一定的措施来降低或转移。工程项目融资的不可控风险主要包括金融风险(利率变化、汇率变化、货币风险)、通货膨胀风险、政治风险和不可抗力风险。

10.1.2 工程项目融资风险识别技术

1)工程项目融资风险识别的步骤

工程项目融资风险识别可以通过以下三个步骤进行:

第一步,收集资料。资料和数据能否到手、是否完整,都会影响工程项目融资风险损失的大小。

第二步,估计项目风险形式。风险形式估计是要明确工程项目融资的目标、战略、战术,以及实现工程项目融资目标的手段和资源,以确定工程项目融资及其环境的变数。

第三步,根据直接或间接的症状将潜在风险识别出来。

原则上,风险识别可以从原因查结果,也可以从结果反过来找原因。从原因查结果,就是先找出本项目可能有哪些事件发生,发生后会引起什么样的结果。例如,在项目进行过程中,关税税率会不会变化,关税税率提高或降低会引起怎样的后果。从结果找原因,例如,建筑材料涨价将引起项目超支,则分析哪些因素会引起建筑材料涨价;项目进度拖延会造成诸多不利后果,则分析造成进度拖延的常见因素有哪些,是项目执行组织最高管理层犹豫不决、政府有关部门审批程序烦琐复杂、设计单位没有经验,还是手头的工作太多、施工阶段进入雨季等。

2)工程项目融资风险识别的工具和技术

在具体识别风险时,可以利用以下工具和技术。

(1)核对表

人们考虑问题时有联想的习惯。在过去经验的启示下,思想常常变得很活跃,浮想联翩。风险识别实际上是对将来风险事件的设想,是一种预测。如果把人们经历过的风险事件及其来源罗列出来,制作成一张核对表,那么项目管理人员看了就容易开阔思路,容易想到项目会有哪些潜在风险。核对表可以包含多种内容。例如,以前项目成功或失败的原因、项目其他方面规划的结果(如范围、成本、质量、进度、采购与合同、人力资源与沟通等计划成果)、项目产品或服务的说明书、项目班子成员的技能、项目可用的资源等;还可以到保险公司索取资料,认真研究其中的保险条例。这些资料能够提醒人们还有哪些风险尚未考虑到。工程项目融资风险核对表的形式如表10.1所示。

表10.1　工程项目融资风险核对表

工程项目融资成功的条件	工程项目融资风险
①融资只涉及信用风险,不涉及资本金	①工期延误,因而利息增加;收益推迟
②原材料,能源的成本和供应要有保障	②成本费用超支
③技术失败	③项目产品或服务要有市场
④承包商,管理人员富有经验,诚实可靠	④承包商财务失败
⑤合营各方签有各方都满意的协议书	⑤政府过多干涉
⑥主权风险,国家风险令人满意,无没收风险	⑥未向保险公司投保人身伤害险
⑦货币、利率,外汇风险事先已有考虑	⑦原材料涨价或供应短缺,不及时
⑧主要的项目发起者已投入足够的资本金	⑧项目技术陈旧
⑨对通货膨胀率已进行了预测	⑨项目产品或服务在市场上没有竞争力
⑩项目本身的价值足以充当担保物	⑩项目产品或服务寿命期比预期缩短
⑪对资源和资产已进行了满意的评估	⑪项目管理不完善
⑫成本超支已考虑,已缴纳足够的保险费	⑫对担保物的估计过于乐观
⑬对不可抗力环境保护问题已采取措施	⑬项目所在国政府无财务清偿力
⑭投资者可以获得足够高的资金收益、投资收益率和资产收益率	

(2)项目工作分解结构

风险识别要减少项目结构的不确定性,就要弄清项目的组成、各个组成部分的性质、它们之间的关系以及项目同环境之间的关系等。项目工作分解结构是完成这项任务的有力工具。在项目管理的其他方面,如范围、进度和成本管理,也要使用项目工作分解结构。因此,在风险识别中,利用这个已有的现成工具并不会给项目班子增加额外的工作量。

(3)常识、经验和判断

以前做过的工程项目积累起来的资料、数据和教训,以及项目班子成员个人的常识、经验和判断,在进行风险识别时非常有用。尤其对那些采用新技术、无先例可循的工程项目更是如此。另外,会同项目各方就风险识别进行面对面的讨论,也有可能触及一般规划活动中未发现或发现不了的风险。

（4）实验或试验结果

利用实验或试验结果识别风险,实际上就是花钱买信息。例如,在地震区建设电视塔,预先做出模型进行抗震试验。实验或试验还包括数字模型、计算机模拟或市场调查等方法。

（5）敏感性分析

敏感性分析就是分析并测定各个因素的变化对指标的影响程度,判断指标(相对于某一项目)对外部条件发生不利变化时的承受能力。一般情况下,在工程项目融资中需要测度敏感性的变量要素主要有价格、利率、汇率、投资、生产量、工程期限、税收政策、项目寿命期等。这样,项目管理人员就能识别出风险隐藏在哪些项目的变量或假设之下。

敏感性分析的基本步骤如下:

①确定分析指标。在工程项目融资风险分析中,通常采用净现值(NPV)指标。

②选择需要分析测度的变量要素。

③计算各变量要素的变动对指标的影响程度。

④确定敏感性因素,对项目的风险情况做出判断。

（6）事故树分析

在可靠性工程中,常常利用事故树进行系统的风险分析。此法不仅能识别出导致事故发生的风险因素,还能计算出风险事故发生的概率。

事故树由结点和连接结点的线组成,结点表示事件,而连线则表示事件之间的关系。事故树分析是从结果出发,通过演绎推理查找原因的一种分析过程。在风险识别中,事故树分析不但能够查明项目的风险因素,求出风险事故发生的概率,还能提出各种控制风险因素的方案。事故树分析既可做定性分析,也可做定量分析。事故树分析一般用于技术性强且较为复杂的项目。

（7）专家打分法

专家打分法是一种最常用、最简单、易于应用的分析方法。它的应用由 3 步组成:首先,识别出某一种特定工程项目可能遇到的所有风险,列出风险调查表;其次,利用专家经验,对可能的风险因素的重要性进行评价;最后,综合成整个项目的风险水平。具体步骤如下:

①确定每个风险因素的权重,以表征其对项目风险的影响程度。

②确定每个风险因素的等级值,按可能性很大、比较大、中等、不大和较小 5 个等级,分别以 1.0、0.8、0.6、0.4 和 0.2 打分。

③将每个风险因素的权重与等级值相乘,求出该项风险因素的得分,再求出此工程项目风险因素的总分。显然,总分越高,说明风险越大。

④将项目风险评价结果与评价标准进行比较,做出决策。

表 10.2 为某海外工程的风险调查表,其中,WX 为风险度,表示一个项目的风险程度。

由于 WX 合计值为 0.56,说明该项目的风险属于中等水平,可以投标,报价时风险费也可取中等水平。

为进一步规范这种方法,可根据以下标准对专家评分的权威性确定一个权重值:

①在国内外进行国际工程承包工作的经验。

②是否参加已投标准备,对投标项目所在国及项目情况的了解程度。

③知识领域(单一学科或综合性多学科)。

④在投标项目风险分析讨论会上的发言水平等。

表 10.2　某海外工程的风险调查表

可能发生的风险因素	权数(W)	发生的可能性(X)					WX
		很大(1.0)	比较大(0.8)	中等(0.6)	不大(0.4)	较小(0.2)	
政局不稳	0.05			√			0.03
物价上涨	0.15		√				0.12
业主支付能力	0.10			√			0.06
技术难度	0.20					√	0.04
工期紧迫	0.15			√			0.09
材料供应	0.15		√				0.12
汇率浮动	0.10			√			0.06
无后续项目	0.10				√		0.04
合计							0.56

该权威性的取值建议在 0.5~1.0,1.0 代表专家的最高水平,对其他专家,取值可相应减少,投标项目的最后风险度值为每位专家评定风险度乘以各自权威性的权重值,所得之积合计后再除以全部专家权威性的权重值之和。

该方法适用于工程项目融资决策的前期。这个时期往往缺乏项目具体的数据资料,主要依据专家经验和决策者的意向,得出的结论也不要求是资金方面的具体值,而是一种大致的程度值,它只能是进一步分析的基础。

(8)蒙特卡罗方法

蒙特卡罗(Monte Carlo,MC)方法也称随机抽样统计试验方法,这种方法计算风险的实质是在计算机上做抽样试验,然后用具体的风险模型进行计算,最后用统计分析方法得到所求的风险值。它是估计经济风险和项目风险常用的一种方法。

应用 MC 方法可以直接处理每一个风险因素的不确定性,但要求每一个风险因素都是独立的。这种方法的计算工作量很大,但在计算机技术发展的今天已不再是困难的事。可以编制计算机软件来对模拟过程进行处理,大大节约计算时间。该方法的难点在于对风险因素相关性的识别与评价。但总体而言,该方法无论在理论上还是在操作上都较前几种方法有所进步,目前已广泛应用于项目管理领域。

(9)计划评审技术

计划评审技术(Program Evaluation and Review Technique,PERT)是用网络图来体现项目中各项活动的进度和相互之间的关系,确定关键路径,计算总工期及概率,再综合考虑资源因素,得到最佳的项目计划方案。PERT 主要用于对项目的进度管理,评价进度和费用方面的风险。它适用于评价缺乏历史经验资料的科研或产品研发项目风险以及与进度相关的项目风险。由于该方法的前提是假设项目每项活动的时间服从正态分布或 β 分布,总工期和关键路径都具有随机性,但是随着关键路径的确定,这一假设就失去意义,因此具有一定的缺陷。

（10）模糊综合评价法

模糊理论是美国加州大学伯克利分校卢菲特·泽德教授于1965年首先提出的一种定量表达工具，用来表达某些无法明确定义的模糊性概念。事物的某些状态或属性如男或女，可以明确区分，但是如漂亮或不漂亮、高或矮之类带有主观意识的属性，则很难以明确的标准加以区分，模糊理论接受自然界模糊性现象存在的事实，并将其量化，进行相关研究。

风险也具有模糊性，主要表现为风险的强度或大小很难进行明确的界定。模糊综合评价法将项目风险大小用模糊子集进行表达，利用隶属度及模糊推理的概念对风险因素进行排序，以改进的模糊综合评价法为基础，采用层次分析法（AHP）构建风险递阶层次结构，采用专家调查法确定各层次内的风险因素指标权重，逐级进行模糊运算，直至总目标层，最终获得项目各个层级以及整体的风险评估结果。该方法将风险的定性和定量分析相结合，对难以量化的风险因素如法律变动，也能进行有效分析，不依赖绝对指标，避免标准不合理导致的偏差。缺点是专家的主观偏见和能力水平可能会影响结果，对隶属度变化时评价结果改变的波动性利用不够。

（11）层次分析法

层次分析法（Analytical Hierarchy Process，AHP）是20世纪80年代初美国学者塞蒂提出的一种在许多领域中广泛应用的方法。AHP法是量化处理定性问题，或定性与定量分析相结合的决策评价方法。它可以将无法量化的风险按照大小排出顺序，把它们彼此区别开来。

AHP法的基本思路是：为系统化评价对象或问题，根据对象的性质和预期达到的总目标，将此问题划分成不同的要素，并根据要素之间的关联度及所属关系将要素集合成不同层次，将问题层次条理化，形成递阶层次结构，通过两两比较来确定每一层中两两要素的相对重要性，最后得到相对于目标层的总重要程度的排序。层次分析法相比其他的评价方法科学性较高，在科学领域也受到了广泛的支持和认可。

应用AHP法应注意，如果所选的风险因素不合理，其含义混淆不清，或因素间的关系不正确，都会降低AHP法的结果质量，甚至导致AHP法决策失败。为保证递阶层次结构的合理性，需要把握以下原则：

①分解简化问题时把握主要因素，做到不漏不多。

②注意相比较的因素之间的强度关系，相差太悬殊的因素不能在同一层次比较。

除上述方法外，还有影响图法、风险矩阵法、人工神经网络技术和灰色评价法等风险评估方法。这些风险评估方法有各自的特点和优势，有的方法以全面、精确为特点，有的方法以简单易用为优势，有的方法可以同时处理风险识别和风险评估，各方法之间也有相互交叉、相互引用的情况，在实际应用中应当根据掌握资料程度、项目实际情况具体选择。1992年英国里丁大学西米斯特教授对英国项目管理协会的37名会员进行风险评估技术应用方面的调查，结果显示尽管有很多新的风险评估方法，但传统的调查打分法、蒙特卡罗法和计划评审法使用率达70%。据统计，由于资料稀缺和时间紧迫，75%的项目经理倾向于采用专家调查打分，将风险评估主观量化。未来项目风险管理将更加注重一体化和动态持续性，风险的量化分析越来越受到重视，随着传统风险评估方法不断改进，新方法的不断完善，项目融资管理的风险评估将会更加科学有效。

10.2　工程项目融资风险的分担

为了实现工程项目融资的有限追索,对与项目有关的各种风险要素,需要以某种形式在项目各参与者之间进行分担。风险分担是指与项目有关的各种风险因素需要以某种形式在项目参与者之间进行分配的一种风险管理策略。风险分担策略是借助项目各参与方的力量,采取业务分包、制订合同条款、购买保险等方式和适当的控制措施,将风险控制在参与各方对风险承受度之内的策略。

传统融资方式下,风险往往集中于投资者、贷款方和担保方,难以分散;而工程项目融资捆绑了项目各方,并采用严格的法律合同将不同的风险分散给比较合适或有能力承担的项目各方,从而保证工程项目融资的顺利实施。工程项目融资方案设计中复杂而有效的风险结构设计,是融资成功的关键。通过风险分担,一是能减少风险发生的概率,降低风险发生后造成的损失和风险管理成本;二是有利于项目各方责权利的合理分担,有利于参与者在项目全寿命期内注意理性和谨慎的行为,发挥自身的能力,控制分配给自己的风险,并为项目的成功而有效地工作;三是使各项目参与者能达到互惠互利、协作共赢的目标。

工程项目融资风险的分担充分体现在 PPP 工程项目融资模式中。PPP 模式是一类工程项目融资模式的总称,凡涉及政府部门与私营部门合作提供公共产品或服务。都可以认为是 PPP 模式,它没有固定的模型,应根据具体的项目而定,包括 BOT、BT、BOOT、TOT、BOO 等。

基础设施 PPP 项目从项目发起直至项目运营需经历多个阶段,涉及诸多方面,且涉及的参与方众多。其中,政府部门、项目投资者、金融机构、建筑承包商和运营商为 PPP 工程项目融资风险的主要承担者。这些风险承担者在合作期限内动态、公平地分担风险是 PPP 项目成功的关键。这是因为:

首先,PPP 项目在政府和社会资本之间存在长达 10～30 年甚至更长时间的合作伙伴关系,而政府和社会资本双方不可能完全准确预测其间存在的风险;而且这些风险不是静态的,而是动态的。

其次,双方所签的 PPP 合同本质上是不完备的,即使合同中设计了上下限、调节和调价等各种动态机制,也不可能完全覆盖将来可能发生的各种情况。更何况当今世界变化很快,技术更新、用户需求、社会发展等一直处在变化之中。

最后,PPP 项目所提供的是公共产品或服务,并不会因为改由社会资本提供后,政府就没有责任了。如果由于风险预测不准确或合同不完备或不公平,公共产品或服务的供给出了问题,甚至社会资本"撂挑子",政府也绝对不能坐视不管,因为提供公共产品的终极责任是政府的,需要各方齐心协力,共同承担风险,解决问题。

因此,判断一个 PPP 项目是否成功,并不能仅以签约作为标志。对于政府而言,一般要等项目移交后,看公众是否满意、政府是否获好评、投资者是否挣到钱、金融机构是否收回贷款本金和利息等,即实现"共赢"。

10.2.1 工程项目融资风险分担原则

风险分担的常见原则有公平原则、归责原则、风险收益对等原则、有效控制原则、风险管理成本最低原则、风险上限原则、直接损失承担原则、动态原则和风险偏好原则等。

1) 风险与控制力相匹配原则

此原则是指由对风险最有控制力的一方承担相应的风险。对某一风险最有控制力意味着其处在最有利的位置，能减少风险发生的概率和风险发生时的损失，从而保证其控制风险时所花费的成本是最小的；同时，由于风险在其控制力之内，使其有动力为管理风险而努力。

2) 风险与收益相匹配原则

此原则是指承担风险的程度与所得到的回报相匹配。在 PPP 项目中存在一些双方都不具有控制力的风险，如不可抗力风险。对此类风险，分配时应综合考虑风险发生的可能性、政府自留风险时的成本、政府减少风险发生后所导致的损失和私营部门承担风险的意愿。如果私营部门要求的补偿超过了政府部门自己承担风险时支付的成本，则政府部门是不会接受的。因此，承担的风险程度与所得回报应相匹配。

3) 承担的风险要有上限

在实际项目中还存在常常容易被忽略的情况，如在合同的实施阶段，项目的某些风险可能会出现双方意料之外的变化，或风险带来的损害比之前估计的要大得多。出现这种情况时，不能让某一方单独承担这些接近于无限大的风险，否则必将影响这些大风险承担者管理项目的积极性。因此，应该遵从承担的风险要有上限的原则。

工程项目融资风险分担从实质上看，显然并不是参与各方之间的平均分担，而是让最适合承担、最愿意承担某种风险的一方承担风险，即任何一种风险都完全由对该风险偏好系数最大的项目参与方承担，从而使项目参与方的整体满意度最高。

10.2.2 工程项目融资的风险分担机制

PPP 项目的风险分担机制是基于 PPP 项目的实践，寻找项目中风险分担的一般规律而形成的一套理性化的制度。这套制度包括以下主要要素。

1) 风险分担主体

风险分担主体是在风险分担中风险的期望收益受到影响的项目各参与方。对风险分担主体的确定，必须建立在专业的风险评价和对参与方客观分析的基础上，然后根据评价结果以及风险与参与方的相关程度等来确定风险分担的主体，包括风险直接作用对象，以及风险发生所间接影响到其利益的其他项目参与方。从 PPP 项目来看，主要参与方为政府、私人投资者、金融机构、承建商以及运营商，也即形成了工程项目融资的主要结构。一个成功的工程项目融资结构，应该是在项目中没有任何一方单独承担起全部项目债务的风险责任。融资结构一旦建立，任何一方都要准备承担任何未能预料到的风险。

2) 风险分担决策动因和模型

风险分担决策动因是影响风险分担主体进行风险分担决策的内部原因。风险分担主体在进行风险分担决策时,必然会有其必须考虑的因素。一般需要建立风险分担指标体系来全面、系统地反映风险分担主体的决策动因。同时,还需要建立风险分担模型,用量化指标来分析和评价参与方对风险的控制能力以及承担风险的意愿,最终确定工程项目融资风险的最佳承担者。风险分担模型可为 PPP 工程项目融资风险在各参与方之间合理公平地分配提供可行的量化方法。

3) 行为导向制度

行为导向制度是 PPP 项目对参与方在风险分担上所期望的努力方向和行为方式的规定。在 PPP 项目中,风险分担主体基于决策动因所做出的风险分担决策可能会朝各个方向,即不一定都是指向风险有效分担、收益最大化的风险分担目标,这就需要在项目各参与方中培养和建立统一的风险分担价值目标。行为导向一般强调全局观念、长远观念及集体观念,这些观念都是为实现 PPP 项目及其项目参与的长远利益目标服务的。借用人力资源管理学的激励措施,在 PPP 项目中可以建立相似的措施制度。例如,奖励对风险的积极控制而不是消极逃避;奖励合作,反对内证,即奖励对风险果断有效的行动而不是无用的分析;奖励对整体利益的关注而不是单纯地计较个体得失等。这些措施可以在一定程度上激励风险分担主体以合作、积极的态度分担客观风险。

4) 行为归化制度

行为归化是指对风险分担主体进行风险分担行为上的同化以及对违反行为规范或达不到要求的处罚。由于 PPP 项目具有投资大、期限长、参与方众多等特点,各参与方在风险分担过程中的合作、整体及共赢的观念显得尤其重要。因此,除了在选择项目参与方时需要慎重,还有必要建立相应的行为归化制度来保证项目各参与方对项目其他参与方及项目整体的善意行为。各参与方在经济实力、业务范围、参与项目的程度、价值观等方面有着个体的特征,因此其一方的风险决策不一定符合其他参与方和项目整体的利益,甚至可能造成破坏性的影响。因此,应在风险分担中建立行为归化制度,使 PPP 项目中风险分担的价值观和目标渐渐趋同。

以上四个方面的制度和规定都是 PPP 项目风险分担机制的构成要素,风险分担机制是这四个方面构成的要素总和。其中,风险分担主体是行为的具体执行者,风险决策动因和模型起到发动行为的作用,后两者起到导向、规范和制约风险分担行为的作用。

设计风险分担机制时应注意:风险分担机制要能促使项目各参与方尽量采用市场手段和自身高效经营和管理,而不是靠将风险转移给其他参与者来降低风险;风险分担机制要有利于降低各参与方的风险控制成本,提高私营部门控制风险的积极性;风险分担机制要能使各参与方控制风险的行为有利于项目社会效益的提高。

10.2.3　工程项目融资的风险分担建议

1）政府部门承担的风险

对于政府而言,PPP工程项目融资模式的运用并不只是简单地将风险转移给私营部门,更重要的是要根据项目的具体情况并结合本国环境,对各种风险进行有效配置,既为合作的私营机构提供适当的激励以提高投资和管理效率,同时又确保公众的利益不受侵害。这是PPP效率真正实现的基础,也应当成为改革的根本目标。

一般来说,项目外部风险应当由政府承担:一方面,由于政府行为(如政府干预、政府征用等)在很大程度上更能影响项目的外部风险,政府承担大部分外部风险能起到对风险的抑制作用;另一方面,政府对那些不可控制风险的承受能力也较私营机构更强。根据风险与控制力相对应原则,大部分项目外部风险,如政治风险、政策风险、法律风险、宏观经济风险中的汇率变动风险、利率变动风险、通货膨胀率变动风险等,应该由政府部门承担。

2）私营机构承担的风险

PPP工程项目融资模式的一个基本特征是政府公共部门向私营机构购买服务,私营机构处在控制项目建设过程和营运过程的最有利的地位。因此,私营机构应该承担起项目建设运营过程中的一系列风险,如设计、建设、技术、运营有效性、维护及剩余价值管理等风险,也就是大部分的项目内部风险应该由私营机构来承担。项目内部风险主要有原材料及能源供应风险、技术风险、完工风险、经营管理风险、管理者素质风险等。

3）双方共同承担的风险

PPP项目风险分担的目标是使项目整体效益最大化,在有些风险的分担上,单纯地分担给某一方并不是最优选择,因此,需要由政府部门和私营机构共同承担。由双方共同承担的风险主要有宏观经济风险中的融资风险、市场风险、不可抗力风险等。政府部门由于其自身的信用优势,可以对向银行等金融机构做出承诺或为私营机构进行担保,保证私营机构顺利获得银行等金融机构的资金。并且,政府部门和私营机构共同承担融资风险也有利于增强私营投资者的信心,保证PPP项目的顺利进行。由于价格变化、市场需求不足、市场预测偏离实际、市场竞争激烈等市场风险,会造成PPP项目产品和服务产生的现金流低于预期的要求,通常情况下,对此风险分担的设计应该严格按照风险与收益对等原则,先将一部分市场风险分担给私营机构,同时私营机构也有权享有相应的风险补偿,当风险损失超过私人承担范围时,超出的部分由政府承担,由于政府的非营利性,政府并不会得到这部分风险的收益补偿。这样设计风险分担,既能够吸引私营投资者,同时也能增加项目的整体效益。对于不可抗力风险,由于此风险通常是不可避免的,也不能人为控制,所以不能将其单纯地分给某一方,只能由双方共同承担。在实际中,通常采取的措施是对PPP项目的不可抗力风险进行投保,把部分风险转移给保险公司,政府也会提供一定的补助性融资保证。

10.3　工程项目融资风险的管理

10.3.1　工程项目融资风险的管理对策

1）转嫁

工程项目的工期投保、责任事故投保属于此类对策。驱使业主作出该种选择的原因是多方面的,主要是对风险的规避意识,以及某些客观条件的要求而作出该种选择(如要进行抵押贷款时,抵押贷款银行要求抵押物业须已予投保)。但是,属于该类对策的风险为保险公司受理的可统计且无投机因素的静态风险(即由于自然力量或人们的错误行为而非经济或社会结构变动所致的风险),企业以盈利为目的的风险(如投资风险、营销风险、财务风险等)就需寻找其他对策。

2）回避

对于风险较大的人、物、业务予以回避。如在融资业务中,对资信可靠度低的对象不予受理;在营销活动中,对滞销的产品类别予以拒绝;在发包承建中,对缺乏技术力量的承包企业不予接纳等。

3）防范

对无法投保又无法回避的工程风险,可采取积极的预防性措施,降低发生损失的可能性。如为降低赊销中的坏账风险,可加强对赊账客户(包括分期付款)的管理,对客户的信用进行调查和甄别,对应收账款的账龄进行分析,建立赊销责任制度等。

4）组合与分摊

运用大数法则,增加承担风险个体的数量,降低损失发生的比例。如为降低工程项目的投资风险,可采用合资、合伙或股份合作的组织形式来筹资建设,通过多元化的筹资组合,分摊风险。

5）自留

以上对策难以适用的工程项目风险,只能自留处理。主要表现为:应收账款的坏账损失;应收票据贴现后遭出票方拒付时,被银行索兑与罚款的损失;因开发产品质量问题,遭客户索赔的损失,或产品未满足预定合约条件而遭客户退货的损失;因开发商责任而遭承包方索赔的损失;为附属或联营企业提供担保而承受的风险;有败诉可能的诉讼案中的经济责任;全资公司的债务纠纷损失;已采用组合与分摊,加强防范对策后仍可能发生的投资风险、经营风险和营销风险等。对上述自留对策下的风险,一是采用自我保险办法预提准备金备抵;二是当损失发生时,经过确认,调整当期损益。

10.3.2　工程项目融资风险防范

经过不断地实践探索和检验,国际上已经逐渐形成了一些行之有效的降低和减少工程项目融资风险的做法,尤其是参与项目贷款的主要银行,更是建立了一系列的方法和技巧以降低项目风险。结合我国工程项目融资的特点,可以考虑采取以下措施对融资风险进行防范。

1)政治风险的防范

由于项目所在国政府最有能力承担政治风险,因此,政治风险最后由项目所在国政府来承担是最佳选择。事实上,国外有一些项目就是这么做的。例如,在菲律宾的 Pagbilao 项目中,国家电力公司同意用"项目全面收购"办法来承担这种责任,就是指如果东道国的政治风险事故连续维持一定的时期,则国家电力公司有责任用现金收购该项目,其价格以能偿还债务并向项目发起人提供某些回报为准。而在印度的电力开发项目中,在发生政治性事故后,国家电力局或国家电力公司有责任继续支付电费,最长可达 270 日。因此,所有债务在政治性事故发生时都有所保障。在我国,政府机构是要参与批准和管理基础设施项目的,因而政治风险不容忽视。然而,政治风险非个人和公司所能控制,只能依靠国际社会和国家的力量来防范。

(1)特许权

项目公司应尽量尝试向所在国政府机构寻求书面保证,具体包括政府对一些特许项目权利或许可证的有效性和可转移性的保证、对外汇管制的承诺、对特殊税收结构的批准等一系列措施。例如,广西来宾 B 电厂项目在政治风险控制方面就得到了政府强有力的支持。国家计委、国家外汇管理局、电力工业部分别为项目出具了支持函,广西壮族自治区政府成立了专门小组来负责来宾 B 电厂项目,当法律变更使得项目公司的损失超过一定数额时,广西政府将通过修改特许期协议条款与项目公司共同承担损失,从而很好地预防了政治风险。

(2)投保

除特许权协议外,还可以通过为政治风险投保来减少这种风险可能带来的损失,包括纯商业性质的保险和政府机构的保险。但是,提供政治风险担保的保险公司数量很少,因为市场狭小而且保险费十分昂贵,同时对项目所在国的要求特别苛刻,因此以保险的方式来规避政治风险是很困难的。在我国,为政治风险投保的一个实例是山东日照电厂,德国的 Hermes 和荷兰的 Cesce 两家信誉机构为该项目的政治风险进行了担保,从而使该项目进展得比较顺利。

(3)多边合作

在许多大型工程项目融资中,政府、出口信贷机构和多边金融机构不仅能为项目提供资金,同时还能为其他项目参与方提供一些政治上的保护,这种科学合理的产权布局就可能使国家风险降低很多。也可以寻求政府机构的担保以保证不实行强制收购,或当收购不可避免时,政府机构会以市场价格给予补偿。一般来讲,很难预测到各种法规制度的变化,因而可以设法把此种风险转移给当地合作伙伴或政府。

2) 完工风险的防范

超支风险、延误风险以及质量风险均是影响工程项目竣工的主要风险因素,统称为完工风险。对于项目公司而言,控制它们的最简单的方法就是要求施工方使用成熟的技术,并要求其在一个双方同意的工程进度内完成;或者要求其在自己能够控制的范围内对发生的延误承担责任。然而,对于项目的贷款银行或财团而言,如果仅仅由施工方承担完工风险显然是难有保障的,因为项目能否按期投产并按设计指标进行生产和经营将直接影响项目的现金流量,进而影响项目的还贷能力,而这恰恰是融资的关键。因此,为了限制和转移项目的完工风险,贷款银行可以要求由项目公司提供相应的措施来降低和回避这一风险。

(1)利用合同形式最大限度地规避完工风险

项目公司通过利用不同形式的项目建设合同把完工风险转移给承包商。常见的合同有固定总价合同、成本加酬金合同和可调价格合同。

①固定总价合同。双方在专用条款内约定合同价款包含的风险范围和风险费用的计算方法,以一次包死的总价格委托给承包商,价格不因环境变化和工程量增减而变化,承包商承担全部的完工风险。在这种合同形式下,项目公司承担的风险是很小的,而承包商所承担的风险最大。但各承包商为了获得该项目的建设权,往往也在项目投资中做出了估算,愿意承担其中的风险,以此来获得该项目的承建合同。

②成本加酬金合同。项目公司承担了大部分风险,而承包商承担的风险是很小的。在这种合同中,项目公司应加强对实施过程的控制,包括决定实施方案,明确成本开支范围,规定项目公司对成本开支的决策、监督和审查的权力,否则容易造成不应有的损失。

③可调价格合同。采用这种合同,可让项目公司和承包商对完工风险进行合理的分担。一般项目公司为了有效回避完工风险,通常采用"固定总价合同"把完工风险转移给承包商。

(2)利用担保规避项目完工风险

在项目建设阶段,完工风险的主要受害者是贷款银行。为了限制及转移项目的完工风险,贷款银行通常要求项目投资者或项目承包商等其他项目参与方提供相应的"完工担保"作为保证。

(3)利用远期合约规避完工风险

以上两种措施都是把完工风险转移给承包商,而承包商也意识到完工风险会给自己带来潜在的损失,为此会采取加快进度,进行全面质量控制,加强科学管理等措施来保证项目按期、保质完工。但是,在具体承建过程中,由于项目规模大、建设周期长、"三材"(钢筋、水泥、木材)用量大,因此,材料市场价格的波动对项目的总造价影响很大,很可能会造成总成本的增加,导致超出预算。工程项目中材料价格占总造价的60%~75%,如果材料价格上涨10%,那么其总造价上涨6%~7.5%,在利润微薄的建筑行业,这样的风险对于承包商来说是无法承受的,而且会由此导致完工风险,从而影响工程项目融资的正常运营。为此,可以利用远期合约来有效规避风险。

3) 市场风险的防范

降低和防范市场风险的方法需要从价格和销售量两个方面入手。工程项目融资要求项目必须具有长期的产品销售协议作为融资的支持,这种协议的合同买方可以是项目投资者本身,也可以是对项目产品有兴趣的具有一定资信的任何第三方。通过这种协议安排,合同买方对工程项目融资承担了一种间接的财务保证义务。"无论提货与否均需付款"和"提货与付款"合同是这种协议的典型形式。

降低和规避市场风险可从以下几个方面着手:①要求项目有长期产品销售协议;②长期销售协议的期限要求与融资期限一致;③定价充分反映通胀、利率、汇率等变化等。

另外,在降低市场风险的谈判中,建立一个合理的价格体系对运营商也是十分重要的,运营商必须对市场的结构和运作方式有清楚的认识。一般在销售价格上,根据产品的性质可以采取浮动定价和固定定价两种类型。浮动定价也称公式定价,主要用于在国际市场上具有公认定价标准、价格透明度比较高的大宗商品,并在整个协议期间按照某一预定的价格指数加以调整的定价方式。固定定价是指在谈判长期销售协议时确定下来一个固定价格,价格一经确定,在整个合同期内不再变动。

另外,项目公司在与政府制订协议时,要有防止竞争风险的条款。例如,如果政府已经和项目公司达成建设一条公路的协议,则政府就不能在此条公路的近距离内修筑另一条公路。

4)金融风险防范

对金融风险的防范和控制主要是运用一些金融工具。传统的金融风险管理基本上局限于对风险的预测,即通过对在不同假设条件下的项目现金流量的预测分析来确定项目的资金结构,利用提高股本资金在项目资金结构中的比例等方法来增加项目抗风险的能力,以求降低贷款银行在项目出现最坏情况时的风险。随着国际金融市场的发展,特别是近年掉期市场和期权市场的发展,项目金融风险的管理真正实现了从"预测"到"管理"的转变。

5)生产风险防范

生产风险主要通过一系列的融资文件和信用担保协议来防范。针对生产风险的不同种类,可以设计不同的合同文件。一般通过以下方式来实现:项目公司应与信用良好且可靠的伙伴就供应、燃料和运输问题签订有约束力的、长期的、固定价格的合同;项目公司拥有自己的供给来源和基本设施,如建设项目专用运输网络或发电厂;在项目文件中订立严格的条款,以及涉及承包商和供应商的包含延期惩罚、固定成本,以及项目效益和效率的标准。另外,提高项目经营者的经营管理水平也是降低生产风险的有效途径。

6)信用风险防范

在工程项目融资中,即使对借款人、项目发起人有一定的追索权,贷款人也应评估项目参与方的信用、业绩和管理技术等,因为这些因素是贷款人所依赖的项目成功的保证。

10.3.3　工程项目融资风险管理的金融衍生工具

金融衍生工具也称"金融衍生产品",是与基础金融产品相对应的一个概念,它是指建立在基础产品或基础变量之上,其价格随基础金融产品的价格或数值变动的派生金融产品。这里所说的基础产品是一个相对的概念,不仅包括现货金融产品,如债券、股票、银行定期存款单等,也包括金融衍生工具。作为金融衍生工具基础的变量则包括利率、汇率、各类价格指数、通货膨胀率等。

随着全球经济一体化的进程加快和国际金融市场的飞速发展,利率、汇率和大宗商品价格市场发生了根本性变化。这集中表现在利率的波动性大幅度增加,汇率的变动频繁而剧烈,能源、原材料以及最终产品的价格也剧烈波动等。这些变化既增加了项目的风险,使项目风险管理在工程项目融资中显得越发重要,同时为分散这些风险,也需要找到合适的手段。因此,金融衍生工具就成为工程项目融资风险管理的一个相对有效的工具,利用这些工具可以达到降低项目金融风险、生产风险、市场风险等相关风险的目的。

金融衍生工具可以按照基础工具的种类、风险、收益特性以及自身交易方法等的不同而有不同的分类。在现实中,通常使用两种方法对衍生工具进行分类:一是按照衍生工具的原生资产性质,将金融衍生工具分为股票类、利率类、汇率类和商品类;二是按照产品类型,将金融衍生工具分为远期、期货、期权和掉期四大类。

1）远期合约

远期合约是指合约双方承诺在将来某一天以特定价格买进或卖出一定数量的标的物。标的物可以是大豆、铜等实物商品,也可以是股票指数、债券指数、外汇等金融产品。

远期合约是20世纪80年代初兴起的一种保值工具,也是最早出现的一种金融衍生工具。在远期合约有效期内,合约的价值随相关资产市场价格的波动而变化。若合约到期时以现金结清的话,当市场价格高于合约约定的执行价格时,由卖方向买方支付价差;相反,则由买方向卖方支付价差。双方可能形成的收益或损失都是巨大的。

远期合约是最简单的金融衍生工具,其特点在于虽然实物交割在未来进行,但交割价格已在合约签订时确定。远期合约的卖方承担了合约到期日向买方提供合约标的物(某种商品或金融产品)的义务,但是,卖方并不一定需要目前就拥有这种商品,而可以于合约到期日从现货市场上购入来履行合约。

远期合约的历史悠久,它的执行依赖于买卖双方履约的信用。理论上,远期合约适用于任何一种实物产品或金融产品的交易。实际上,最发达的远期合约市场是远期外汇合约、远期利率合约和远期商品合约。它们分别具有对汇率、利率和商品进行套期保值的功能,即利用远期合约锁定交易对象的价格,以利于控制成本、消除或降低风险。

远期合约的优点是形式上比较灵活,合约双方可以根据各自需要谈判确定,在签署合约时一般不需要合约方支付一定的费用。但其缺点是远期合约较近期合约交易周期长,时间跨度大,所蕴含的不确定性因素多,加之远期合约成交量及持仓量不如近期合约大,流动性相对差一些,因此呈现远期合约价格波动相较近期合约价格波动剧烈且频繁,市场效率较低。正因为如此,在金融衍生工具中,对于合约的卖方来说,风险都转嫁给了买方,买方的违约风险较高。另外,远期交易还有其不易解决的问题,如交易的一方必须寻找合适的交易对象,交易的数量也要符合对方的要求等。

在工程项目融资中,项目公司可以通过使用远期市场以远期合约方式来保值或锁定一种商品的价格,有利于消除项目公司在建设和生产过程中价格变化的不确定因素。但是由于远期合约期限相对比较短(期限多数不超过2年,少数可以到3年),而工程项目融资期限往往较长,所以限制了远期合约在工程项目融资风险管理中的应用。

另外,在我国工程项目融资中,项目的收入是人民币,承包商要将其兑换成美元汇回总部,因而可以事先同当地银行签订出卖远期外汇合同,在规定的交割日将人民币收入卖给银行,按合约规定的远期汇率买入美元。这里要注意,签订远期外汇合约的同时要考虑汇率的变动情况和人民币收入时间与交割时间的匹配。如果根据经验判断美元会升值,可根据人民币收入的时间确定交割时间及远期汇率,以便到时买入美元,避免本币贬值损失。这种方法的缺陷是交割时间固定,到了规定的交割日期合约双方必须履约,时间匹配困难。

2) 期货合约

期货合约是指由期货交易所统一制订的、规定在将来某一特定的时间和地点交割一定数量和质量商品的标准化合约。期货合约是期货交易的对象,期货交易参与者正是通过在期货交易所买卖期货合约,转移价格风险,获取风险收益。

期货合约是在现货合同和现货远期合约的基础上发展起来的,但它们最本质的区别在于期货合约条款的标准化。在期货市场交易的期货合约,其标的物的数量、质量、交割地点、交割时间、交割方式、合约规模等条款都是标准化的,这使期货合约具有普遍性特征。在期货合约中,只有期货价格是唯一变量,在交易所以公开竞价方式产生。

期货交易的品种既有现实中存在的资产,如商品期货合约和外汇期货合约,也有虚拟的资产,如股指期货合约、定期债券或定期存款期货合约。与远期合约相比,期货合约的流动性更好,期货合约的持有者可借交收现货或进行对冲交易来履行或解除合约义务。期货交易大多数都在期货交易所内进行,但由于期货市场上有大量的投机性买卖行为,所以大多数期货合约在到期日之前已经卖掉或者以现金做差额结算,很少实行真正的实物交割。实际的产品销售协议和期货合约可以是完全分离的。

在工程项目融资中,项目公司可以通过期货市场对其产品、货币、利率等进行保值和固定价格,避免其价格波动带来的影响。另外,期货合约只要求支付初始保证金,此初始资金的金额可能低于类似的期权合约,可以节约成本;同时,由于期货合约的流动性好,便于项目公司计算期货合约在不同时期的市场价格。期货合约由中央清算公司担保合约的履行,从而降低了合约的信用风险。但是,使用期货合约进行项目风险管理会带来潜在的利润损失,机会成本也比较大,而且由于期货合约是标准化合约,只对特定的商品、货币和金融产品有效,合约条款和合约期限都有局限性,因而限制了期货合约在工程项目融资中的应用。

3) 期权

期权是一种选择权,是指一种买方向卖方支付期权费(权利金)后拥有的能在未来某特定时间以特定价格(履约价格)买入或卖出一定数量的某种特定商品的权利。期权是在期货的基础上产生的一种金融工具,期权的买方拥有选择是否行使买入或卖出的权利,而期权卖方都必须无条件服从买方的选择,并履行成交时做出的期权合约允诺。

期权合约有看涨期权和看跌期权两类。前者给予合约持有人在未来某时以事先约定价格购买某一资产或商品的权利,而后者则给予以约定价格出售的权利。期权合约根据对有效期规定的不同,可以分为美式期权和欧式期权。美式期权可在合约到期前的任何一天执行,而欧式期权只能在到期日当日执行或放弃执行。

期权的基本特征在于,它给予合约持有人的是一种权利而非义务。期权交易事实上就是这种权利的交易,买方有执行的权利也有不执行的权利,完全可以灵活掌握。期权交易可以包括利率、汇率、股票市场的股价指数和其他金融产品交易,也可以包括实际的商品的交易。

在工程项目融资中,作为风险管理工具,经常使用的期权有利率期权、外汇期权和商品期权三种形式。

(1)利率期权

利率期权是指买方在支付了期权费后,即取得在合约有效期内或到期时以一定的利率(价格)买入或卖出一定面额的利率工具的权利。利率期权有多种形式,常见的主要有利率上限、利率下限和利率上下限。

利率上限是客户与银行达成一项协议,双方确定一个利率上限水平,在此基础上,利率上限的卖方向买方承诺:在规定的期限内,如果市场参考利率高于协定的利率上限,则卖方向买方支付市场利率高于协定利率上限的差额部分;如果市场利率低于或等于协定的利率上限,卖方无任何支付义务。同时,买方由于获得了上述权利,必须向卖方支付一定数额的期权手续费。

利率下限是指客户与银行达成一个协议,双方规定一个利率下限,卖方向买方承诺:在规定的有效期内,如果市场参考利率低于协定的利率下限,则卖方向买方支付市场参考利率低于协定利率下限的差额部分;若市场参考利率大于或等于协定的利率下限,则卖方没有任何支付义务。作为补偿,卖方向买方收取一定数额的手续费。

利率上下限是指将利率上限和利率下限两种金融工具结合使用。具体地说,购买一个利率上下限,是指在买进一个利率上限的同时,卖出一个利率下限,以收取的手续费来部分抵销需要支出的手续费,从而达到既防范利率风险又降低费用成本的目的;而卖出一个利率上下限,则是指在卖出一个利率上限的同时,买入一个利率下限。

利率期权为项目公司提供了一种规避利率风险的金融工具。与利率掉期相比,利率期权的优点在于,如果期权所有人认定执行该项交易对自己不利,可以不必履行期权合约。这样利率期权既帮助了投资者避免利率上涨的风险,又在合适的价格条件下帮助投资者获得了利率下降的好处。由于工程项目融资的长期性特点,在工程项目融资中使用的多数是较为复杂的中期利率期权形式,时间为3~10年。

(2)外汇期权

外汇期权也称货币期权,是近年来兴起的一种交易方式。权利的买方有权在未来的一定时间内按约定的汇率向权利的卖方(如银行)买进或卖出约定数额的货币,同时权利的买方有权不执行上述买卖合约。

在对汇率变化趋势掌握不准的情况下,外汇期权既为项目公司提供了套期保值的方法,又为项目公司提供了从汇率变动中获利的机会。因此,采用外汇期权将为项目公司风险管理提供较大的灵活性。

(3)商品期权

商品期权和利率期权、货币期权的概念极为相似,根据项目对某一商品市场的不同需求和依赖程度,项目公司可以通过购买期权或者卖出期权进行风险管理。

对于项目投资者来说,期权交易具有投资少、收益高、降低风险、保有权利的作用。购买者只需支付一笔期权权利金,就可取得买入或卖出商品的权利。一旦投资者预期与市场变化相一致,即可获得可观收益;如果与预期相反,则可放弃使用权利。在交易中,投资者的风险是固定的,却可能带来潜在收益。但需要注意的是,购入期权需支付期权费,期权费通常较高。在工程项目融资中,需要对项目风险进行全面评估,在此基础上决定是否采用期权作为项目风险管理工具。

由于期权允许持有人在管理不可预见风险的同时不增加任何新的风险,使得期权在工程项目融资风险管理中有着更强的灵活性。它避免了信用额度(投资银行根据客户的信用程度给予客户的交易额度)范围的约束,只要项目支付了期权费,就可以购买所需要的期权合约,从而也就获得了相应的风险管理能力,而不需要占用任何项目的信用额度,或者要求项目投资者提供任何形式的信用保证。从实际的项目来看,国际工程项目存在着许多不确定因素,从合同签订到实际付款日时间不一定很明确,延期支付时有发生,一般的远期合约有时无法应用,而期权合约正好解决这一问题。

在我国,当项目承包商需要以人民币买入美元等可自由兑换货币,并从其他国家购买设备或向总部汇回利润时,就可以买入外币"买权"合约。当市场汇价高于期权合约协定汇价时,承包商可以要求对方履约,即以较低的协议汇价买到外汇;而当市场汇价低于期权合约协定汇价时,承包商可以不履约,而在现汇市场上购买低价的外汇。

4)掉期

掉期也称互换,是指交易双方依据预先约定的协议,在未来确定的期限内相互交换的交易。在国际金融市场一体化背景下,掉期交易作为一种灵活、有效的避险和资产负债综合管理的衍生工具,越来越受到国际金融界的重视和广泛应用,交易形式也不断拓展。在工程项目融资中,掉期特指用项目的全部或部分现金流量交换与项目无关的另一组现金流量。经常使用的掉期有利率掉期、货币掉期和商品掉期三种形式。

(1)利率掉期

利率掉期也称利率互换,是指两个主体之间签订一份协议,约定一方与另一方在规定时期内的一系列时点上按照事先敲定的规则交换一笔借款,本金相同,只不过一方提供的是浮动利率,另一方提供的则是固定利率。利率的大小按事先约定的规则进行,固定利率订约之时就可以知晓,而浮动利率通常要基于一些具有权威性的国际金融市场上的浮动利率进行计算,如采用LIBOR(伦敦银行间同业拆借利率)或SHIBOR(上海银行间同业拆放利率),在其基础上再加上或减去一个值的方法可以确定当期的浮动利率。此时,投资银行常常充当中介,与不同人签订掉期协议,再来平衡。一般的利率掉期是在同一种货币之间进行的,从而不涉及汇率风险因素,因此,利率掉期可以规避利率风险。

在国际工程项目融资中,最经常使用的规避利率风险的方法就是利率掉期。由于大多数的项目长期贷款采用的都是浮动利率,使项目有关各方承担较大的利率波动风险,这时,通过浮动利率与固定利率的掉期,将部分或全部的浮动利率贷款转换为固定利率贷款,在一定程度上可以起到管理项目风险的作用。

(2)货币掉期

货币掉期也称货币互换,是指两笔金额相同、期限相同、计算利率方法相同但货币不同的债务资金之间的调换,同时也进行不同利息额的货币调换。利率掉期是相同货币债务间的调换,而货币掉期则是不同货币债务间的调换。货币掉期双方互换的是货币,它们之间各自的债权债务关系并没有改变。初次互换的汇率以协定的即期汇率计算。它主要是针对不同货币的债务进行互换的安排。货币掉期作为一项常用的债务保值工具,主要用来控制中长期汇率风险,把以一种外汇计价的债务或资产转换为以另一种外汇计价的债务或资产,从而达到规避汇率风险、降低融资成本的目的。

在工程项目融资中经常使用的货币掉期工具是交叉货币掉期,它的主要特点是在安排货币掉期的同时安排利率掉期,将两者的优点结合起来,降低项目的汇率和利率风险。这种融资风险管理工具对采用类似出口信贷作为主要资金来源的工程项目融资结构尤其适用,也可以用来改变那些有几种不同货币和利率的项目的资产负债结构。

(3)商品掉期

商品掉期是指在两个没有直接关系的商品生产者和用户之间(或者生产者与生产者之间以及用户与用户之间)的一种合约安排,通过这种安排,双方在一个规定的时间范围内针对一种给定的商品和数量,相互之间定期地用固定价格的付款来交换浮动价格的付款。商品掉期可以细分为固定价格及浮动价格的商品价格互换、商品价格与利率互换两类,而固定价格及浮动价格的商品价格互换最为常见。

一般地,参与商品市场的企业所面对的风险中,商品价格波动风险最受重视。以能源市场为例,当能源价格下跌时,企业利润受到挤压,资金流动性受到冲击;当价格冲高时,一些国家或地区的政府会出面干涉,以保护消费者。商品掉期主要是用来有效管理企业所面临的价格波动风险。

在工程项目融资中,商品价格波动所引起的风险经常存在,通过采用把项目原材料或者能源供应的成本与项目最终产出品的市场价格挂钩的方法可以降低这类风险。商品掉期的交易过程和利率掉期相似,但由于商品掉期的发展历史较短,并且受到国际商品市场的流通性、价格机制等因素的制约,所以商品掉期没有像利率掉期那样得到广泛应用。在商品掉期的期限安排上,一般的商品掉期的期限基本上不能超过 5 年,只有极少数商品可以安排长期(最长期限为 10 年)的掉期。

综上,由于掉期交易是运用不同的交割期限来进行的,可以避免因时间不一造成的汇率变动风险,在国际贸易与国际投资中发挥了积极的作用。由于掉期属于场外交易,合约非标准化,因此可以根据参与者的个性化需求,灵活设置掉期合约条款,以进行具有针对性的风险管理。虽然掉期可以高度自主化设计,但涉及交易的双方都存在着信用风险和流动性风险。此外,掉期具有一个金融衍生品普遍存在的问题,即掉期属于表外业务,难以监管。其实,从某种程度上说,掉期产生的一个很重要的原因是为了逃避金融监管。因此,在工程项目融资中,利用掉期这一金融衍生工具可以有效地降低项目风险,但掉期不利的一面,诸如可能附带大量的经纪费用、信用风险和利率风险等,在一定程度上限制了这些风险工具的使用。

【案例】

印度大博电厂的工程项目融资风险

印度大博电厂(Dabhol Power Compay,DPC)是以美国安然(Enron)公司为主,斥资近 30 亿美元建成的印度最大的融资项目,也是目前在印度最大的独立发电厂项目。从 2000 年底开始,不断出现该电厂电费支付纠纷的报道。到 2001 年初,大博电厂与马哈拉斯特拉邦(Maharashtra state)的电费纠纷进一步升级,电厂无奈中只好停止发电。虽然该项目由印度中央政府对购电协议提供反担保,但是在大博电厂要求印度中央政府兑现担保时,印度政府开始食言。谁也不清楚，大博电厂的问题最后将如何解决，该项目纠纷引起的直接效应就是，几乎所有印度境内的独立发电厂都因为该项目的失败而陷于停顿，印度吸引外资的努力也受到沉重打击。

在项目开始的20世纪90年代初，周边地区尤其是中国、东南亚地区经济已经进入快速发展期，印度国内经济也开始进行改革发展，一定时期内的政治经济形势发展预期是较好的。如果该项目利用联合循环电厂项目周期较短的优势，快速建设，是有可能成功的。不幸的是，印度有关部门的拖拉、项目谈判的扯皮，使项目在东南亚经济危机爆发并拖累印度经济后才拖拉建成，因此引发公司经营危机也成为必然。安然公司也许在大的形势变化后已经发现风险的出现，但公司前期的巨大投入已使公司在项目建设上欲罢不能，只好寄希望印度经济复苏，理性预期中的投资已变成一场豪赌。

从此案例中可以看出，无论人们对风险是否认识，风险在任何工程项目中都是存在的。工程项目作为集合经济、技术、组织、管理等方面的综合性、一次性作业，从立项、评价、各种分析、研究到设计和计划都是基于对将来情况（政治、经济、社会、自然等各方面）预测基础上的，基于正常的技术、管理和组织之上的。由于现代工程项目规模大、技术新颖复杂、建设周期长、参加单位多，与环境接口复杂，在项目的实施与运作过程中，所有影响项目的各种因素都可能发生变化。这些变化会使得原定的计划、方案受到干扰，使原定的目标不能实现。这些事先不能确定的干扰因素及其可能引起的潜在损失被称为风险。风险是随机的，仅是一种可能，比如，工程风险产生的随机性；风险活动开展及持续时间的随机性；在风险活动持续时间内风险损失的随机性。若不加以控制，风险的影响将会扩大，甚至引起整个工程的中断或报废。我国的许多工程项目，由于风险造成的损失是触目惊心的，许多工程案例都说明了这一点。特别是在国际工程承包领域，风险常常是项目失败的主要原因之一，有人称国际工程投标承包为风险库，并不过分。

（资料来源：刘亚臣，白丽华.工程项目融资[M].北京：机械工业出版社，2011：193-194.）

【本章小结】

本章分析了工程项目融资风险的因素、分类和识别技术，剖析了工程项目融资风险的分担原则和机制，提出了工程项目融资风险和管理防范措施。

【习题研讨】

1. 简述工程项目融资风险的分类有哪些。
2. 简述工程项目融资风险的识别技术。
3. 简述工程项目融资风险的分担机制。
4. 简述工程项目融资风险的管理措施。

第 11 章

GONGCHENG XIANGMU
RONGZI JIXIAO
PINGJIA

工程项目融资绩效评价

【本章导读】

★本章从工程项目融资绩效评价的含义、目的和原则入手,说明了工程项目融资绩效评价的种类和程序,介绍了工程项目融资绩效评价的具体方法。

【本章重点】

★工程项目融资绩效评价的含义、目的和原则;
★工程项目融资绩效评价的种类和程序;
★工程项目融资绩效评价的具体方法。

11.1 工程项目融资绩效评价的含义

工程项目融资是筹措工程项目所需资金来源的主要方式。为了保证融资达到预定的效果,必须对融资的绩效进行评价。工程项目融资绩效评价是工程项目融资周期管理的最后一个环节,是对正在实施或已完成的工程项目融资活动的效果进行的尽可能系统和客观的评价。

作为项目绩效评价的重要组成部分,工程项目融资绩效评价目标、原则、内容必然继承项目评价的内在规律,并与项目绩效评价的各个方面相衔接。同时,工程项目融资绩效评价又有其内在的个性问题。

11.1.1 工程项目融资绩效评价的含义

工程项目融资绩效评价是指基于评价理论,以数理统计、运筹学等学科知识为手段,建立特定的指标体系,对照统一的标准,按照一定程序通过定量定性对比分析,对工程项目融资的效果作出客观、公正和准确的综合评判。工程项目融资的绩效评价是提升工程项目融资水平的关键一环。工程项目的出资人、项目业主等各个主体的目标、利益、责任的明确和分离,是提出工程项目融资绩效评价的根本原因。

11.1.2　工程项目融资绩效评价的目的

作为工程项目融资活动不同主体,工程项目融资绩效评价的目的具有不同的角度:

①为项目业主(法人)提供了生动的工程项目融资管理成功与失败的案例资料,使业主从对工作的阶段性总结和对经验教训的学习中得到启示,从而改进工作,完善工程项目融资。

②有利于经理人员提高投资决策和管理能力,达到提高和改进融资效益的目的。

③供应商通过分析了解销售(或盈利)水平,决定是否值得合作,是否应延长商业信用期限。

④政府通过分析了解项目的情况,从宏观角度进行监控,为宏观发展规划、融资项目的立项审批提供决策依据。特别对关系国计民生的工程项目,了解工程项目是否符合国家和社会的利益,是否能较好地实现宏观经济的要求和计划。也就是说,要达到工程项目融资的社会、环境效益目标,包括工程项目融资对国民经济、金融环境、社会发展所可能、正在或期望产生的宏观或长远影响。

⑤员工或工会通过分析判断工程项目的盈利情况或员工收入,保险福利之间是否相适应。

⑥受托进行项目审计的会计师事务所主要关注工程项目的财务状况、经营成果以及现金流量。

⑦咨询机构则考虑为工程项目提供建议。

11.1.3　工程项目融资绩效评价的基本原则

为了达到工程项目融资绩效评价的目的,工程项目融资绩效评价应该坚持以下原则:

1)独立性原则

工程项目融资绩效评价通常应由独立的第三方完成,评价过程和结论不受项目决策者、管理者、执行者的干扰,这是评价的公正性和客观性的重要保障。独立性是工程咨询合法性的基础,没有独立性或独立性不完全,评价工作就难以做到公正。

2)透明性原则

工程项目融资绩效评价方法程序、指标等应公开,提高工程项目融资绩效评价的透明度。

3)客观性原则

工程项目融资绩效评价应注重客观依据,尽量排除人为因素干扰。

4）可操作性原则

工程项目融资绩效评价方法应便于应用,流程便于运作,评价指标数值便于计算,评价数据便于收集。

5）反馈性原则

工程项目融资绩效评价的目的是为改进和完善工程项目融资管理提供建议,为筹资决策部门提供参考和借鉴。要实现这个目的,就必须将评价结果进行有效反馈,通过反馈机制,使项目各个阶段的绩效评价及时反馈到决策部门,使总结出来的经验得到推广;教训得以吸取,防止失误重演;使合理建议得到采纳和应用,最终使工程项目融资绩效评价成果变为社会财富;产生社会效益,实现评价的目的。

11.2　工程项目融资绩效评价的种类

工程项目融资绩效评价可以是在执行前（事前评价）、执行过程中（中期评价）、实施结束时（终期评价）或事后（事后评价）等几个时点进行,按照项目周期划分,工程项目融资绩效评价可以分为:

11.2.1　事前评价

事前评价是工程项目融资前期决策的总结评价,包括对工程项目融资方案的可行性研究与评价,验证工程项目融资的方案是否妥当;工程项目融资评估（前期绩效评价）的总结评价;工程项目融资决策的总结评价;工程项目融资设计的总结评价;工程项目融资准备的评价等。事前评价结果是工程项目融资项目立项的依据。

11.2.2　中期评价

中期评价是在工程项目融资的实施中间阶段进行的评价,包括工程项目融资合同执行和管理的分析评价;工程项目融资实施和管理的分析评价;工程项目资金使用和管理的分析评价等。其评价结果用于改善工程项目融资方案,提出下步实施的措施建议,同时为类似工程项目融资提供可借鉴的经验教训。

11.2.3　终期评价

终期评价是项目完工时关于工程项目融资的评价,在项目结束时,验证工程项目融资是否顺利取得预期效果。终期评价结果用于决定当项目正式结束时,是否需要实施后续关注和措施,同时,用于为类似工程项目融资提供可借鉴的经验教训。

11.2.4　事后评价

在项目结束并经过一定时间运营后进行的关于工程项目融资方面的评价,即对项目预期的效果和影响是否持续显现进行验证。包括项目运营状况对工程项目融资效果的分析评价;工程项目融资财务经济效益的分析评价;工程项目融资发展的预测分析等。事后评价结果除用于向项目业主和主管部门提出建议外,还应用于未来有效实施类似工程项目融资以及同类行业的宏观决策(发展规划、投资计划、政策调整等)。

11.3   工程项目融资绩效评价的程序

11.3.1   确定工程项目融资绩效评价目标

工程项目融资绩效评价目标的定位不同,后续工程项目融资绩效评价组织的工作内容、评价指标体系与评价方法将随之改变。

11.3.2   建立工程项目融资绩效评价组织

工程项目融资绩效评价组织将重点关注的内容和工作包括:工程项目融资合理性论证、初步性研究相关问题与建议、需重点研究的内容;确认工程项目融资目标执行计划;仔细分析评价工程项目融资可行性的各个方面;通过质量因素的分析,评价工程项目融资是否具有可持续能力;准备项目融资建议书(草案);对下一步工作提出建议。

11.3.3   制订工程项目融资绩效评价指标体系

工程项目融资绩效评价一般包含融资合理度、融资持续性、融资效率、融资效果、融资管理效能、融资成本、融资风险、融资社会影响几个方面。

1)融资合理度

合理性主要考虑国家或地区宏观目标和产业政策的客观要求,工程项目融资预期效果是否与需求相吻合;解决问题的措施是否恰当;政策是否一致;工程项目融资的战略与合作方式是否妥当;工程项目融资确定的目标是否合理、准确,是否可能、正在或已经解决工程项目融资策划时所确定的核心问题;是否需要或可能修改和调整。

2)融资持续性

工程项目融资持续性主要是指相关的主管行政部门在工程项目融资实施后,是否会给工程项目融资支持性政策;工程项目融资自身的继续能力,即在项目的建设资金投入完成之后,工程项目融资的既定目标是否还能继续发展下去;项目法人是否愿意并可能依靠自己的力量继续去实现既定目标;工程项目融资的实施单位是否有能力进行运行;工程项目融资持续性要素分析:市场、资源、财务、技术、环保、管理、政策等。

3)融资效率

主要包括工程项目融资的资金到位时间进度及其控制,研究工程项目融资的成本和效果之间的关系,验证资源是否得到了有效的利用。是否满足工程资金需求目标,即通过工程项目融资所筹集的资金能否按时按量满足项目建设的资金需求。

4)融资效果

在工程项目融资实施后,所有的受益人是否可充分接受所带来的利益,验证工程项目融资的实施是否切实给受益群体或社会带来了(或者将要带来)方便和利益。其中,最为主要的是工程项目融资经济性分析,分析工程项目融资运营后是否有市场竞争力、经济上有效益、能偿还银行贷款,可能、正在或已经实现预期的各项财务和经济指标[包括生产运营(销售)收入、成本、利税、财务内部收益率(FIRR)、贷款偿还期等]。具体包括财务效益和经济效益的营利性分析、清偿能力分析和外汇平衡分析;工程项目融资的经济内部收益率和经济净现值、经济换汇成本、经济节汇成本等。

5)融资管理效能

工程项目融资的来源渠道与模式设计是否适合当地的金融环境条件。包括工程项目融资采用的融资渠道模式与管理水平的分析与评价,主要关注工程项目融资的先进性、适用性、安全性。重点是工程项目融资的组织结构及能力,应对工程项目融资组织机构所具备的能力进行实时监测和评价。工程项目融资管理效果评价包括:对组织结构形式和适应能力的评价;对组织中人员结构和能力的评价;对组织内部工作制度、工作程序及沟通、运行机制的评价;对管理者意识与水平的评价等。

6)融资成本

工程项目融资的融资成本主要包括融资的各种费用与资金的占用成本两个方面内容。

7)融资风险

工程项目融资的风险主要包括政治风险、自然力风险、经营风险、技术风险和财务风险等。

8)融资社会影响

工程项目融资后,要验证包括没有预料的正负面效果、影响在内的工程项目融资实施所带来的更长期、间接的效果以及辐射效果。

对当地公众的影响,一般包括工程项目融资对当地就业的影响,对当地收入分配的影响,对居民的生活条件和生活质量的影响,受益者范围及其反应,各方面的参与状况,地区的发展,是否会对特定目标做出贡献,如对妇女、民族宗教信仰、扶贫、三农等影响。另外还需考虑对金融环境的影响,金融生态是否可以得到保护。需要重新审查工程项目融资的金融环境影响的实际结果。金融环境影响后评价一般包括:金融市场的影响、区域资金供求的均衡、闲置资金的利用、区域金融平衡和环境管理能力。

11.3.4 确定工程项目融资绩效评价指标权重

工程项目融资绩效评价指标权重的确定可以采用定性的德尔菲法、定量的拉开档次法、序列关系分析法等来确定。

11.3.5　工程项目融资实绩信息收集

工程项目融资实绩信息收集的最主要工作是调查工程项目融资的实际绩效。工程项目融资绩效评价的实际绩效调查,即验证工程项目融资实现的实际情况。

11.3.6　工程项目融资绩效评价值计算与集成

将得到的工程项目融资实绩信息输入工程项目融资绩效评价的指标体系中,运用工程项目融资绩效评价的特定方法,计算评价值,将各个评价值进行集成,得出最终的评价结果。

11.3.7　工程项目融资绩效评价结果分析、结论与建议

工程项目融资绩效评价结果分析,需验证工程项目融资的实施过程,分析绩效与实施之间的因果关系。工程项目融资绩效评价包括成功度分析评价、主要经验教训和对策建议。

1)成功度分析评价

项目前期称为可行性分析评价,中后期称为成功度分析评价。项目成功度分析评价一般采用专家打分法来得出项目绩效评价的结论。

2)主要经验教训

经验教训是在工程项目融资实践中总结分析出来的、有借鉴意义的意见。因此,需要对评价调查中得到的成果和问题进行分析研究,找出在工程项目融资实施的哪个阶段什么方面是值得重视的,是哪个管理或实施部门的主要责任。

3)对策建议

工程项目融资绩效评价的最主要任务之一就是要提出对策建议,用以完善工程项目融资,指导工程项目融资,审批拟进行的工程项目融资。绩效评价的对策建议应是在工程项目融资经验教训得到启示的基础上,由评价者所归纳提出的,以引起出资人和项目法人重视的意见。工程项目融资绩效评价报告的对策建议必须针对性和适用性强、容易理解、便于操作。因此,工程项目融资绩效评价报告必须文字简洁,语言畅通,逻辑性强,尽量少用特别专业的词汇。通常提供一份不超过 2 000 字的报告摘要便于决策,对策建议还要针对不同对象、不同层次提出意见。

【案例】

从欧盟融资建议书看工程项目融资的绩效评价

融资是出资人在项目评估完成后的一项主要管理工作,其主要文件是项目的融资建议书,融资建议书应有统一的格式。融资主管部门通过对融资建议书的审查,最终决策是否为该项目融资,签订项目融资协议或备忘录。融资建议书的最终稿应涵盖项目逻辑框架中的全部内容,包括适合项目实施的特定办法和手段。融资建议书的质量标准基本与评估相同。

下面是欧盟融资建议书内容摘要:

1.合理性(针对性)

(1)与全球目标相一致:重大欧盟援助政策目标及其优先顺序;有关的指标性规划(国家的、区域的)的目标;与国家的评审相结合。

(2)进行行业分析:有关行业的特点;国家的/地区的政策的地位。

(3)情况分析:利益相关者分析(包括目标人群、受益人和其他的利益相关者);目标人群/受益人的问题的论述。

(4)项目初始状况和准备情况。

2.可行性

(1)项目概述:总体目标中包含了指标及验证依据;项目目的包括了指标及验证依据;结果中包括了指标、验证依据及相关活动。

(2)项目分析与环境:过去的经验教训;与其他完成项目的互补性,以及行业内不同投资主体之间的协调;经济评价和跨行业的评价的结果;风险和(与执行过程有关的)假定条件。

(3)项目实施:实体的和非实体的手段;组织机构和执行程序;所使用的技术;进程表、成本及融资计划;特殊的条件以及由该政府采取的相应的措施;监督安排;评价/审计。

3.可持续性/质量

确保可持续性/质量的措施;受益人分享以及所有权益;政策支持;合理的技术;社会文化方面;性别平等;环境保护;组织机构和管理能力;经济和财务上的持续能力。

4.附件

逻辑框架(强制性的);利益相关者分析,问题和目标分析(强制性的);执行以及全部活动的进度安排(强制性的);环境整体框架(强制性的);性别整体框架(强制性的);经济及财务分析(强制性的);同其他出资人特别是伙伴国家(可选择的)举行协调会议的详细说明;其他(需要详细加以说明)。

(资料来源:刘亚臣,常春光.工程项目融资[M].2版.大连:大连理工大学出版社,2008:238-239.)

11.4 工程项目融资绩效评价的方法

评价内容评价值的得出需要由具体的工程项目融资绩效评价方法来支持。评价内容既包括定性的指标,同时也包括定量的评价指标。

11.4.1 定性评价法

定性评价法适用于对一些工程项目融资合理性效果、效率、影响或持续能力等定性指标的评价。其评价方法除了常见的德尔菲法、专家意见法、问卷调查法外,还包括:

1)工程项目融资绩效评价的比较分析法

比较分析就是对两个或两个以上有关的可比数据进行对比,揭示差异和矛盾。比较是分析的最基本的方法,没有比较,分析就无法开始。比较分析通常包括两种情况:一种是可与本项目融资历史绩效比较;另一种是与同行项目融资绩效比较。

比较分析的核心问题在于解释原因并不断深化,寻找最直接的原因。比较分析是个研究过程,分析得越具体、越深入,则水平越高。如果仅仅是计算出相关比率而不进行分析,什么问题也说明不了。

2)成功度评价

成功度评价可以采用表11.1的形式,其中"评价指标"因项目特点而异;"相关重要性"是指标在总体评价中的重要程度,一般分为重要、次重要和不重要三个层次;"评定等级"一般分为五个档次,即A—成功、B—基本成功、C—部分成功、D—不成功、E—失败。

表 11.1 工程项目融资成功度评价表

评价指标	相关重要性			评定等级				
	重要	次重要	不重要	A	B	C	D	E
融资合理性								
融资持续性								
融资效率								
融资效果								
融资社会影响								
融资管理效能								
融资成本								
融资风险								
项目总评								

11.4.2 定量评价法

定量评价法适用于对一些诸如工程项目融资成本、融资风险、融资金额、资金到位率、融资报酬率等定量指标的评价。

1)工程项目融资绩效的比率分析法

比率分析法是指把某些彼此存在关联的项目加以对比,计算出比率,据以确定工程项目融资活动变动程度的分析方法。比率是相对数,采用这种方法,能够把某些条件下的不可直接对比的量进行可比化处理。比率指标主要有以下三类:

(1)构成比率

构成比率又称结构比率,它是某项经济指标的各个组成部分与总体的比率,反映部分与总体的关系。其计算公式为:

$$构成比率 = \frac{某个组成部分数值}{总体数值}$$

利用构成比率,可以考察总体中某个部分的形成和安排是否合理,以便协调各项工程项目融资活动。

（2）效率比率

效率比率是工程项目融资中所费与所得的比率，反映投入与产出的关系。利用效率比率指标，可以进行得失比较，考察经营成果，评价工程项目融资效益。

（3）关系比率

关系比率是以某个项目和与其相关但又不同的项目加以对比所得的比率，反映工程项目融资活动的相互关系。利用相关比率指标，可以考察有联系的相关业务安排得是否合理，以保障工程项目融资活动能够顺畅衡量指标的科学性。运用比率分析，需要确定一定的标准与之对比，以便对工程项目融资状况作出评价。通常而言，科学合理的对比标准有：预定目标，如预算指标、设计指标、定额指标、理论指标等；历史标准，如上期实际、上年同期实际、历史先进水平以及有典型意义的时期的实际水平等；行业标准，如主管部门或行业协会颁布的技术标准、国内外同类企业的先进水平、国内外同类企业的平均水平等；公认标准。

【案例】

表 11.2　高速公路企业绩效评价标准值

项目	优秀值	良好值	平均值	较低值	较差值
一、盈利能力状况					
净资产收益率/%	13.4	9.6	5.1	-1.2	-5.1
总资产报酬率/%	11.9	7.1	2.9	-2.4	-6.5
销售（营业）利润率/%	75.6	64.2	51.4	29.9	7.2
盈余现金保障倍数	5.4	3.5	1.5	0.3	-1.3
成本费用利润率/%	28.0	20.1	0.4	-10.2	-38
资本收益率/%	15.9	10.2	5.6	-3.1	-6.3
二、资产质状况					
总资产周转率/次	0.9	0.6	0.4	0.2	0.1
应收账款周转率/次	37.1	22.4	6.4	3.6	1.2
不良资产比率/%	0.0	0.1	0.3	0.7	1.0
流动资产周转率/次	3.7	2.5	1.8	0.7	0.3
资产现金回收率/%	14.4	9.5	4.6	1.3	-1.4
三、债务风险状况					
资产负债率/%	15.8	30.3	50.9	69.3	79.4
已获利息倍数	6.3	4.3	2.0	0.7	-0.9
速动比率/%	180.2	151.3	94.2	66.4	34.3
现金流动负债比率/%	24.2	17.2	7.0	0.8	-2.4
带息负债比率/%	21.8	42.3	60.1	75.4	93.0
或有负债比率/%	0.4	1.3	6.1	14.7	23.8

项目	优秀值	良好值	平均值	较低值	较差值
四、经营增长状况					
销售（营业）增长率/%	62.5	51.9	32.1	19.3	7.1
资本保值增值率/%	111.6	106.9	102.4	97.8	93.4
销售（营业）利润增长率/%	71.2	55.6	30.9	16.7	2.8
总资产增长率/%	36.2	25.4	18.1	1.5	−6.8
技术投入比率/%					
五、补充资料					
存货周转率/次	53.6	35.7	8.8	4.9	3.3
资本积累率/%	22.9	13.8	5.8	−1.0	−11.5
三年资本平均增长率/%	22.0	12.7	5.0	−2.4	−15.9
三年销售平均增长率/%	39.0	30.7	21.3	14.1	2.0

资料来源：国务院国资委统计评价局. 企业绩效评价标准值[M]. 北京：经济科学出版社，2006：379.

2）工程项目融资绩效评价的因素分析法

工程项目融资绩效评价因素分析是根据分析指标和影响因素之间的关系，从数量上确定各因素对指标的影响程度。

工程项目融资活动是一个有机的整体，每个指标的高低都受若干因素的影响。从数量上测定各因素的影响程度，可以帮助人们抓住主要矛盾，更有说服力地评价项目融资效果状况。工程项目融资绩效评价因素分析法首先构建分析指标与影响因素之间的数量关系，通过分析可知影响因素变动对指标因素变动的影响程度。

值得指出的是，因素分析法的计算结果，与各影响因素的替代顺序有关，改变某一因素替代顺序，所计算的各因素对指标变动影响程度随之发生变化。但各因素对指标变动影响程度的总和不变。因素替代顺序通常由各因素对指标影响的性质所决定。

3）工程项目融资绩效定量评价的其他方法

工程项目融资绩效定量评价方法还有层次分析法、模糊综合评价法、灰色理论评价法、多属性综合评价法、人工神经网络等方法。特别是在对工程项目融资风险的评价中，模糊综合评价法应用得较为广泛。

上述不同的方法根据实际工程项目融资绩效评价的目的与精度要求而选取，不同的评价方法具有各自的优缺点，有时需要几种方法同时使用，再综合结果得出最终的评价结果。

【本章小结】

本章从工程项目融资绩效评价的含义、目的和原则入手,说明了工程项目融资绩效评价的种类和程序,介绍了工程项目融资绩效评价的具体方法。

【习题研讨】

《工程项目融资》学习辅助材料

1. 简述工程项目融资绩效评价的含义、目的和原则。
2. 简述工程项目融资绩效评价的种类和程序。
3. 简述工程项目融资绩效评价的具体方法有哪些。
4. 简述比率法实施中的困难与改进措施。

参考文献

CANKAO WENXIAN

［1］佚名.招标程序量身定做 央企"带病"中标［J］.中国招标,2016(21):38-39.

［2］叶苏东.项目融资［M］.北京:清华大学出版社,北京交通大学出版社,2018.

［3］葛培健.企业资产证券化操作实务［M］.上海:复旦大学出版社,2011.

［4］刘亚臣,包红霏.工程项目融资［M］.2版.北京:机械工业出版社,2017.

［5］马秀岩,卢洪升.项目融资［M］.4版.大连:东北财经大学出版社,2018.

［6］刘青.三峡左岸电站设备安装保险［J］.中国三峡建设,2001,8(3):37,39.

［7］吴凡.乐山吉象木业项目融资案例研究报告［D］.成都:西南财经大学,1999.

［8］国务院国资委统计评价局.企业绩效评价标准值［M］.北京:经济科学出版社,2006.